## 2016年第二季度
## Quarter Two, 2016

# 中国货币政策执行报告
# CHINA MONETARY POLICY REPORT

中国人民银行货币政策分析小组
Monetary Policy Analysis Group of
the People's Bank of China

China Financial Publishing House

责任编辑：童祎薇
责任校对：潘　洁
责任印制：裴　刚

**图书在版编目(CIP)数据**

2016年第二季度中国货币政策执行报告(2016 nian Dier Jidu Zhongguo Huobi Zhengce Zhixing Baogao)/中国人民银行货币政策分析小组.—北京：中国金融出版社，2017.3
ISBN 978-7-5049-8934-5

I.①2… II.①中… III.①货币政策—研究报告—中国—2016 IV.①F822.0

中国版本图书馆CIP数据核字(2017)第049233号

出版发行 中国金融出版社
社址　北京市丰台区益泽路2号
市场开发部　(010)63266347，63805472，63439533 (传真)
网 上 书 店　http://www.chinafph.com
(010)63286832，63365686 (传真)
读者服务部　(010)66070833，62568380
邮编　100071
经销　新华书店
印刷　北京侨友印刷有限公司
装订　平阳装订厂
尺寸　210毫米×285毫米
印张　12.75
字数　270千
版次　2017年3月第1版
印次　2017年3月第1次印刷
定价　98.00元
ISBN 978-7-5049-8934-5

# 本书执笔人

总　　纂：张晓慧　　李　波

审　　稿：温信祥　　霍颖励　　纪志宏　　宣昌能　　盛松成　　朱　隽
　　　　　纪　敏　　刘　芳

统　　稿：李　斌　　张　蓓　　郑志丹

执　　笔：

第一部分：周轶海　　曾冬青　　胡　婧

第二部分：董忆伟　　陈　颖　　穆争社　　王书朦

第三部分：朱海燕　　鲍欣欣　　邱　杰

第四部分：丁　康　　叶　欢　　张怀清　　吴　敏　　陈得文

第五部分：付竞卉　　段　炼

附录整理：林振辉　　段　炼等

提供材料的还有：管　化　　李文喆　　邱潮斌　　苏小竞　　陈婷婷
　　　　　　　　史蓉菊　　张双长　　程艳芬　　陈文弢　　曹红钢
　　　　　　　　种　鹏　　刘　斌　　李建云　　阮政卿　　庞　博
　　　　　　　　王　楠　　郑境辉　　刘　浏　　欧阳昌民　温娇月

英文总纂：朱　隽　　张正鑫

英文统稿：齐　喆　　马　辉　　陈　松　　滕　锐

英文翻译：马　辉　　韩世皓　　程　琳　　任　浩　　刘泓呈
　　　　　陈　松　　齐　喆　　卢蕾蕾

英文审校：Nancy Hearst（美国哈佛大学费正清东亚研究中心）

# *Contributors to This Report*

**CHIEF EDITORS:**

ZHANG Xiaohui LI Bo

**READERS:**

WEN Xinxiang Huo Yingli JI Zhihong XUAN Changneng SHENG Songcheng ZHU Jun Ji Min LIU Fang

**EDITORS:**

LI Bin ZHANG Bei ZHENG Zhidan

**AUTHORS:**

**PART ONE:** ZHOU Yihai ZENG Dongqing HU Jing

**PART TWO:** DONG Yiwei CHEN Ying MU Zhengshe WANG Shumeng

**PART THREE:** ZHU Haiyan BAO Xinxin QIU Jie

**PART FOUR:** DING Kang YE Huan ZHANG Huaiqing WU Min CHEN Dewen

**PART FIVE:** FU Jinghui DUAN Lian

**APPENDIX:** LIN Zhenhui DUAN Lian et al.

**OTHER CONTRIBUTORS:** GUAN Hua LI Wenzhe QIU Chaobin SU Xiaojing CHEN Tingting SHI Rongju ZHANG Shuangchang CHENG Yanfen CHEN Wentao CAO Honggang ZHONG Peng LIU Bin LI Jianyun RUAN Zhengqing PANG Bo WANG Nan ZHENG Jinghui LIU Liu OUYANG Changmin WEN Jiaoyue

**ENGLISH EDITION**

**CHIEF EDITOR:** ZHU Jun ZHANG Zhengxin

**EDITOR:** QI Zhe MA Hui CHEN Song TENG Rui

**TRANSLATORS:** MA Hui HAN Shihao CHENG Lin REN Hao LIU Hongcheng CHEN Song QI Zhe LU Leilei

**PROOFREADER:**

Nancy Hearst (Fairbank Center for East Asian Research, Harvard University)

# 内容摘要

2016年上半年，中国经济总体运行平稳，转方式、调结构稳步推进。消费稳定增长，进出口降幅收窄，企业效益有所回升，第三产业比重进一步提高。就业基本稳定，消费价格温和上涨。上半年国内生产总值同比增长6.7%，居民消费价格（CPI）同比上涨2.1%。

2016年以来，中国人民银行继续实施稳健的货币政策，保持灵活适度，适时预调微调，做好与供给侧结构性改革相适应的总需求管理，从量价两方面为结构调整和转型升级营造适宜的货币金融环境。下调存款准备金率0.5个百分点，对人民币存款准备金基数实施平均法考核；建立公开市场每日操作常态化机制，7天期逆回购操作利率稳定在2.25%；丰富中期借贷便利期限品种，每月常态化操作，两次下调操作利率，引导中长端利率下行；扩大抵押补充贷款的对象和范围，创设扶贫再贷款并实施比支农再贷款更优惠的利率，实施精准扶贫政策；稳步扩大信贷资产质押再贷款试点，有序组织实施央行内部评级。同时，进一步完善宏观审慎政策框架，组织实施宏观审慎评估；将全口径跨境融资宏观审慎管理扩大至全国范围；按照“因城施策”的原则对房地产市场实施调控，强化住房金融宏观审慎管理。继续推进利率市场化和汇率形成机制改革，降低个人投资者认购大额存单的起点金额，初步形成“收盘汇率+一篮子货币汇率变化”的人民币兑美元汇率中间价形成机制，汇率机制的灵活性、规则性、透明度和市场化水平明显提高，人民币汇率预期总体稳定。

总体看，稳健货币政策取得了较好效果，银行体系流动性合理充裕，货币信贷和社会融资规模平稳增长，利率水平低位稳定运行，人民币汇率弹性进一步增强。2016年6月末，广义货币供应量M2余额同比增长11.8%；人民币贷款余额同比增长14.3%，比年初增加7.53万亿元，同比多增9 671亿元；社会融资规模存量同比增长12.3%。6月非金融企业及其他部门贷款加权平均利率为5.26%，同比下降0.78个百分点，与上年12月基本持平。6月末，CFETS人民币汇率指数为95.02，人民币兑美元汇率中间价为6.6312元。

当前全球经济仍处在深度调整期，不确定、不稳定因素依然较多，复苏不及预期，贸易保护主义抬头，地缘政治更趋复杂，英国脱欧的影响还将持续。面对复杂的外部环境，在供给侧结构性改革、简政放权和创新驱动战略的推动下，中国经济新的动能正在积聚，传统动能的改造升级也在加快，但结构性矛盾仍较突出，经济对房地产和基建投资的依赖较大，民间投资增速及占比下降，债务杠杆继续较快上升，区域经济分化较为明显。要坚持适度扩大总需求，坚定不移推进供给侧结构性改革，加快培育新的发展动能，改造提升传统比较优势，抓好“去产能、去库存、去杠杆、降成本、补短板”五大任务，深化国有企业和金融部门的基础性改革，促进非公有制经济健康发展，通过有效的市场竞争，提高资源配置效率，提振市场信心，稳定市场预期，增强融资的可持续性，拓展金融资源有效配置的领域和空间。

下一阶段，要按照党中央、国务院统一部署，坚持改革开放，坚持稳中求进工作总基调，用稳定的宏观经济政策稳住市场预期，用重大改革举措落地增强发展信心。继续实施稳健的货币政策，保持灵活适度，适时预调微调，增强针对性和有效性，做好与供给侧结构性改革相适应的总需求管理，为结构性改革营造中性适度的货币金融环境。更加注重改革创新，寓改革于调控之中，把货币政策调控与深化改革紧密结合起来，更充分地发挥市场在资源配置中的决定性作用。针对金融深化和创新发展，进一步完善调控模式，强化价格型调节和传导机制，疏通货币政策向实体经济的传导渠道，深化金融机构改革，通过增加供给和竞争改善金融服务，完善宏观审慎政策框架，切实维护金融体系稳定，守住不发生系统性金融风险的底线。

# *Executive Summary*

During the first half of 2016, in general the Chinese economy performed well, with steady progress in the transformation of economic growth pattern and structural adjustments. Consumption steadily expanded, the decline in the growth of imports and exports decelerated, corporate profits improved, and tertiary industry gained as a percentage of GDP. Employment was basically stable, and consumer prices experienced modest growth. In the first half of the year, GDP grew by 6.7 percent year on year while the consumer price index (CPI) was up 2.1 percent year on year.

Since the beginning of 2016, the PBC has continued to implement a sound monetary policy amidst efforts to maintain policy flexibility and appropriateness, strengthened fine-tuning and preemptive adjustments when appropriate, and conducted aggregate demand management in line with supply-side structural reforms with a view to creating a favorable monetary and financial environment in terms of monetary aggregates and interest rates for structural adjustments and economic transformation. The reserve requirement ratio was cut by 0.5 percentage point, and reserve averaging was applied in the assessment of the base of RMB-denominated reserves. Open market operations were conducted on a daily and regular basis, and the interest rate on 7-day reverse repo operations stabilized at around 2.25 percent. The maturity of medium-term lending facility(MLF) was diversified. MLF operations were conducted on a monthly basis, its operational interest rate was cut on two occasions to guide downward movement of the medium and long term interest rate. The coverage of pledged supplementary lending was expanded and central bank lending for poverty alleviation purposes was established, with the interest rate even more favorable than that of central bank lending for agro-linked sectors in order to target poverty reduction efforts. The pilot program of central bank lending with credit assets as pledges was expanded, and the central bank's internal rating practices were steadily advanced. At the same time, the macro-prudential assessment framework was improved and assessments were carried out. Macro-prudential management of comprehensive cross-border financing was expanded nationwide. The real estate market was regulated based with policies based on the local circumstances of each city, and macro-prudential management of housing financing was strengthened. The market-based interest rate and exchange rate reforms continued to advance. The investment threshold on certificates of deposit for individual investors was lowered. The CNY-USD central parity mechanism featuring "previous close + movements of a basket of currencies" came into being, making the exchange rate mechanism more flexible, rule-based, transparent and market-oriented, and expectations regarding the RMB exchange rate were generally well anchored.

Overall, the sound monetary policy has produced fairly good results. Liquidity in the banking system has remained reasonable and sufficient, money, credit and all-system financing aggregates have grown steadily, interest rates have remained at a low level, and the RMB exchange rate has become more flexible. At the end of June 2016, outstanding M2 was up 11.8 percent year on year. The outstanding volume of RMB loans was up 14.3 percent year on year, registering an increase of RMB7.53 trillion from the beginning of 2016 and RMB967.1 billion more than the growth in June of 2015. The stock volume of all-system financing aggregates grew by 12.3 percent year on year. In June, the weighted average interest rate on loans offered to non-financial enterprises and other sectors was 5.26 percent, a decline of 0.78 percentage point year on year, at par with the level in December 2015. At the end of June 2016, the CFETS RMB exchange rate index was 95.02, and the central parity of the RMB against the US dollar was RMB6.6312 per dollar.

At the current juncture, the global economy is still undergoing substantial adjustments amidst numerous uncertain and unstable factors. Recovery is falling short of expectations, trade protectionism has been on the rise, the geopolitical environment has become more complicated, and the ramifications of the Brexit continue to unfold. Though facing a complex external environment, new engines for growth in China are gaining momentum and traditional drivers are undergoing an accelerated transformation and upgrading, supported by supply-side structural reforms, policies to streamline administration and to delegate power to lower levels, and innovation-driven strategies. Yet structural imbalances are still prominent, indicated by a reliance on the real estate sector and infrastructural investments, a decline in the growth and share of private investments, the continued and rapid rise in leveraging, and evident disparities in terms of regional economic performance. Measures should be taken to reasonably expand aggregate demand, while pursuing supply-side structural reforms unswervingly, to nurture new growth drivers and to upgrade and transform our traditional comparative advantages. Efforts will be made to earnestly carry out the five major tasks of removing excess capacity, reducing inventories, deleveraging, reducing costs, and shoring up weak spots, to deepen the SOE and financial sector reforms and to promote the development of the non-public sector, so as to improve the efficiency of resource allocations, boost market confidence, stabilize market expectations, maintain sustainable financing, and expand the space for the effective allocation of financial resources via effective market competition.

Going forward, the PBC will continue to follow the overall arrangements of the Party Central Committee and the State Council, press ahead with the reform and opening up, and adhere to the guideline of seeking progress while maintaining stability. Macroeconomic policies will be kept stable to anchor market expectations, and major reform measures will be earnestly carried out to strengthen confidence in development. The PBC will continue to implement a sound monetary policy and to maintain flexibility and suitability, and fine-tunings and preemptive adjustments will be adopted when necessary and policy measures will be better targeted and more effective in order to manage aggregate demand that is appropriate for the ongoing supply-side structural reforms and to provide proper monetary and financial environments for the structural reforms. In the meantime, there will be an increased focus on reform and innovation, and more measures will be adopted to integrate reform and macroeconomic management, to combine monetary policy conduct with the deepening of the reforms, and to enable the market to play a decisive role in resource allocations. In view of the financial deepening and innovation, the conduct of monetary policy will be further improved by enhancing the price-based adjustment and transmission mechanism and by promoting the transmission of monetary policy to the real economy. The reform of financial institutions will be deepened to improve financial services by increasing supply and improving competition. The macro-prudential policy framework will be improved to preserve stability in the financial system and to safeguard the bottom line in terms of preventing systemic financial risks.

# 目　录

## 图



①数据来源：中国人民银行、国家统计局、商务部、海关总署、国家外汇管理局、世界银行、国际货币基金组织、世界贸易组织、联合国贸易和发展会议等。

②数据来源：相关中央银行、国家统计机构、世界银行、国际货币基金组织等。

# Contents

## *Figures*



1. Source: The People's Bank of China, National Bureau of Statistics, Ministry of Commerce, General Administration of Customs, State Administration of Foreign Exchange, the World Bank, the International Monetary Fund, World Trade Organization, and United Nations Conference on Trade and Development, etc..

1. Source : Central banks, National statistical agencies in relevant countries, the World Bank, IMF, etc..

# 第一部分 货币信贷概况

2016年上半年，银行体系流动性合理充裕，货币信贷和社会融资规模平稳增长，利率水平低位稳定运行，人民币汇率弹性进一步增强。

## 一、货币总量平稳增长

6月末，广义货币供应量M2余额为149万亿元，同比增长11.8%，增速比3月末低1.6个百分点，比上年年末低1.5个百分点。2016年上半年M2增速总体有所回落，主要与外汇占款同比多减、同业业务运作更为规范、部分企业现金流改善后归还高成本融资、财政存款同比多增等因素有关，并在较大程度上受到2015年上半年股市活跃推高M2基数的影响。受2015年年中应对股市波动导致基数较高等影响，2016年7月M2增速仍会进一步下降，之后有望逐步回归。

6月末，狭义货币供应量M1余额为44.4万亿元，同比增长24.6%，增速比3月末高2.5个百分点。M1增速自2015年第二季度以来持续回升，反映了低利率环境下货币“活性”增强，一定程度上与地方政府债务置换暂时沉淀了部分资金以及房地产销售回暖等结构性因素有关。

流通中货币M0余额为6.3万亿元，同比增长7.2%，增速比3月末高2.8个百分点。上半年现金净回笼398亿元，同比少回笼1 257亿元。

6月末，基础货币余额为28.9万亿元，同比下降1.3%，降幅较3月末收窄4.4个百分点，比年初增加8 600亿元，同比多增1.6万亿元。中央银行流动性供给方式出现变化，2015年上半年主要通过降低法定存款准备金率供给流动性，2016年上半年则主要通过公开市场、中期借贷便利等货币政策操作供给流动性，前者对基础货币没有扩张作用，

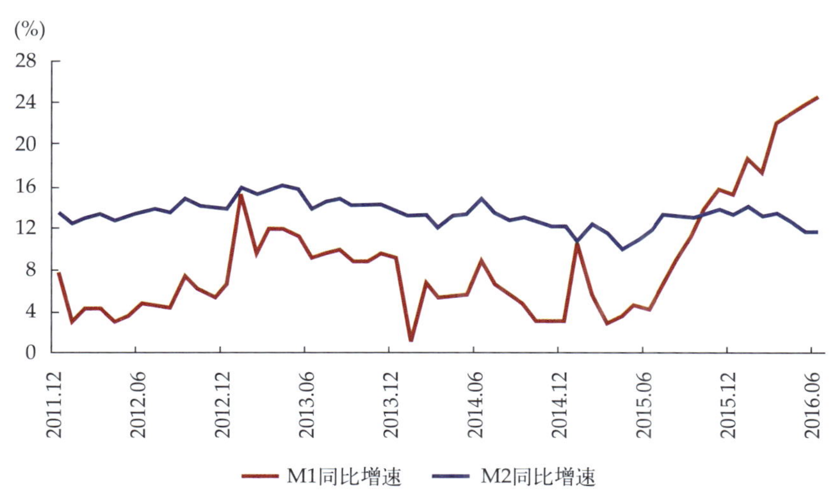


数据来源：中国人民银行。

图1 货币供应量增速走势

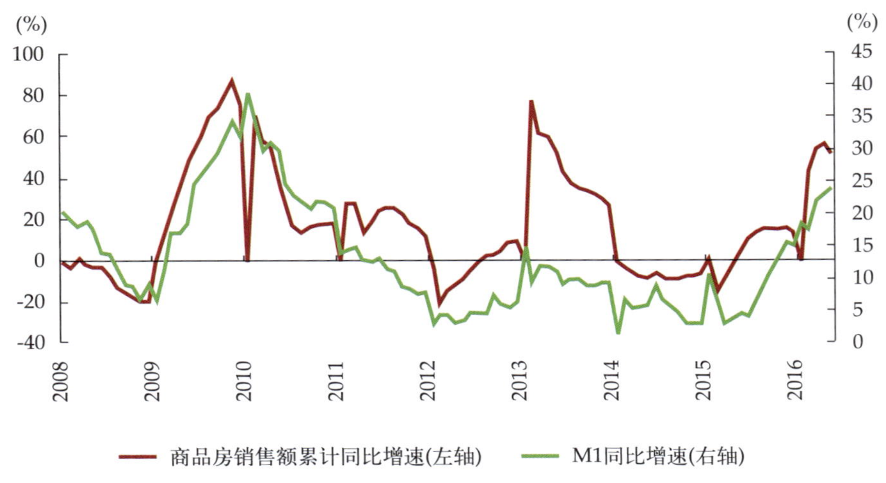


数据来源：中国人民银行、国家统计局。

**图2　M1增速和商品房销售增速**

而后者在提供流动性的同时也会增加基础货币。6月末货币乘数为5.16，比3月末高0.06。金融机构超额准备金率为2.1%。其中，农村信用社为7.9%。

## 二、金融机构存款增长有所放缓

6月末，金融机构本外币各项存款余额为150.6万亿元，同比增长10.7%，增速比3月末低1.9个百分点，比上年年末低1.7个百分点，比年初增加10.8万亿元，同比少增7 196亿元。人民币各项存款余额为146.2万亿元，同比增长10.9%，增速比3月末低2.1个百分点，比年初增加10.5万亿元，同比少增5 660亿元。外币各项存款余额为6 562亿美元，比年初增加288亿美元，同比少增422亿美元。

从人民币存款期限看，存款趋于活期化，住户存款和非金融企业存款上半年增量中活期占比为44.2%，比上年同期提升31.8个百分点。从人民币存款部门分布看，非金融企业存款同比多增较多，上半年同比多增1.5万亿元，其中非金融企业活期存款同比多增达1.6万亿元，这也直接推升了M1增速；非银行业金融机构存款同比少增较多，上半年同比少增3.7万亿元，其中证券及交易结算类存款同比少增约3.6万亿元，这主要是因为2015年上半年股市上涨较快，大量存款转化为证

**表1　2016年上半年人民币存款结构**

单位：亿元、%

| | 6月末余额 | 同比增速 | 当年新增额 | 同比多增额 |
|---|---|---|---|---|
| 人民币各项存款 | 1 462 397 | 10.9 | 105 284 | -5 660 |
| 住户存款 | 581 521 | 9.1 | 35 404 | 4 642 |
| 非金融企业存款 | 465 346 | 16.9 | 35 659 | 14 858 |
| 政府存款 | 271 954 | 12.4 | 29 527 | 10 078 |
| 非银行业金融机构存款 | 131 932 | 2.8 | 4 289 | -37 308 |
| 境外存款 | 11 644 | -31.3 | 405 | 2 070 |

数据来源：中国人民银行。

券公司客户保证金抬高了基数。

## 三、金融机构贷款平稳较快增长

6月末，金融机构本外币各项贷款余额为106.7万亿元，同比增长13%，比年初增加7.3万亿元，同比多增5 382亿元。人民币各项贷款余额为101.5万亿元，同比增长14.3%，增速比3月末低0.4个百分点，与上年年末持平，比年初增加7.5万亿元，同比多增9 671亿元。外币贷款减少。6月末，金融机构外币各项贷款余额为7 851亿美元，比年初减少452亿美元，同比少增857亿美元，与人民币汇率预期变化有关。总体看，金融机构对实体经济保持了较强支持力度。一是加大了对交通运输等基础设施建设的信贷投放；二是个人住房贷款及汽车贷款等消费贷款增长明显加快；三是对夏粮收购加工、水利和扶贫等涉农领域投入力度较强。若考虑地方政府债务置换因素，金融体系对实体经济提供的信贷支持力度实际上要更大。

从人民币贷款期限看，中长期贷款增量占比进一步提高。上半年中长期贷款比年初增加5.2万亿元，同比多增1.5万亿元，增量占比为69.1%，比上年同期提高13.3个百分点。其中，中长期固定资产贷款比年初增加1.6万亿元，同比少增577亿元，主要是受地方政府债务置换因素影响。从人民币贷款部门分布看，住户贷款增长较快，尤其是个人住房贷款增长进一步加快。上半年个人住房贷款增加2.3万亿元，同比多增1.2万亿元，6月末增

**表2　2016年上半年人民币贷款结构**

单位：亿元、%

| | 6月末余额 | 同比增速 | 当年新增额 | 同比多增额 |
|---|---|---|---|---|
| 人民币各项贷款 | 1 014 859 | 14.3 | 75 316 | 9 671 |
| 住户贷款 | 299 767 | 19.4 | 29 459 | 9 921 |
| 非金融企业及机关团体贷款 | 702 833 | 11.6 | 45 295 | -937 |
| 非银行业金融机构贷款 | 8 785 | 103.0 | 246 | 691 |
| 境外贷款 | 3 474 | 38.9 | 316 | -4 |

数据来源：中国人民银行。

**表3　2016年上半年分机构新增人民币贷款情况**

单位：亿元

| | 新增额 | 同比多增 |
|---|---|---|
| 中资大型银行① | 31 417 | -132 |
| 中资中小型银行② | 40 971 | 8 414 |
| 小型农村金融机构③ | 8 770 | -339 |
| 外资金融机构 | 231 | 194 |

注：①中资大型银行是指本外币资产总量大于等于2万亿元的银行（以2008年年末各金融机构本外币资产总额为参考标准）。

②中资中小型银行是指本外币资产总量小于2万亿元的银行(以2008年年末各金融机构本外币资产总额为参考标准)。

③小型农村金融机构包括农村商业银行、农村合作银行、农村信用社。

数据来源：中国人民银行。

速达32.2%，月度增量也屡创新高，这主要是因为上半年商品房销售增速较高，带动个人住房贷款较快增长。上半年，全国商品房销售额累计同比增长42.1%，增速较上年同期大幅提高了32.1个百分点。分机构看，中资中小型银行贷款同比多增较多。

## 四、社会融资规模平稳适度增长

初步统计，6月末社会融资规模存量为147.94万亿元，同比增长12.3%，增速比上年同期高0.3个百分点。上半年社会融资规模增量累计为9.75万亿元，比上年同期多增9 618亿元。上半年社会融资规模增量主要有以下四个特点。一是对实体经济发放的人民币贷款明显增加。上半年对实体经济发放的人民币贷款增加7.48万亿元，比上年同期多增8 949亿元；占同期社会融资规模增量的76.7%，比上年同期高1.8个百分点。二是对实体经济发放的外币贷款大幅减少。三是直接融资尤其是企业债券大幅增加，创历史新高，第二季度企业债券融资放缓。上半年非金融企业境内债券和股票合计融资2.34万亿元，比上年同期多增1万亿元，占同期社会融资规模增量的24.0%，比上年同期高8.8个百分点。二者增量均创历史同期最高水平。四是未贴现的银行承兑汇票大幅减少，推动表外融资少增较多。上半年实体经济以委托贷款、信托贷款和未贴现银行承兑汇票方式合计融资增加488亿元，比上年同期少增5 448亿元；占同期社会融资规模增量的0.5%，比上年同期低6.3个百分点。

**表4　2016年6月末社会融资规模存量**

单位：万亿元、%

| | 社会融资规模存量[①] | 其中： | | | | | | |
|---|---|---|---|---|---|---|---|---|
| | | 人民币贷款 | 外币贷款(折合人民币) | 委托贷款 | 信托贷款 | 未贴现银行承兑汇票 | 企业债券 | 非金融企业境内股票融资 |
| 2016年6月末[②] | 147.94 | 100.23 | 2.70 | 12.06 | 5.73 | 4.58 | 16.47 | 5.13 |
| 同比增减 | 12.3 | 13.8 | -23.0 | 22.1 | 6.6 | -34.1 | 29.5 | 23.2 |

注：①社会融资规模存量是指一定时期末实体经济（国内非金融企业和住户）从金融体系获得的资金余额。

②当期数据为初步统计数。

数据来源：中国人民银行、国家发展和改革委员会、中国证券监督管理委员会、中国保险监督管理委员会、中央国债登记结算有限责任公司和中国银行间市场交易商协会等。

**表5　2016年上半年社会融资规模增量**

单位：亿元

| | 社会融资规模增量[①] | 其中： | | | | | | |
|---|---|---|---|---|---|---|---|---|
| | | 人民币贷款 | 外币贷款(折合人民币) | 委托贷款 | 信托贷款 | 未贴现银行承兑汇票 | 企业债券 | 非金融企业境内股票融资 |
| 2016年上半年[②] | 97 539 | 74 809 | -3 787 | 10 465 | 2 792 | -12 769 | 17 342 | 6 023 |
| 同比增减 | 9 618 | 8 949 | -4 223 | 5 141 | 2 483 | -13 071 | 7 956 | 2 082 |

注：①社会融资规模增量是指一定时期内实体经济（国内非金融企业和住户）从金融体系获得的资金余额。

②当期数据为初步统计数。

数据来源：中国人民银行、国家发展和改革委员会、中国证券监督管理委员会、中国保险监督管理委员会、中央国债登记结算有限责任公司和中国银行间市场交易商协会等。

## 五、金融机构存贷款利率稳中有所下行

6月，非金融企业及其他部门贷款加权平均利率为5.26%，同比下降0.78个百分点，比3月下降0.04个百分点，比上年12月下降0.01个百分点。其中，一般贷款加权平均利率为5.58%，比3月下降0.09个百分点；票据融资加权平均利率为3.43%，比3月下降0.19个百分点。个人住房贷款利率稳步下行，6月加权平均利率为4.55%，比3月下降0.08个百分点。

从利率浮动情况看，执行下浮、基准利率的贷款占比上升，执行上浮利率的贷款占比下降。6月，一般贷款中执行下浮利率的贷款占比为24.06%，比3月上升3.24个百分点；执行基准利率的贷款占比为17.80%，比3月上升0.20个百分点；执行上浮利率的贷款占比为58.14%，比3月下降3.44个百分点。

外币存贷款利率在国际金融市场利率波动、境内外币资金供求变化等因素的综合作用下小幅波动。6月，活期、3个月以内大额美元存款加权平均利率分别为0.18%和0.67%，比3月分别下降0.02个和0.01个百分点；3个月以内、3（含）～6个月美元贷款加权平均利率分别为1.62%和1.84%，比3月分别上升0.14个百分点和持平。

**表6　2016年1～6月金融机构人民币贷款各利率区间占比**

单位：%

| 月份 | 下浮 | 基准 | 上浮 | | | | | |
|---|---|---|---|---|---|---|---|---|
| | | | 小计 | (1.0，1.1] | (1.1，1.3] | (1.3，1.5] | (1.5，2.0] | 2.0以上 |
| 1月 | 19.56 | 17.16 | 63.28 | 15.71 | 18.44 | 10.39 | 11.39 | 7.35 |
| 2月 | 21.92 | 16.92 | 61.16 | 15.06 | 17.08 | 9.55 | 11.71 | 7.76 |
| 3月 | 20.82 | 17.60 | 61.58 | 14.54 | 17.06 | 10.19 | 11.92 | 7.87 |
| 4月 | 21.99 | 16.27 | 61.74 | 13.88 | 16.73 | 10.45 | 12.53 | 8.15 |
| 5月 | 22.94 | 15.91 | 61.15 | 13.16 | 17.10 | 10.67 | 12.40 | 7.82 |
| 6月 | 24.06 | 17.80 | 58.14 | 13.57 | 16.24 | 10.13 | 11.40 | 6.80 |

数据来源：中国人民银行。

**表7　2016年1～6月大额美元存款与美元贷款平均利率**

单位：%

| 月份 | 大额存款 | | | | | | 贷款 | | | | |
|---|---|---|---|---|---|---|---|---|---|---|---|
| | 活期 | 3个月以内 | 3(含)～6个月 | 6(含)～12个月 | 1年 | 1年以上 | 3个月以内 | 3(含)～6个月 | 6(含)～12个月 | 1年 | 1年以上 |
| 1月 | 0.24 | 0.65 | 1.20 | 1.37 | 1.64 | 1.55 | 1.50 | 2.15 | 1.94 | 2.07 | 3.30 |
| 2月 | 0.22 | 0.62 | 1.11 | 1.25 | 1.44 | 1.40 | 1.47 | 1.99 | 1.84 | 1.99 | 4.14 |
| 3月 | 0.20 | 0.68 | 1.13 | 1.27 | 1.50 | 1.60 | 1.48 | 1.85 | 3.08 | 2.28 | 3.32 |
| 4月 | 0.23 | 0.81 | 0.96 | 1.39 | 1.52 | 1.53 | 1.48 | 2.02 | 1.81 | 1.97 | 3.50 |
| 5月 | 0.24 | 0.76 | 1.12 | 1.31 | 1.59 | 1.38 | 1.52 | 1.94 | 1.85 | 1.86 | 3.11 |
| 6月 | 0.18 | 0.67 | 1.23 | 1.51 | 1.62 | 1.41 | 1.62 | 1.84 | 1.76 | 2.29 | 3.45 |

数据来源：中国人民银行。

## 六、人民币汇率双向浮动弹性增强

2016年以来，人民币对一篮子货币小幅贬值，双向浮动特征明显，汇率弹性增强，人民币汇率预期总体平稳。6月末，CFETS人民币汇率指数为95.02，较2015年年末贬值5.86%；参考BIS货币篮子和SDR货币篮子的人民币汇率指数分别为96.09和95.76，分别较2015年年末贬值5.53%和贬值3.11%。根据国际清算银行的计算，2016年上半年，人民币名义有效汇率贬值5.09%，实际有效汇率贬值5.47%；2005年人民币汇率形成机制改革以来至2016年6月末，人民币名义有效汇率升值38.43%，实际有效汇率升值47.47%。

6月末，人民币兑美元汇率中间价为6.6312元，比2015年年末贬值1 376个基点，贬值幅度为2.08%。2005年人民币汇率形成机制改革以来至2016年6月末，人民币兑美元汇率累计升值24.81%。

3月以来，人民币兑美元汇率的波动率已经超过人民币对一篮子货币汇率指数的波动率。例如，3月初至6月末人民币兑美元汇率中间价年化波动率为4.28%，而CFETS人民币汇率指数年化波动率仅为2.31%。这体现了在"收盘汇率+一篮子货币汇率变化"的人民币兑美元汇率中间价形成机制下，人民币兑美元汇率更加灵活，也体现了"参考一篮子货币"有利于稳定人民币对一篮子货币的汇率指数。

## 七、跨境人民币收付金额同比下降

2016年上半年，跨境人民币收付金额合计4.82万亿元，同比下降15%，其中实收1.92万亿元，实付2.89万亿元，净流出9 728.8亿元，收付比为1∶1.51。经常项目下跨境人民币收付金额合计2.66万亿元，同比下降21%，其中，货物贸易收付金额2.17万亿元，服务贸易及其他经常项下收付金额4 991.6亿元。资本项目下人民币收付金额合计2.15万亿元，同比下降6%。

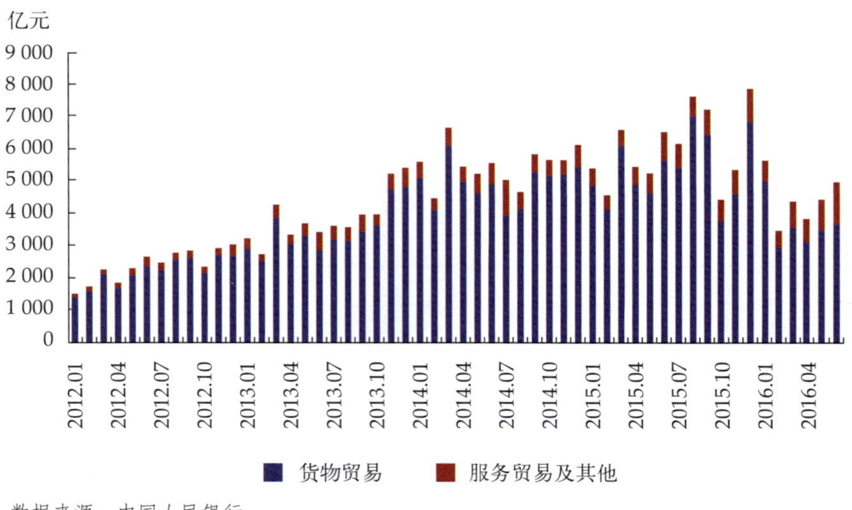


数据来源：中国人民银行。

**图3　经常项目人民币收付金额按月情况**

# 第二部分　货币政策操作

2016年以来，内外部经济金融形势错综复杂，中国经济运行出现积极变化但基础并不牢固。根据党中央、国务院的统一部署，中国人民银行主动适应经济发展新常态，坚持稳中求进的总基调，继续实施稳健的货币政策，在保持流动性合理充裕、降低企业融资成本等方面采取一系列措施，为稳增长和供给侧结构性改革营造适宜的货币金融环境。

## 一、灵活开展公开市场操作

中国人民银行密切关注宏观经济金融和流动性形势变化，灵活开展公开市场逆回购操作，与法定存款准备金率、中期借贷便利等其他政策工具协调配合，保持银行体系流动性总量合理充裕，促进货币市场利率平稳运行。

根据货币政策调控需要，中国人民银行自2016年2月18日起建立公开市场每日操作常态化机制，以每日一次的频率稳定开展7天期逆回购操作，进一步提高流动性管理的精细化程度，“削峰填谷”熨平地方债加量发行、国际资本流动以及美联储加息、英国脱欧等多种因素引起的流动性波动，同时连续释放央行操作利率信号，合理引导市场预期。第二季度，共开展公开市场逆回购操作投放流动性54 850亿元；上半年，累计开展公开市场逆回购操作投放流动性102 800亿元，开展SLO操作投放流动性2 050亿元；公开市场7天期逆回购操作利率稳定在2.25%的水平。在多项量、价措施的综合作用下，2016年以来货币市场运行平稳，特别是第二季度以来银行间市场存款类机构7天期回购利率围绕公开市场逆回购利率小幅波动，利率稳定性明显提高，即便在6月末等季节性影响因素较多的时点也未出现异常波动。7天期回购利率的平稳运行有助于增强其市场基准性，引导和稳定市场预期，促进货币信贷和社会融资规模合理增长。

适时开展中央国库现金管理商业银行定期存款业务。上半年，共开展3期中央国库现金管理商业银行定期存款业务，操作规模总计2 000亿元，其中3个月期1 200亿元，9个月期800亿元。

## 二、开展常备借贷便利和中期借贷便利操作

根据货币市场流动性总体情况，上半年，中国人民银行累计开展常备借贷便利操作5 450.5亿元，其中第二季度累计开展常备借贷便利操作40.5亿元，按需足额提供短期流动性支持，并积极发挥常备借贷便利利率作为利率走廊上限的作用。6月末，常备借贷便利余额为20亿元。

为保持银行体系流动性总体合理充裕，结合商业银行流动性需求情况，中国人民银行开展每月中期借贷便利常态化操作，稳定市场预期。丰富中期借贷便利期限结构，期限由6个月增加为3个月、6个月、1年期。上半年累计开展操作22 385亿元，期末余额为17 455亿元，及时弥补银行体系中期流动性缺口，成为央行供给基础货币的重要渠道。在

提供中期借贷便利的同时，引导金融机构加大对小微企业和“三农”等国民经济重点领域和薄弱环节的支持力度。中期借贷便利利率发挥中期政策利率的作用，引导金融机构降低贷款利率和社会融资成本，支持实体经济增长。

## 三、进一步改革存款准备金考核制度

2016年3月，中国人民银行普遍下调了金融机构人民币存款准备金率0.5个百分点，以保持金融体系流动性合理充裕。自2016年7月起，进一步改革存款准备金考核制度，将人民币存款准备金的交存基数由旬末一般存款余额时点数调整为旬内一般存款余额的算术平均值。同时，按季交纳存款准备金的境外人民币业务参加行存放境内代理行人民币存款，其交存基数也调整为上季度境外参加行人民币存放日终余额的算术平均值。

### 专栏1　进一步完善存款准备金平均法考核

中国人民银行决定，从2016年7月15日起，对存款准备金的交存基数进行平均考核，将金融机构存款准备金交存基数由每旬末一般存款余额的时点数调整为旬内一般存款余额的算术平均值。这是中国人民银行继2015年9月15日将金融机构存款准备金考核由每日达标改为维持期内日均达标后，对存款准备金平均法考核的进一步完善。法定存款准备金率是存款准备金与存款的比率，2015年9月的改革实际上是将计算法定存款准备金率的分子由时点数调整为平均数，此次改革则将分母的计算也由时点数调整为平均数，由此实现了准备金计算和考核上的“双平均”。

之所以要对交存基数进行平均法考核，主要是因为我国银行体系存款有一定的月度波动特征，呈现出月末存款冲高、月初回落、春节等特殊时点波动较大的特点。受此影响，以往采取时点考核的办法容易导致存款准备金的大幅补交或退交，部分金融机构还可能会压低存款准备金基数计提时点的一般存款余额，导致存款准备金交存数据失真。2016年3月末，香港离岸人民币隔夜拆借出现负利率，就与境外参加行预期季末人民币境外存放会作为下期存款准备金的交存基数，为少交存款准备金而将资金拆出有关。将存款准备金交存基数进行平均计算，可以有效平滑金融机构存款波动。从国际经验来看，发达经济体大多采用平均法考核存款准备金。美联储即采用了“双平均”的方式，即存款准备金交存基数和维持期考核均采用平均法。

2015年9月15日准备金平均法改革后，金融机构尤其是主导银行间市场的大型银行流动性管理更为灵活，货币市场利率也保持了稳定。在此基础上，中国人民银行决定对存款准备金的交存基数也采用平均法计算，有助于提高考核的科学性，可以有效地解决考核时点金融机构存款波动问题，减少行为扭曲，促进货币市场的稳健运行。

下一步，中国人民银行将继续研究完善存款准备金考核制度，提高金融机构流动性管理的灵活性，增强货币市场运行的稳健性，健全货币政策传导机制，为货币政策调控框架转型创造条件。

## 四、进一步完善宏观审慎政策框架

中国人民银行进一步完善宏观审慎政策框架，更好地发挥逆周期调节作用。将差别准备金动态调整机制“升级”为宏观审慎评估（MPA），从资本和杠杆情况、资产负债情况、流动性情况、定价行为、资产质量情况、外债风险情况、信贷政策执行情况七大方面对金融机构的行为进行多维度引导。从上半年两次评估的结果看，绝大多数银行业金融机构经营稳健，符合加强宏观审慎管理的要求。

进一步完善跨境资本流动宏观审慎政策框架，在1月面向27家金融机构和注册在上海、天津、广东、福建四个自贸区的企业扩大全口径跨境融资宏观审慎管理试点的基础上，自5月3日起将全口径跨境融资宏观审慎管理扩大至全国范围的金融机构和企业，对跨境融资进行逆周期调节，扩大有效外汇供给，控制杠杆率和货币错配风险。对境外人民币业务参加行在境内代理行存放执行正常的存款准备金率，加强宏观审慎管理。

## 五、支持扩大对国民经济重点领域和薄弱环节的信贷投放

中国人民银行积极运用信贷政策支持再贷款、再贴现和抵押补充贷款等工具引导金融机构加大对小微企业、“三农”和棚改等国民经济重点领域和薄弱环节的支持力度。截至2016年6月末，全国支农再贷款余额为1 897亿元，支小再贷款余额为606亿元，再贴现余额为1 202亿元。

为贯彻落实2015年11月召开的中央扶贫工作会议和《关于打赢脱贫攻坚战的决定》（中发〔2015〕34号）精神，2016年3月，中国人民银行印发《关于开办扶贫再贷款业务的通知》（银发〔2016〕91号），正式开办扶贫再贷款业务，专门用于支持贫困地区发展特色产业和贫困人口创业就业，扶贫再贷款实行比支农再贷款更优惠的利率，引导地方法人金融机构扩大贫困地区信贷投放，将扶贫再贷款资金优先和主要支持带动贫困户就业发展的企业和建档立卡贫困户，降低贫困地区社会融资成本。2016年6月，中国人民银行印发《中国人民银行扶贫再贷款管理细则》（银发〔2016〕173号），进一步细化扶贫再贷款管理，明确扶贫再贷款发放条件和程序、投向用途、利率水平、使用期限、监督管理、政策效果评估等，助推实现脱贫攻坚目标。目前，扶贫再贷款政策实施进展顺利，引导提高金融助推脱贫攻坚取得初步成效。截至2016年6月末，全国扶贫再贷款余额为436亿元。

经国务院批准，中国人民银行对国家开发银行、中国进出口银行和中国农业发展银行发放抵押补充贷款，主要用于支持三家银行发放棚改贷款、重大水利工程贷款、人民币“走出去”项目贷款等。根据三家银行上述贷款的发放进度，2016年第二季度，中国人民银行向三家银行提供抵押补充贷款共2 771亿元，期末抵押补充贷款余额为16 719亿元。

总体看，各项措施精准发力，取得了较好的政策效果，有利于引导金融机构扩大小微企业、“三农”和棚改等领域信贷投放，降低国民经济薄弱环节微观主体的融资成本，促进缓解“融资难、融资贵”问题。

## 六、充分发挥窗口指导和信贷政策的结构引导作用

中国人民银行加强窗口指导和信贷政策的信号与结构引导作用，探索货币政策在支持经济结构调整和转型升级方面发挥积极作用，加大对重点领域和薄弱环节的支持。引导金融机构围绕去产能、去库存、去杠杆、降成本、补短板五大任务，更好地用好增量、盘活存量，合理使用央行提供的资金支持，探索创新组织架构、抵押品、产品和服务模式，将更多信贷资金配置到重点领域和薄弱环节，支持稳增长、调结构、惠民生。一是鼓励和引导银行业金融机构全面支持制造强国建设，继续做好产业结构战略性调整、基础设施建设和棚改、地下管廊、船舶、铁路、流通、能源等重点领域改革发展的金融服务，加大对养老、健康等服务业发展的金融支持，加大消费信贷产品创新力度，积极满足居民六大消费领域合理信贷需求。二是扎实做好涉农和小微企业金融服务，以新型农业经营主体为抓手，创新金融产品和服务方式，慎重稳妥推进“两权”抵押贷款试点，鼓励中小企业通过发行非金融企业债务融资工具募集资金，支持符合条件的金融机构发行金融债券专项用于小微企业贷款。三是督促银行业金融机构落实好金融支持化解产能过剩矛盾的各项政策，建立完善绿色金融政策体系，大力发展绿色金融。四是做好京津冀协同发展、“长江经济带”建设金融支持工作，不断提升促进区域协调发展金融服务水平。五是继续完善扶贫、就业、助学、少数民族、农民工、大学生村官等民生金融服务。促进金融支持“双创”，积极推动科技金融结合试点。创设扶贫再贷款，精准支持扶贫开发，大力发展普惠金融，着力支持贫困地区经济社会持续健康发展和贫困人口脱贫致富。六是进一步强化房地产市场区域差异化调控，对不实施限购措施的城市下调个人住房贷款最低首付款比例。清理房地产“场外配资”。此外，进一步完善信贷政策导向效果评估工作机制，鼓励金融机构通过信贷资产证券化、用好收回再贷资金等方式盘活存量资产，探索开展不良资产证券化，为盘活信贷资产存量、优化金融资源配置创造条件。

## 七、进一步完善人民币汇率市场化形成机制

继续按主动性、可控性和渐进性原则，进一步完善人民币汇率市场化形成机制，发挥市场在人民币汇率形成中的作用，增强汇率双向浮动弹性，保持人民币汇率在合理均衡水平上的基本稳定。上半年，人民币兑美元汇率中间价最高为6.4565元，最低为6.6528元，120个交易日中59个交易日升值、61个交易日贬值。第一季度最大单日升值幅度为0.57%（365点），最大单日贬值幅度为0.90%（599点）。

人民币兑欧元、日元等其他国际主要货币汇率双向波动。6月末，人民币兑欧元、日元汇率中间价分别为1欧元兑7.3750元人民币、100日元兑6.4491元人民币，分别较2015年年末贬值3.79%和16.46%。2005年人民币汇率形成机制改革以来至2016年6月末，人民币兑欧元、日元汇率分别累计升值35.78%和13.29%。

为促进双边贸易和投资，中国人民银行继续采取措施推动人民币直接交易市场发展，2016年上半年，在银行间外汇市场先后推出人民币对南非兰特和人民币对韩元直接

**表8　2016年上半年银行间外汇即期市场人民币对各币种交易量**

单位：亿元人民币

| 币种 | 美元 | 欧元 | 日元 | 港元 | 英镑 | 澳大利亚元 | 新西兰元 | 新加坡元 |
|---|---|---|---|---|---|---|---|---|
| 交易量 | 159 412 | 2 166 | 1 614 | 636 | 156 | 371 | 52.5 | 839 |
| 币种 | 瑞士法郎 | 加拿大元 | 林吉特 | 卢布 | 南非兰特 | 韩元 | 泰铢 | |
| 交易量 | 61.1 | 107 | 13.5 | 79.2 | 6.6 | 16 | 0.89 | |

数据来源：中国外汇交易中心。

交易。银行间外汇市场人民币直接交易成交活跃，流动性明显提升，降低了微观经济主体的汇兑成本。

上半年，在中国人民银行与境外货币当局签署的双边本币互换协议下，境外货币当局共动用人民币981.51亿元，中国人民银行共动用外币折合48.40亿美元。6月末，境外货币当局动用人民币余额210.62亿元，中国人民银行动用外币余额折合11.09亿美元，对促进双边贸易投资发挥了积极作用。

## 专栏2　人民币汇率形成机制的运行情况

2015年8月11日以来，中国人民银行采取了一系列完善人民币汇率市场化形成机制的措施，包括完善人民币兑美元汇率中间价报价机制，加大参考一篮子货币力度等。2016年春节以来，初步形成了“收盘汇率+一篮子货币汇率变化”的人民币兑美元汇率中间价形成机制，以市场供求为基础、参考一篮子货币进行调节的特征更加清晰。

按照“收盘汇率+一篮子货币汇率变化”的机制，做市商的人民币兑美元汇率中间价报价是由两个组成部分直接相加而成的，一是银行间外汇市场前一日16时30分的收盘汇率，主要反映市场供求情况；二是为保持人民币对一篮子货币汇率稳定，人民币兑美元双边汇率应调整的幅度，主要反映一篮子货币汇率变化。分析当前的人民币汇率走势，可从这两个组成部分分别观察。

从收盘汇率看，2016年以来受企业外币负债去杠杆以及海外兼并收购意愿不断升温等因素影响，我国外汇市场整体呈现外汇供小于求的局面，人民币兑美元收盘汇率大多偏向较中间价贬值的方向。2月15日至6月30日，人民币兑美元收盘汇率较当日中间价变化幅度累计为贬值2 489个基点。

从参考一篮子货币汇率变化看，5月以前，在全球经济复苏乏力、国际金融市场波动加大的背景下，市场对美联储加息预期降温，美元指数一度跌至92左右，相应的人民币兑美元汇率中间价较上日收盘汇率有所升值。5月以后，市场对美联储加息预期再次升温，英国脱欧又引发了国际金融市场的不确定性，导致美元由弱转强，人民币兑美元汇率中间价较前日收盘汇率的升幅也相应有所收窄。观察2016年春节以来的情况，由于美元指数在波动中总体上呈小幅贬值走势，为保持人民币对一篮子货币汇率相对稳定，人民币兑美元汇率中间价应有所升值。2月15日至6月30日，人民币兑美元汇率中间价较前一日收盘汇率变化幅度累计为升值1 295个基点。

总的来看，人民币汇率正在按照“收盘汇率+一篮子货币汇率变化”的形成机制有序运行。由于市场供求因素导致的收盘汇率较当日中间价累计贬值幅度大于保持人民币对一篮子货币汇率稳定导致的中间价较前一日收盘汇率累计升值幅度，春节后至6月30日人民币兑美元汇率中间价整体上是贬值的，累计贬值1 194个基点，贬值幅度为1.8%。

“收盘汇率+一篮子货币汇率变化”的机制提高了人民币兑美元汇率中间价形成的规则性、透明度和市场化水平，在稳定市场预期方面发挥了积极作用。一方面，在规则明确以及前日收盘汇率、篮子货币权重和一篮子货币汇率变化都公开透明的情况下，虽然各家做市商参考CFETS、BIS、SDR三个货币篮子的程度不同，导致其中间价报价有所差异，但变动方向和大体幅度具有较高的一致性，因此市场参与者能够比较准确地预测当日中间价。另一方面，由于美元走势具有不确定性，参考一篮子货币使得人民币兑美元汇率也会呈现双向浮动的特点，这有助于打破市场单边预期，避免单向投机。2月以来，随着市场对新机制的理解更为深入，市场预期趋于平稳。外汇储备降幅逐渐收窄，个别月份还有所增加。衍生品市场也反映出人民币汇率贬值预期得以缓解，6月30日在岸和离岸远期报价显示1年后人民币兑美元汇率分别为6.7257元和6.8063元，预期贬值幅度分别为1.2%和2.4%；离岸人民币无本金交割远期报价显示1年后人民币兑美元汇率为6.8170元，预期贬值幅度为2.5%；离岸和在岸市场人民币兑美元期权的1年期隐含波动率总体呈下行态势。

未来，人民币汇率将继续按照以市场供求为基础、参考一篮子货币进行调节的形成机制有序运行。中国人民银行将继续完善人民币汇率市场化形成机制，进一步发挥市场在汇率形成中的决定性作用，逐步形成以市场供求为基础、双向浮动、有弹性的汇率运行机制，保持人民币汇率在合理均衡水平上的基本稳定。

## 八、深入推进金融机构改革

政策性金融机构改革加快推进。完成国家开发银行、中国进出口银行资本金补充工作。推进落实国家开发银行、中国农业发展银行、中国进出口银行三家银行修订章程、建立健全董事会和完善治理结构、划分业务范围等改革举措。通过改革，三家银行的资本实力和抗风险能力进一步提升，有利于充分发挥政策性开发性金融在支持薄弱环节、重点领域中的功能和作用，积极服务稳增长、调结构、惠民生。

存款保险制度实施有序推进。2015年5月1日，《存款保险条例》施行，存款保险制度正式建立。目前，全国3 000多家吸收存款的银行业金融机构已全部办理投保手续，2015年保费全部归集完毕。同时，积极开展存款保险知识宣传和业务培训，做好风险差别费率实施的各项准备工作，研究建立存款保险信息系统，研究完善金融机构市场化处置机制，发挥存款保险处置平台作用。总体上看，《存款保险条例》施行一年多以来，银行业金融机构经营秩序正常，制度出台和实施平稳有序，存款保险机制作用逐步发挥，在更好地保护存款人权益、及时防范和化解金融风险方面发挥了积极作用，有利于提升金融安全网的整体效能，促进金融业健康发展，完善金融机构市场化退出机制。

农村信用社改革试点取得重要成果。经营财务状况持续改善，涉农信贷投放继续扩大。按贷款五级分类口径统计，6月末，全国农村信用社不良贷款余额为5 416亿元，不良贷款比例为4.2%，比上年年末下降0.1个百分点。资本充足率为11.2%。6月末，全国农村信用社各项贷款余额为12.9万亿元，占全国金融机构各项贷款余额的比例为12.7%。涉农贷款和农户贷款余额分别为7.9万亿元和3.8万亿元，比上年年末分别增长2%和4.1%。产权制度改革稳步推进。截至6月末，全国共组建以县（市）为单位的统一法人农村信用社1 187家，农村商业银行979家，农村合作银行56家。

## 九、进一步深化外汇管理体制改革

积极推进外汇管理简政放权。一是简化优化外汇管理公共服务流程。优化外币兑换服务，丰富个人货币兑换的便利渠道，提高外汇管理公共服务质量和效率。二是持续开展法规清理。宣布废止失效14件和修改1件外汇管理规范性文件，进一步落实法规清理长效机制。

有力推动贸易投资便利化。一是A类企业贸易外汇收入可直接进入经常项目外汇账户或结汇，简化企业收汇和结汇手续。二是全面实施资本金和外债意愿结汇管理，更好地满足和便利境内企业经营与资金运作需要。三是允许银行为机构客户办理差额交割的远期结汇业务，满足企业既持有外币资产又防范汇率风险的需要。

着力提升资本项目可兑换程度。一是实施合格境外机构投资者外汇管理改革。放宽单家QFII机构投资额度上限、简化审批管理、便利资金汇出入、放宽锁定期限制。二是推动银行间债券市场对外开放。允许境外机构投资者投资银行间债券市场，不设单家机构限额或总限额，方便境外机构投资者直接办理资金汇出入和购结汇手续。

加强跨境收支监测管理体系建设。一是不断提高监测分析的前瞻性和针对性。密切跟踪形势变化，加强对跨境资金流动和国际金融市场的监测。二是个人外汇业务监测系统正式上线运行，进一步加强个人外汇业务监测。

# 第三部分 金融市场运行

2016年上半年，金融市场运行整体平稳。货币市场交易活跃，市场利率保持稳定。债券发行规模大幅增长，发行利率总体平稳。股票市场融资额有所扩大，第二季度以来股指基本稳定。保险业资产快速增长，外汇掉期交易增长较快。黄金价格强势反弹，交易规模快速增长。

## 一、金融市场运行概况

### （一）货币市场交易活跃，市场利率低位平稳运行

银行间回购交易量较快增长，拆借交易量大幅上升。上半年，银行间市场债券回购累计成交288.8万亿元，日均成交2.3万亿元，同比增长63.6%，但增速比上年同期低22.1个百分点；同业拆借累计成交45.2万亿元，日均成交3 676亿元，同比增长83.2%，增速比上年同期高45.5个百分点。从期限结构看，市场交易更趋集中于隔夜品种，上半年回购和拆借隔夜品种的成交量分别占各自总量的86.4%和88.4%，占比较上年同期分别上升5个和8.9个百分点。交易所债券回购累计成交98.8万亿元，同比增长76%。

从融资主体结构看，主要呈现以下特点：一是中资大型银行依然是货币市场的资金融出方且交易量大幅增加，上半年经回购和拆借净融出资金117.8万亿元，同比增长40.9%；二是证券业机构净融入资金大幅增加，上半年净融入33.7万亿元，同比增长66%；三是中资中小型银行融入资金同比明显减少，上半年净融入20.2万亿元，同比下降27.6%。

利率互换交易快速增长。上半年，人民币利率互换市场达成交易40 786笔，同比增长19.2%；名义本金总额43 685.5亿元，同比增长22.7%。从期限结构来看，1年及1年期以下

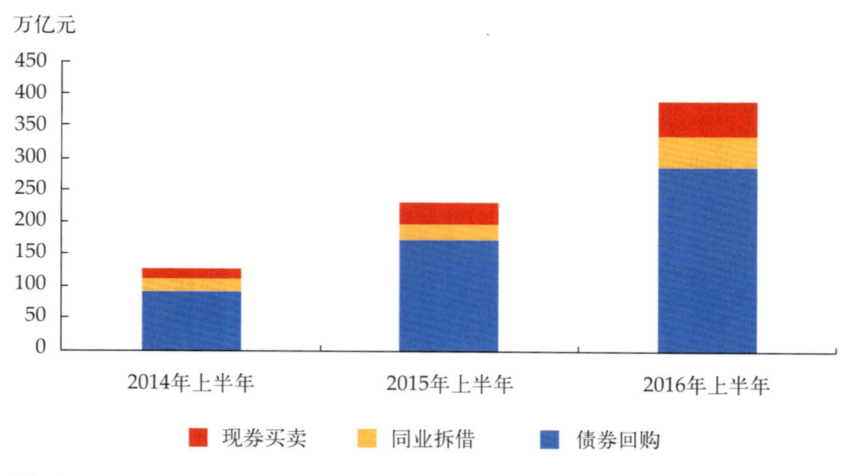


数据来源：中国人民银行。

图4 银行间市场交易情况

表9 2016年上半年金融机构回购、同业拆借资金净融出、净融入情况

单位：亿元

| | 回购市场 | | 同业拆借 | |
|---|---|---|---|---|
| | 2016年上半年 | 2015年上半年 | 2016年上半年 | 2015年上半年 |
| 中资大型银行[①] | -1 062 405 | -766 013 | -115 269 | -69 873 |
| 中资中小型银行[②] | 202 445 | 304 201 | -414 | -25 204 |
| 证券业机构[③] | 253 768 | 153 314 | 83 589 | 49 915 |
| 保险业机构[④] | 6 550 | 38 656 | 20 | 38 |
| 外资银行 | 45 490 | 41 900 | 4 682 | 14 604 |
| 其他金融机构及产品[⑤] | 554 151 | 227 943 | 27 393 | 30 520 |

注：①中资大型银行包括中国工商银行、中国农业银行、中国银行、中国建设银行、国家开发银行、交通银行、中国邮政储蓄银行。

②中资中小型银行包括招商银行等17家中型银行、小型城市商业银行、农村商业银行、农村合作银行、村镇银行。

③证券业机构包括证券公司和基金公司。

④保险业机构包括保险公司和企业年金。

⑤其他金融机构及产品包括城市信用社、农村信用社、财务公司、信托投资公司、金融租赁公司、资产管理公司、社保基金、基金、理财产品、信托计划、其他投资产品等，其中部分金融机构和产品未参与同业拆借市场。

⑥负号表示净融出，正号表示净融入。

数据来源：中国外汇交易中心。

交易最为活跃，其名义本金总额达34 624.4亿元，占总量的79.3%。从参考利率来看，人民币利率互换交易的浮动端参考利率主要包括7天回购定盘利率和Shibor，与之挂钩的利率互换交易名义本金占比分别为86.8%和12.9%。

存单市场发展迅速，发行交易量明显增加。截至6月末，共有315家金融机构披露了2016年同业存单年度发行计划，其中279家机构已在银行间市场完成发行。上半年，银行间市场陆续发行同业存单7 293只，发行总量为6.05万亿元，二级市场交易总量为27.17万亿元，同业存单发行交易全部参照Shibor定价。同业存单发行利率与中长端Shibor的相关性进一步提高。6月，3个月期同业存单发行加权平均利率为3.05%，比3个月Shibor高8个基点。上半年，金融机构已陆续发行大额存单7 448期，发行总量为2.72万亿元，发行期数及金额均已超过2015年全年。

货币市场利率水平较为平稳。6月拆借月加权平均利率为2.14%，比3月高5个基点，比

表10 2016年上半年利率衍生产品交易情况

| | 利率互换 | | 标准利率衍生产品 | | 标准债券远期 | |
|---|---|---|---|---|---|---|
| | 交易笔数（笔） | 名义本金额（亿元） | 交易笔数（笔） | 名义本金额（亿元） | 交易笔数（笔） | 交易量（亿元） |
| 2016年上半年 | 40 786 | 43 685.5 | 8 | 8 | 4 | 0.6 |
| 2015年上半年 | 34 229 | 35 616.2 | 640 | 2 745 | 24 | 2.4 |

数据来源：中国外汇交易中心。

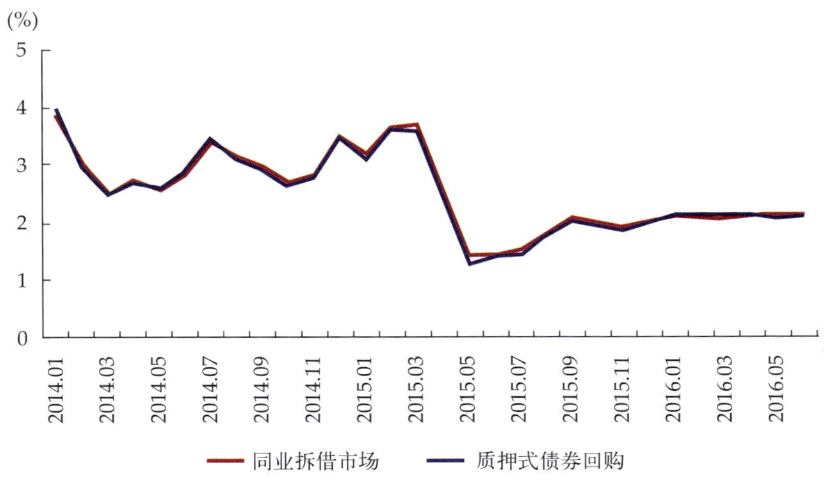


数据来源：中国人民银行。

**图5 银行间市场加权平均利率走势**

上年12月高17个基点；质押式回购月加权平均利率为2.10%，与3月基本持平，比上年12月高15个基点。Shibor短端保持平稳，中长端有所下行。6月末，隔夜、1周Shibor分别为2.04%和2.39%，分别较上年年末上升5个和3个基点；3个月和1年期Shibor分别为2.97%和3.05%，分别下降12个和30个基点。

**（二）债券现券交易活跃，债券发行规模大幅增长，发行利率总体平稳**

上半年，银行间债券市场现券交易57.1万亿元，日均成交4 641亿元，同比增长71.8%。从交易主体看，中资中小型银行和证券业机构是主要的净卖出方，净卖出现券2.1万亿元；其他金融机构及产品是主要的净买入方，净买入现券1.9万亿元。从交易品种看，上半年银行间债券市场政府债券现券交易累计成交6万亿元，占银行间市场现券交易的10.5%；金融债券和公司信用类债券现券交易分别累计成交32.5万亿元和18.4万亿元，占比分别为57%和32.2%。交易所债券现券成交2.2万亿元，同比增长40.6%。

银行间债券市场指数小幅下行。6月末，中债综合净价指数为104.17点，较上年年末下跌0.6%；中债综合全价指数为119.04点，下跌0.2%。交易所上证国债指数为157.67点，上涨2.0%。

国债收益率曲线短端先降后升，长端基本稳定。6月末，3年期国债收益率与上年年末持平，5年期国债收益率较上年年末下降1个基点，1年期、7年期、10年期国债收益率较上年年末分别上升9个、1个、2个基点。10年期和1年期国债利差为45个基点，较上年年末收窄23个基点。上半年，受市场流动性整体充裕、美联储加息预期放缓、金融业纳入营改增范围、大宗商品价格走强、英国脱欧等国内外多空因素叠加影响，债券市场收益率整体以震荡为主。

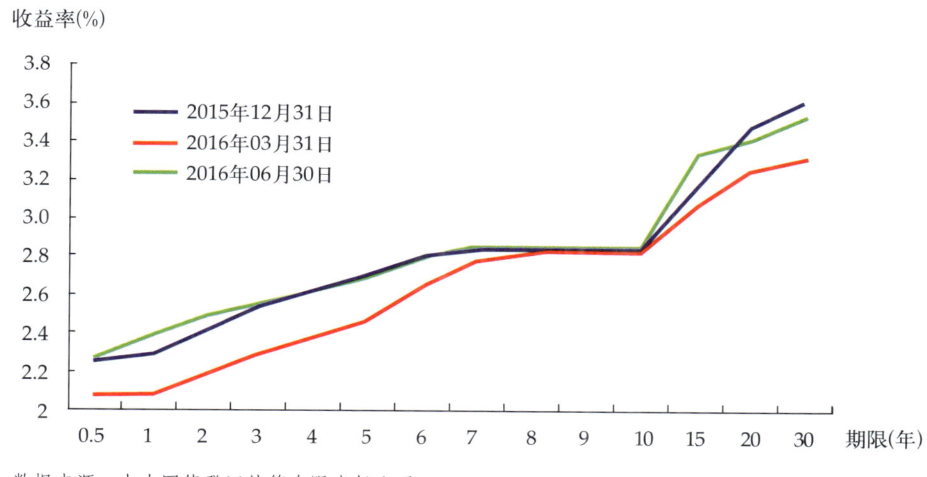


数据来源：中央国债登记结算有限责任公司。

**图6　银行间市场国债收益率曲线变化情况**

债券发行规模大幅增长，债券市场对外开放进一步推进。上半年累计发行各类债券18万亿元，同比增长110.2%，主要是地方政府债券、公司债和同业存单发行快速增长。6月末，国内各类债券余额57.4万亿元，同比增长44%。2016年上半年，加拿大不列颠哥伦比亚省、戴姆勒公司等5家境外机构在银行间市场发行156亿元人民币债券。截至6月末，境外机构累计在银行间市场发行331亿元人民币债券。

**表11　2016年上半年各类债券发行情况**

单位：亿元

| 债券品种 | 发行额 | 较上年同期增减 |
|---|---|---|
| 中央政府债券 | 13 678 | -3 549 |
| 地方政府债券 | 35 755 | 35 755 |
| 中央银行票据 | 0 | 0 |
| 金融债券① | 88 386 | 47 430 |
| 其中：国家开发银行及政策性金融债 | 20 024 | 4 749 |
| 同业存单 | 60 216 | 43 561 |
| 公司信用类债券② | 41 949 | 14 562 |
| 其中：非金融企业债务融资工具 | 27 372 | 3 096 |
| 企业债券 | 3 257 | 786 |
| 公司债 | 11 134 | 10 605 |
| 国际机构债券 | 106 | 106 |
| 合计 | 179 874 | 94 304 |

注：①金融债券包括国家开发银行金融债、政策性金融债、商业银行普通债、商业银行次级债、商业银行资本混合债、证券公司债券、同业存单等。

②公司信用类债券包括非金融企业债务融资工具、企业债券以及公司债、可转债、可分离债、中小企业私募债等。

数据来源：中国人民银行、国家发展和改革委员会、中国证券监督管理委员会、中央国债登记结算有限责任公司。

各类债券发行利率总体平稳。6月发行的10年期国债发行利率为2.9%，比3月发行的同期限国债利率上升5个基点；国家开发银行的10年期金融债利率为3.15%，比3月发行的同期限金融债利率下降3个基点；主体评级AAA的企业发行的1年期短期融资券（债券评级A-1）平均利率为3.05%，比3月低11个基点；5年期中期票据平均发行利率为4.2%，比3月高33个基点。Shibor对债券产品定价继续发挥重要的基准作用。上半年，发行以Shibor为基准定价的浮动利率债券10只，总量为400亿元；发行固定利率企业债268只，总量为3 256.5亿元，全部参照Shibor定价；发行参照Shibor定价的固定利率短期融资券2 887.05亿元，占固定利率短期融资券发行总量的88.9%。

### （三）票据融资持续增长，利率小幅下降

票据承兑业务小幅下降。上半年，企业累计签发商业汇票9.4万亿元，同比下降16.7%；期末商业汇票未到期金额为9.8万亿元，同比下降9.2%。6月末，承兑余额较年初下降6 102亿元。从行业结构看，企业签发的银行承兑汇票余额集中在制造业、批发和零售业。从企业结构看，由中小型企业签发的银行承兑汇票约占三分之二。

票据融资持续增长，票据市场利率呈下降趋势。上半年，金融机构累计贴现51.9万亿元，同比增长8.2%；期末贴现余额为5.3万亿元，同比增长40.7%。6月末，票据融资余额比年初增加7 462亿元，呈逐月上升趋势；占各项贷款的比重为5.24%，同比上升1个百分点。银行体系流动性合理充裕，票据市场供求较为均衡，票据市场利率呈现小幅下降趋势。

### （四）股票市场成交额继续减少，筹资额有所扩大

第二季度以来股票市场指数基本稳定。6月末，上证综合指数收于2 930点，比3月末低2.5%，比上年年末低17.2%；深证成份指数收于10 490点，比3月末高0.3%，比上年年末低17.2%；创业板指数收于2 228点，比3月末低0.5%，比上年年末低17.9%。6月末沪市A股加权平均市盈率从上年年末的17.6倍降至14.4倍，深市A股加权平均市盈率从上年年末的53.3倍降至40.7倍。

股票市场成交量继续下降。上半年，沪、深股市累计成交64万亿元，日均成交5 335亿元，同比下降54.4%；创业板累计成交11.4万亿元，同比下降12.5%。6月末，沪、深股市流通市值36.3万亿元，同比下降23%；创业板流通市值3万亿元，同比下降1.4%。

股票市场筹资额有所增长。上半年各类企业和金融机构在境内外股票市场上通过发行、增发、配股、权证行权等方式累计筹资6 616亿元，同比增长10.4%，其中A股筹资6 440亿元，同比增长38.1%。

### （五）保险业资产较快增长

上半年，保险业累计实现保费收入1.9万亿元，同比增长37.3%，增速比上年同期高18个百分点；累计赔款、给付5 262亿元，同比增长25.2%，其中，财产险赔付同比增长18.1%，人身险赔付同比增长30.7%。

保险业资产保持快速增长。6月末，保险业总资产14.3万亿元，同比增长24.8%，增速比上年同期高2.9个百分点。其中，银行存款同比下降11.9%，投资类资产同比增长32.7%。

表12 2016年6月末主要保险资金运用余额及占比情况

单位：亿元、%

| | 余额 | | 占资产总额比重 | |
|---|---|---|---|---|
| | 2016年6月末 | 2015年6月末 | 2016年6月末 | 2015年6月末 |
| 资产总额 | 142 661 | 114 297 | 100.0 | 100.0 |
| 其中：银行存款 | 23 605 | 26 791 | 16.5 | 23.4 |
| 投资 | 102 024 | 76 894 | 71.5 | 67.3 |

数据来源：中国保险监督管理委员会。

### （六）外汇掉期交易较快增长

上半年，人民币外汇即期成交2.5万亿美元，同比增长22.7%；人民币外汇掉期交易累计成交金额折合4.4万亿美元，同比增长42.8%，其中，隔夜美元掉期成交2.8万亿美元，占掉期总成交额的62.9%；人民币外汇远期市场累计成交442亿美元，同比增长155.7%。上半年“外币对”累计成交金额折合687亿美元，同比增长34%，其中成交最多的产品为欧元对美元，占市场份额比重为37.9%。

外汇市场交易主体进一步扩展。截至6月末，共有即期市场会员540家，远期、外汇掉期、货币掉期和期权市场会员各132家、132家、107家和73家，即期市场做市商30家，远掉期市场做市商27家。

### （七）黄金价格强势反弹，交易规模快速增长

黄金价格迎来强势反弹。上半年，国际黄金价格最高为1 324.55美元/盎司，最低为1 077.00美元/盎司，6月末收于1 320.75美元/盎司，较上年年末上涨24.3%。受此带动，国内黄金价格也出现明显上涨。上海黄金交易所AU9999最高价为284.00元/克，最低价为181.20元/克，6月末收于281.50元/克，较上年年末上涨26.3%。

上海黄金交易所总体交易规模保持快速增长。上半年，黄金累计成交2.52万吨，同比增长55.49%；成交金额6.51万亿元，同比增长65.89%。白银累计成交40.31万吨，同比增长3.67%；成交金额1.43万亿元，同比增长2.88%。铂金累计成交29.82吨，同比增长6.87%；成交金额63.75亿元，同比下降6.68%。

## 二、金融市场制度建设

### （一）推进大额存单市场发展

2016年6月6日，中国人民银行印发公告〔2016〕第13号《大额存单管理暂行办法》，决定将个人投资人认购大额存单起点金额由不低于30万元调整为不低于20万元，以进一步推进大额存单业务发展，拓宽个人金融资产投资渠道，增强商业银行主动负债能力。同时，积极推进大额存单二级市场转让交易。大额存单发行交易的有序推进，进一步扩大了金融机构负债产品市场化定价范围，有利于培育金融机构的自主定价能力，健全市场化利率形成和传导机制。

### （二）积极发展银行间债券市场

2016年5月4日，中国人民银行印发公告〔2016〕第8号及配套实施细则，明确机构投资者的合格性标准，拓宽投资者范围，优化

备案、开户、联网流程，依法对相关业务开展进行检查，强调中介机构与自律组织监测与自律管理职责，进一步提高银行间债券市场竞争力与准入管理的效率，有利于规范发展债券市场。

推出易地扶贫搬迁专项金融债券。发布《中国人民银行关于印发〈易地扶贫搬迁信贷资金筹措方案〉的通知》（银发〔2016〕90号），完成首批易地扶贫搬迁专项金融债券发行工作，发挥债券市场支持精准扶贫、精准脱贫的作用。

### （三）进一步规范证券投资者保护及证券公司风险控制

中国证券监督管理委员会、财政部、中国人民银行发布修订后的《证券投资者保护基金管理办法》。修订主要集中在完善证券投资者保护基金的公司治理结构、融资方式、收缴程序等方面，有利于进一步理顺证券投资者保护基金制度，维护投资者信心，促进资本市场发展。

《证券公司风险控制指标管理办法》及配套规则完成修订并发布。修订综合考虑行业发展现状和监管实际，从改进净资本、风险资本准备计算公式，完善杠杆率、流动性监管指标，明确逆周期调节机制等方面，提升证券公司风控指标的完备性和有效性，有利于强化证券公司全面风险管理要求，促进证券公司进一步提升风险管理能力和水平。该办法将于2016年10月1日起正式实施。

### （四）完善保险市场基础性制度建设

城乡居民住宅地震巨灾保险制度正式实施。中国保险监督管理委员会、财政部联合发布《建立城乡居民住宅地震巨灾保险制度实施方案》，自7月1日起城乡居民住宅地震巨灾保险产品开始销售，标志着我国以地震保险为突破口的巨灾保险制度进入实践阶段。

上海保险交易所成立。5月18日，上海保险交易所股份有限公司举行创立大会和首次股东大会，按照“公司化、市场化、专业化”原则组建。按照规划，上海保险交易所将重点搭建国际再保险、国际航运保险、大宗保险项目招投标、特种风险分散的业务平台。

加强保险资产管理产品监管。6月13日，中国保监会发布《关于加强组合类保险资产管理产品业务监管的通知》，要求保险资产管理产品明确其投资的基础资产种类和比例，通过保监会指定的资产交易平台进行登记、发行和信息披露，禁止发行具有“资金池”和“嵌套”性质的产品，权益类、混合类分级产品的杠杆倍数不超过1倍。

首批相互保险社获准筹建。6月22日，中国保监会正式批准众惠财产相互保险社、汇友建工财产相互保险社和信美人寿相互保险社筹建，发挥相互保险组织在小微企业金融服务和特定群体养老健康保障等方面的积极作用。

### （五）推动黄金市场稳步发展

《中国人民银行办公厅关于规范银行业金融机构账户黄金业务有关事项的通知》发布，要求银行开办账户黄金业务不得开展杠杆交易，并建立账户黄金实物备付制度，防范黄金市场交易风险。

上海黄金交易所推出上海金人民币集中定价交易业务，为全球黄金投资者提供一个公允的、可交易的人民币黄金基准价格，丰富了以黄金为标的的风险管理工具和创新工具，对人民币黄金市场的价格形成机制与加快推进中国黄金市场国际化进程起到推动作用。

## 一、世界经济金融形势

2016年上半年，全球经济复苏总体缓慢，受欧洲银行业风险暴露、英国脱欧公投等事件影响，国际金融市场出现几轮震荡，世界经济金融运行中的不确定性和不稳定性因素增多。从各经济体运行情况看，主要发达经济体继续温和复苏，新兴市场经济体表现分化，部分基本面较差、经济结构单一的经济体面临较大下行压力。

### （一）主要经济体经济状况

发达经济体继续温和复苏，经济增长缺乏强劲动力。2016年上半年，美国经济复苏总体平稳，主要经济指标喜忧参半，劳动力市场有所改善，消费支出稳步增长，房地产市场继续稳健复苏，但企业投资依然低迷，制造业增速低位波动，服务业扩张速度有所放缓，出口较为疲软。欧元区经济出现积极迹象，劳动力市场持续改善，但制造业增长依然缺乏动力，通胀下行压力仍然存在，而英国脱欧和欧盟银行业风险发酵导致的不确定性也为经济复苏增添变数。日本经济仍未摆脱停滞局面。尽管劳动力市场出现改善，但受日元大幅升值等因素影响，工业生产和出口仍较疲软，制造业PMI继续位于不景气区间，投资持续低迷，物价下行压力仍然较大。

新兴市场经济体表现分化，部分经济

**表13 主要发达经济体宏观经济金融指标**

| 经济体 | 指标 | 2015年第二季度 | | | 2015年第三季度 | | | 2015年第四季度 | | | 2016年第一季度 | | | 2016年第二季度 | | |
|---|---|---|---|---|---|---|---|---|---|---|---|---|---|---|---|---|
| | | 4月 | 5月 | 6月 | 7月 | 8月 | 9月 | 10月 | 11月 | 12月 | 1月 | 2月 | 3月 | 4月 | 5月 | 6月 |
| 美国 | 实际GDP增速（环比折年率，%） | 2.6 | | | 2.0 | | | 0.9 | | | 0.8 | | | 1.2 | | |
| | 失业率（%） | 5.4 | 5.5 | 5.3 | 5.3 | 5.1 | 5.1 | 5.0 | 5.0 | 5.0 | 4.9 | 4.9 | 5.0 | 5.0 | 4.7 | 4.9 |
| | CPI（同比，%） | -0.2 | 0.0 | 0.1 | 0.2 | 0.2 | 0.0 | 0.2 | 0.5 | 0.7 | 1.4 | 1.0 | 0.9 | 1.1 | 1.1 | 1.1 |
| | 道琼斯工业平均指数（期末） | 17 841 | 18 010 | 17 620 | 17 689 | 16 528 | 16 285 | 17 664 | 17 720 | 17 425 | 16 466 | 16 517 | 17 685 | 17 774 | 17 787 | 17 930 |
| 欧元区 | 实际GDP增速（同比，%） | 1.6 | | | 1.6 | | | 1.7 | | | 1.7 | | | — | | |
| | 失业率（%） | 11.1 | 11.1 | 11.1 | 10.9 | 11.0 | 10.8 | 10.7 | 10.5 | 10.4 | 10.3 | 10.3 | 10.2 | 10.2 | 10.1 | 10.1 |
| | HICP综合物价指数（同比，%） | 0.0 | 0.3 | 0.2 | 0.2 | 0.1 | 0.2 | 0.1 | 0.2 | 0.2 | 0.3 | -0.2 | 0.0 | -0.2 | -0.1 | 0.1 |
| | EURO STOXX 50（期末） | 3 439 | 3 444 | 3 285 | 3 432 | 3 110 | 2 976 | 3 216 | 3 288 | 3 100 | 2 902 | 2 798 | 2 790 | 3 028 | 3 063 | 2 865 |
| 日本 | 实际GDP增速（环比折年率，%） | -1.7 | | | 1.7 | | | -1.8 | | | 1.9 | | | — | | |
| | 失业率（%） | 3.3 | 3.3 | 3.4 | 3.3 | 3.4 | 3.4 | 3.1 | 3.2 | 3.1 | 3.2 | 3.2 | 3.3 | 3.2 | 3.2 | 3.1 |
| | CPI（同比，%） | 0.6 | 0.5 | 0.4 | 0.2 | 0.2 | 0.0 | 0.3 | 0.3 | 0.2 | 0.0 | 0.3 | -0.1 | -0.3 | -0.4 | -0.4 |
| | 日经225指数（期末） | 19 983 | 20 563 | 20 236 | 20 585 | 18 890 | 17 388 | 19 083 | 19 747 | 19 033 | 17 518 | 16 027 | 16 759 | 16 666 | 17 068 | 15 576 |

数据来源：各经济体相关统计部门及中央银行。

体面临较大下行压力。受自身结构性因素制约、大宗商品价格持续低迷、国际资本流动逆转、地缘政治冲击等因素影响，部分新兴市场经济体经济增速放缓。其中，受油价低迷和国内经济结构单一等因素影响，巴西、委内瑞拉陷入严重经济困境。印度经济增长较为突出，第一季度GDP同比增长7.9%，但其经济增长也面临较多的潜在风险。第二季度以来，随着大宗商品价格回升、资本流出放缓，部分新兴市场经济体状况有所好转。俄罗斯、巴西工业生产较年初回升，巴西经常账户实现七年来首次盈余。

全球经济复苏前景仍缺乏亮点支撑。从贸易、投资、结构性改革三大支撑经济发展的重要支柱看，受诸多周期性和结构性因素影响，贸易增速自危机以来大幅放缓，2012年以来始终低于全球经济增速。2016年第一季度，全球贸易额同比下降1.0%，形势依然严峻。从投资角度看，自金融危机以来发达经济体投资额大幅下滑，2015年占GDP比重较2000～2007年均值下降约2个百分点，而新兴市场经济体投资额自2014年以来也大幅放缓。在结构性改革方面，全球主要经济体均面临较多结构性问题，但目前结构性改革成效尚不明显。

### （二）国际金融市场概况

上半年，由于全球经济复苏前景暗淡，投资者避险情绪较高，在一些突发事件影响下金融市场经历了两轮较大幅度波动。年初以来，受中东国家主权基金赎回、欧洲银行业风险暴露等因素影响，投资者避险情绪升温，国际金融市场出现大幅度震荡。截至2月16日，美国、日本、俄罗斯、印度以及欧元区多国股指较2015年年末下跌超过10%；俄罗斯、墨西哥、阿根廷、乌克兰、哈萨克斯坦等国货币兑美元汇率较2015年年末贬值幅度均超过5%。2月中旬以来，受主要经济体货币政策宽松预期、原油冻产协议达成等因素影响，市场恐慌情绪有所缓解。第二季度以来，国际金融市场多数时间相对平稳，市场风险偏好有所回升。6月24日，英国脱欧阵营获胜，国际金融市场初期反应剧烈。脱欧公投当日和次一交易日，全球股市暴跌。美国标普500指数和日经指数分别下跌3.59%和7.92%；标普500指数期货和东京日经225指数期货分别大跌5%和8.1%，双双触发熔断机制；欧洲主要股市跌幅超过10%。同时，受避险情绪上升影响，日元、美元、瑞郎显著升值，英镑和欧元出现大幅贬值。美国10年期国债收益率跌至四年来新低，日本、德国国债收益率跌至零以下。目前市场情绪已逐步回稳，但由于英国脱欧程序和脱欧后的英欧经贸关系仍存在较多不确定性，对后续影响仍需密切关注。

欧元和日元对美元升值，英镑大幅贬值，新兴市场经济体汇率升贬不一。截至6月30日，欧元、英镑、日元兑美元汇率分别为1.1104美元/欧元、1.3306美元/英镑和103.25日元/美元，较上年年末分别升值2.25%、贬值9.72%和升值16.51%。同期，一些新兴市场货币对美元升值，其中巴西雷亚尔、俄罗斯卢布、智利比索、马来西亚林吉特、南非兰特、新加坡元兑美元汇率升幅较大，分别达到23.2%、14.4%、7.0%、6.6%、5.3%、5.2%。而阿根廷比索、墨西哥比索兑美元汇率大幅贬值13.9%和6.0%。

货币市场主要利率继续分化。受美联储

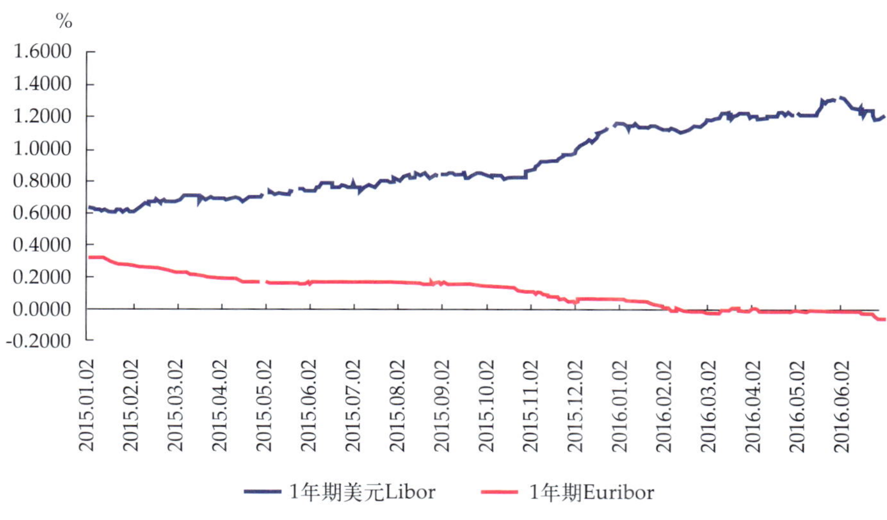


数据来源：Wind数据库。

**图7　国际货币市场利率走势**

加息预期减弱等因素影响，伦敦同业拆借市场美元Libor保持稳定，截至6月30日，1年期Libor为1.2303%，较上年年末上升5个基点。受英国脱欧以及欧洲中央银行负利率政策影响，欧元区同业拆借利率Euribor继续走低。截至6月30日，1年期Euribor为-0.051%，较上年年末下降11个基点。

避险资金推动主要发达经济体国债收益率下行，部分发达国家国债收益率跌为负值。截至6月30日，英国、法国、美国、德国、日本国债收益率分别较上年年末下行109个、79个、78个、76个和50个基点，其中日本10年期国债收益率已降为负值，德国10年期国债收益率在英国脱欧当日也曾跌为负值。瑞士10年期国债收益率在上半年一直为负，7月5日瑞士50年期国债收益率也跌破零。同时，受石油价格回升影响，巴西、俄罗斯等资源出口型新兴市场国家的国债收益率分别较上年年末下降430个和143个基点。

英国脱欧导致欧洲股市大跌，石油价格推升新兴市场经济体股市。截至6月30日，美国道琼斯指数较上年年末上涨2.9%，日经225指数大跌18.2%，欧元区STOXX50指数较上年年末下跌9.3%，西班牙、法国和德国分别下跌14.5%、9.9%和8.6%。主要新兴市场国家中，受益于石油价格回升，阿根廷、俄罗斯、巴西和印度尼西亚股市较上年年末分别大涨25.8%、23.0%、18.9%和9.2%。

大宗商品价格整体止跌回升。2016年2月11日，CRB商品价格指数达到155.01，为2008年全球金融危机以来的最低点，随后开始震荡回升，6月30日CRB商品价格指数达到192.57。受主要产油国冻产协议传闻、美元走软、投资者对美国石油减产预期等因素影响，原油价格自2016年2月中旬开始震荡回升，4月、5月和6月洲际交易所布伦特原油现货月均价每桶分别为41.49美元、46.89美元和48.33美元。同时，由于金融市场动荡、市场信心脆弱，避险情绪恶化，黄金价格在2016年年初和英国脱欧之后大幅上涨，特别是英国脱欧之后一度反弹至2014年以来最高点。

## 专栏3 英国脱欧公投的影响分析

2016年6月24日，英国脱欧公投结果出炉，51.9%的选票支持英国退出欧盟，投票率近75%。金融市场对此反应剧烈，全球股市暴跌，欧洲银行股持续下跌，美国、德国等债券收益率下降，受避险资金推动，日元、美元、瑞郎显著升值，英镑、欧元大幅贬值。为平复市场情绪，主要中央银行和国际组织纷纷表态已做好应对准备，国际组织也公开承诺将给予必要支持。8月4日，英格兰银行7年来首次降息，并扩大量化宽松规模，以应对脱欧带来的不确定性对经济金融的可能影响。作为重大的政治经济“黑天鹅”事件，英国脱欧的影响正在并将继续显现。

英国脱欧看起来是“黑天鹅”事件，其实背后早有渊源。英国与欧洲大陆的关系总体比较微妙，近年来欧盟移民的快速增长和随之而来的福利负担、欧洲难民潮和跨国恐怖主义活动的蔓延以及欧债危机后欧盟经济持续低迷等，使部分英国民众感觉英国受到了拖累，催生了公投的萌芽。

英国脱欧的影响很大程度上取决于采取何种退出模式、在多大程度上利用欧盟单一市场。由于脱欧无先例可循，脱欧程序和脱欧后的英欧经贸关系存在较多的不确定性。从与欧盟单一市场融合程度来看，未来英国与欧盟可能的关系模式大致可分为欧洲经济区模式（即“挪威模式”）、双边协议模式（即“瑞士模式”）、自贸区模式（类似于加拿大与欧盟之间尚未生效的自贸区安排）、关税同盟模式（即“土耳其模式”）以及WTO模式等五种，融合程度是递减的；也不排除会开辟一种新的模式，达成新的协议。由于涉及经济体众多，相关程序复杂，在短时间内完成相关谈判、重塑经贸关系殊为不易。

脱欧首先对英国产生直接的影响。一方面，英国在政治、经济、金融上均面临挑战。此次公投中，苏格兰和北爱尔兰均支持留欧，英国国内意见存在分歧；外部则面临一系列制度、关系的重建。7月5日英格兰银行发布《金融稳定报告》，指出脱欧公投后，来自经常账户赤字、商业地产市场、家庭债务、经济发展不确定性、金融市场脆弱性等渠道的风险有可能逐步显现。此外，由于金融服务业是英国经济的重要支柱行业，各方尤其关注脱欧对英国尤其是伦敦金融中心地位的影响，包括脱欧后英国能否获得本地公司为欧盟服务的通行证，伦敦的欧元交易中心地位能否保持等。IMF在2016年6月预测，乐观情况下，脱欧将使2018年英国GDP较未脱欧情形缩减1.3%；极端情况下，脱欧将使2018年英国GDP比未脱欧情形缩减5.2%。另一方面，脱欧给英国一定的自由度，英国或可采取更加灵活的货币和财政政策，并推出更有利的税收、准入、人才流动等制度安排；同时，如果英国能更好地重塑与其他经济体的经贸关系，也有利于促进英国经济金融的发展。

英国脱欧对世界经济产生较大的溢出效应。对于欧盟而言，英国脱欧对其经济实力和政治影响力产生一定影响，欧洲银行业的风险有所上升，欧盟经济复苏压力加大。对于全球而言，英国脱欧造成了金融市场动荡，其在一定程度上是“去全球化”思潮的反映，加大了全球经济下行风险和未来的不确定性。IMF在2016年6月预测，乐观情况下，欧盟其余国家GDP比未脱欧情形缩减0.2%～0.5%，全球GDP比未脱欧情形缩减0～0.2%；极端情况下溢出效应更大。也有分析认为，英国脱欧对不同地区、不同经济体的影响存在差异，有挑战也有机遇。

英国公投脱欧以来，中国股市、债市、汇市运行总体平稳。由于与英国脱欧相关的下一步形势尚不明朗，准确评估英国脱欧的影响还需时日，需要密切观察，保持警惕，进一步加强与有关中央银行、货币当局以及主要国际金融组织的政策沟通和协调，做好应对准备。

### （三）主要经济体货币政策

主要发达经济体货币政策分化有所缓和。美联储自2015年年底加息后一直维持联邦基金利率目标区间0.25%～0.5%不变，并多次重申仍将维持宽松货币政策立场，未来利率调整将是渐进过程，美联储会根据实际和预期经济状况与最大化就业和2%通胀目标的差距来决定加息的时点和力度。考虑到英国脱欧的影响仍在持续，市场机构普遍下调美联储加息预期。

为刺激经济和提振通胀，欧洲中央银行于3月10日加大量化宽松货币政策力度，将主要再融资操作利率、边际贷款便利利率和存款便利利率分别下调5个、5个和10个基点至0%、0.25%和-0.40%，自2016年4月起扩大月度资产购买规模至800亿欧元，同时将资产购买范围扩大至欧元区非银行公司发行的欧元计价的投资级债券，并自6月22日起实施新一轮4年期定向长期再融资操作（TLTRO II）。

日本银行于1月29日引入负利率政策，将金融机构存放在日本银行的部分超额准备金利率从之前的0.1%降至-0.1%，主要目的是鼓励金融机构借出更多资金，以期实现2%的价格稳定目标。为应对外部不确定风险，日本银行在7月29日会议上决定进一步强化宽松货币政策，将交易所基金（ETFs）购买规模扩大至每年6万亿日元，同时扩大美元借贷项目规模至240亿美元（之前为120亿美元），并允许金融机构将日本国债作为美元资金供给操作的抵押品，目的是为日本企业和金融机构提供充足的外币流动性。

英格兰银行在上半年例会上均决定继续维持0.5%的基准利率和3 750亿英镑的资产购买规模不变。英国公投脱欧后，英格兰银行在8月3日的例会上决定引入一揽子措施，为经济增长提供额外支持，并实现向通胀目标的可持续性回归。这些措施包括：下调基准利率0.25个百分点至0.25%；引入新的长期资金计划以疏通利率下调的传导渠道；购买不超过100亿英镑的英国企业债券；新增600亿英镑的英国政府债券购买规模，从而将资产购买计划的存量规模增加至4 350亿英镑。

新兴市场经济体货币政策继续分化。为提振本国经济、缓解外部冲击，乌克兰、土耳其和匈牙利央行均连续多次调低指标利率；俄罗斯、韩国和印度尼西亚央行均选择借美联储暂缓加息的时间窗口小幅调降指标利率。为应对国内通胀压力，哥伦比亚在上半年内连续5次上调指标利率共125个基点至7.5%，南非储备银行两次上调政策利率共50个基点至7%，埃及央行上调100个基点至11.75%。

与此同时，部分新兴市场经济体采取灵活汇率制度等措施应对金融市场动荡。埃及央行和尼日利亚央行分别于3月14日和6月20日起实施本币自由浮动，成为继阿根廷、哈萨克斯坦、阿塞拜疆、俄罗斯之后放弃外汇干预、采取更灵活汇率制度的新兴市场国家。面对金融市场波动和资本外流压力，巴西央行新任行长戈德法恩6月8日在巴西参议院听证会上表示，未来将实行浮动汇率制度，不再将汇率政策作为控制通胀的工具之一。

### （四）国际经济展望及面临的主要风险

国际货币基金组织（IMF）在2016年7月发布的《世界经济展望》中，预测2016年和2017年全球经济增速分别为3.1%和3.4%，较2016年4月的预测值均下调了0.1个百分点。展望未来，全球经济可能面临以下风险：

英国脱欧谈判的不确定性可能对全球经济和金融市场带来持续影响。7月13日，特雷莎·梅就任英国首相，并承诺将领导英国成功脱欧。考虑到英国与欧盟复杂的政治经济博弈关系，英国脱欧谈判的过程和结果仍面临较大的不确定性，可能会增加市场波动性，持续影响投资者信心，从而对地区和全球经济增长带来冲击。

受国内外不确定性、不稳定性因素增多等影响，主要经济体之间政策协调难度依然较大。面对更为复杂的国内经济走势和外部环境，美联储未来货币政策的力度和节奏存在不确定性。英国决定脱欧后，为应对国内经济下行风险、维护经济金融稳定，英格兰银行已出台一揽子措施提供额外货币刺激，日本银行也已进一步强化宽松货币政策，欧洲中央银行官员则多次表示为稳固经济复苏形势可能会加强量宽和负利率政策。与此同时，发达经济体之间在解决长期存在的结构性挑战和难民问题方面仍存在较大分歧。

去全球化以及贸易和投资保护主义抬头，缺乏集体行动和推动全球化的动力将成为全球经济复苏的重大风险之一。恐怖主义袭击增多、地缘政治形势紧张等不稳定性因素也为世界经济复苏蒙上阴霾。此外，随着近期全球避险情绪上升和美元走强，国际石油价格可能再次面临下行压力，或会对石油出口国的经济基本面带来较大负面影响，加大国际经济环境的复杂性。

## 二、中国宏观经济形势

2016年上半年，中国经济总体运行平稳，转方式、调结构稳步推进。消费稳定增长，投资增速放缓，进出口降幅收窄。工业生产稳中趋升，第三产业比重进一步提高。就业基本稳定，消费价格温和上涨。初步核算，上半年国内生产总值34.06万亿元，按可比价格计算，同比增长6.7%。消费对经济增长的贡献继续提升，最终消费支出对国内生产总值增长的贡献率为73.4%，比上年同期提高13.2个百分点。分季度看，第一、第二季度GDP同比均增长6.7%，环比分别增长1.2%和1.8%。上半年居民消费价格（CPI）同比上涨2.1%，以人民币计价的货物贸易顺差为16 720亿元。

### （一）消费稳定增长，投资增速放缓，进出口降幅收窄

城乡居民收入和消费需求平稳增长，网络消费保持强劲。上半年，全国居民人均可支配收入11 886元，同比名义增长8.7%，扣除价格因素实际增长6.5%。其中，城镇居民人均可支配收入16 957元，同比名义增长8.0%，实际增长5.8%；农村居民人均可支配收入6 050元，同比名义增长8.9%，实际增长6.7%。中国人民银行第二季度城镇储户问卷调查显示，居民消费意愿有所回升，倾向于“更多消费”的居民占21.2%，比上季度提高1个百分点。上半年，社会消费品零售总额15.61万亿元，同比增长10.3%，扣除价格因素实际增长9.7%，增速与第一季度持平。乡村商品零售增长继续快于城镇，上半年乡村零售额同比增长11%，比城镇高0.8个百分点。基本消费类商品平稳增长，居住类、休闲娱乐类消费快速增长。上半年限额以上单位粮油食品饮料烟酒类、日用类商品分别增长11.5%、11.7%，建筑及装潢材料类商品增长15.6%，体育娱乐用品类商品增长16.9%。网络零售保持强劲，上半年，全国网上零售额2.2万亿元，同比增长28.2%。其中，实物商品网上零售额1.8万亿元，同比增长26.6%，占社会消费品零售总额的比重为11.6%。

投资增速放缓，基础设施投资增长较快，民间投资增速回落。上半年，全国固定资产投资（不含农户）25.8万亿元，同比名义增长9.0%，扣除价格因素实际增长11.0%。当前投资呈现以下几个特征：一是服务业投资增长较快，上半年同比增长11.7%，比第二产业高7.3个百分点。二是基础设施投资增长较快，上半年，基础设施投资（不含电力、热力、燃气及水生产和供应业）增长20.9%。三是民间投资增速回落，上半年民间投资同比名义增长2.8%，实际增长4.7%，占全部投资的比重为61.5%，比上年同期低3.6个百分点。四是东北地区投资降幅继续扩大，其他地区投资增速总体稳定。投资增速下降，尤其是传统产业以及传统产业集中地区投资增速下行，而基础设施投资、服务业投资增长较快，一定程度上是经济结构调整的反映，也有利于用市场的力量纠正资源错配问题。但也要看到，影响民间投资增速下滑的因素较多，也比较复杂，包括投资回报下降、风险溢价上升、存在挤出效应等，下一阶段在投资机会、投资环境方面还有大量的工作要做。

进出口降幅收窄，民营企业对出口贡献较大。上半年，进出口总额11.13万亿元人民币，同比下降3.3%，降幅比第一季度收窄3.6个百分点。其中，出口6.40万亿元人民币，下降2.1%，收窄3.6个百分点；进口4.73万亿元人民币，下降4.7%，收窄3.7个百分点。进出口相抵，顺差1.67万亿元人民币。贸易结构优化。上半年，一般贸易出口占出口总额的55.7%，比上年同期提高1.3个百分点；机电产品出口占出口总额的57.2%，为出口主力；民营企业出口增长3.6%，占出口总额的46.6%，继续保持出口份额首位。分国别和地区看，对欧盟出口保持正增长，同比增长1.3%，对日本、美国和东盟出口下降，分别同比下降0.5%、4.6%和2.9%。

外商直接投资持续增长。上半年，全国新设立外商投资企业13 402家，同比增长12.5%；实际使用外资金额4 417.6亿元人民币

（折合694.2亿美元），同比增长5.1%。

### （二）农业生产基本稳定，工业生产稳中略升

2016年上半年，分产业看，第一产业增加值2.21万亿元，同比增长3.1%；第二产业增加值13.43万亿元，增长6.1%；第三产业增加值18.43亿元，增长7.5%，第三产业增加值增长快于第二产业。三次产业增加值占GDP比重分别为6.5%、39.4%和54.1%，第三产业增加值占比比上年同期提高1.8个百分点。

农业生产基本稳定。2016年，全国夏粮总产量13 926万吨，比上年下降1.2%，仍为历史第二高产年。上半年，猪牛羊禽肉产量3 853万吨，同比下降1.3%，其中猪肉产量2 473万吨，下降3.9%。生猪存栏40 203万头，同比减少3.7%；生猪出栏31 959万头，同比减少4.4%。

工业生产稳中略升，企业利润状况有所改善。上半年，全国规模以上工业增加值按可比价格计算同比增长6.0%，增速比第一季度加快0.2个百分点。分三大门类看，采矿业增加值同比增长0.1%，制造业增长6.9%，电力、热力、燃气及水生产和供应业增长2.6%。高技术产业和装备制造业增加值增长较快，同比分别增长10.2%和8.1%。上半年，规模以上工业企业产销率达到97.3%，与上年同期持平。工业企业利润状况改善。上半年，全国规模以上工业企业实现利润总额3.0万亿元，同比增长6.2%，增幅比上年同期高6.9个百分点，主营业务收入利润率为5.68%，比第一季度高0.24个百分点。企业经营指数、订单指数和存货指数回升，盈利指数重回盈亏平衡点之上。中国人民银行第二季度企业家问卷调查显示，企业经营景气指数为48.3%，比上季度上升1.6个百分点；国内订单指数为46.6%，比上季度上升7.5个百分点；出口订单指数为46.5%，比上季度上升5.5个百分点；企业盈利指数为52.7%，比上季度上升5.5个百分点。

### （三）价格水平维持温和上涨

居民消费价格涨幅相对平稳。上半年居民消费价格（CPI）同比上涨2.1%，第二季度各月分别上涨2.3%、2%和1.9%，平均上涨2.1%，基本与上季度持平。食品价格上涨明显，非食品价格走势相对稳定。第二季度，食品价格同比上涨6%，推动CPI上涨约1.2个百分点；非食品价格同比上涨1.1%，涨幅与上季度基本持平，推动CPI上涨约0.9个百分点。消费品价格涨幅回落，服务价格涨幅继续扩大，第二季度消费品价格同比上涨2.1%，比上季度低0.1个百分点；服务价格同比上涨2.1%，比上季度高0.1个百分点。

生产价格降幅有所收窄。上半年，工业生产者出厂价格（PPI）同比下降3.9%，第二季度各月分别下降3.4%、2.8%和2.6%，平均下降2.9%，降幅比上季度收窄1.9个百分点。生产资料价格和生活资料价格降幅均有所收窄。第二季度，生产资料价格和生活资料价格同比分别下降3.9%和0.2%，降幅比上季度分别缩小2.5个和0.2个百分点。第二季度，农产品生产价格和农业生产资料价格同比分别上涨7.7%和0.3%，比上季度分别提高1.0个和下降0.1个百分点。上半年，企业商品价格（CGPI）同比下降4.8%，降幅比上年同期收窄0.8个百分点。初级产品价格跌幅较大，同比下降7.3%，投资品价格同比下降5.6%，消费品价格同比上涨1.3%。

进出口价格降幅继续收窄。上半年进口

价格总体下跌8%，降幅比第一季度收窄3.5个百分点；出口价格总体下跌3.2%，降幅比第一季度减少1个百分点。

GDP平减指数（按当年价格计算的GDP与按固定价格计算的GDP的比率）同比上涨。上半年GDP平减指数同比上涨1.7%，比上年同期高1.9个百分点，比第一季度高1.2个百分点。

价格改革继续稳步推进。自6月20日开始，在中央管理企业全资及控股铁路上开行的普通旅客列车软座、软卧票价，由铁路运输企业依法自主制定；普通旅客列车高级软卧包房票价继续实行市场调节价；铁路运输企业可根据运输市场竞争状况、服务设施条件差异、客流分布变化规律、旅客承受能力和需求特点等实行一定折扣，确定实际执行票价。6月30日，国家发展和改革委员会发布《关于完善两部制电价用户基本电价执行方式的通知》，将基本电价计费方式变更周期由按年调整改为按季调整，电力用户选择按最大需量方式计收基本电费的，最大需量核定值变更周期从现行按半年调整改为按月调整，电力用户可根据企业实际需要选择对其最有利的计费方式。

### （四）财政收入增速总体有所回升

上半年，全国财政收入8.55万亿元，按可比口径同比增长7.1%，增速比上年同期高2.4个百分点。全国财政支出8.92万亿元，按可比口径同比增长15.1%，增速比上年同期高4.5个百分点。全国财政收支赤字为3 651亿元，上年同期盈余为2 312亿元。

从收入结构看，非税收入1.33万亿元，按可比口径同比下降0.7%，税收收入7.22万亿元，同比增长8.6%。其中，国内增值税、国内消费税、营业税同比分别增长8.7%、2.8%和15.6%，进口货物增值税和消费税同比下降3.1%，企业所得税和个人所得税同比分别增长7.6%和19.8%。在主要支出项目中，财政支出增长较快的有债务付息支出、城乡社区支出、公共安全支出和住房保障支出，分别同比增长38.1%、34.5%、28.9%和27.5%。

### （五）就业形势基本稳定

上半年，全国城镇新增就业717万人，完成全年目标任务的71.7%；全国城镇调查失业率稳定在5.2%左右。第二季度，中国人力资源市场信息监测中心对全国98个城市的公共就业服务机构市场供求信息进行的统计分析显示，与上年同期和上季度相比，劳动力市场供求人数均有所减少。劳动力市场需求略大于供给，求人倍率为1.05，比上年同期和上季度分别略降0.01和0.02。从行业需求看，与上年同期相比，水利、环境和公共设施管理业，信息传输、计算机服务和软件业等行业用人需求增长幅度较大，租赁和商务服务业、房地产业等行业的用人需求减少较多。市场对具有技术等级和专业技术职称劳动者的需求均大于供给。与上年同期相比，除对高级技师的用人需求有所增长外，对其他各类技术等级和专业技术职称的用人需求均有所减少。

### （六）国际收支总体平衡

国际收支继续呈现“一顺一逆”、总体平衡的格局。2016年第一季度，经常项目顺差393亿美元，同比下降54%，与同期GDP之比为1.6%，继续处于国际公认的合理范围之内。资本和金融项目逆差1 233亿美元，同比增长9%。截至2016年6月末，外汇储备余额3.21万亿美元。

外债总规模降幅放缓，偿债风险可控。截至3月末，外债余额为13 645亿美元，较2015年年末下降3.6%。其中，短期外债余额为8 491亿美元，较2015年年末下降8%，占外债余额的62%。

### （七）行业分析

#### 1. 房地产行业

2016年上半年，全国商品房销售快速增长，房价上涨城市增多，但势头逐步趋缓，房地产开发投资触底回升，房地产贷款快速增长。

房价上涨城市增多，但走势趋缓。2016年6月，全国70个大中城市中，新建商品住宅价格环比上涨的城市有55个，比3月减少7个，价格指数环比上涨0.7%，涨幅较3月收窄0.1个百分点；价格同比上涨的城市有57个，比3月增加17个，价格指数同比上涨5.7%，较3月涨幅扩大2.7个百分点。二手住宅价格环比上涨的城市有48个，比3月减少6个，价格指数环比上涨0.5%，涨幅较3月收窄0.4个百分点；价格同比上涨的城市有52个，比3月增加6个，价格指数同比上涨4.7%，涨幅较3月扩大1.0个百分点。

商品房销售快速增长，但增速有所放缓。上半年，全国商品房销售面积6.4亿平方米，同比增长27.9%，增速较第一季度下降5.2个百分点。商品房销售额4.9万亿元，同比增长42.1%，增速较第一季度下降12.0个百分点。其中，商品住宅销售面积和销售额分别占商品房销售面积和销售额的88.8%和85.9%。

房地产开发投资触底回升，但增速略有回落。上半年，全国房地产开发投资完成额4.7万亿元，同比增长6.1%，较第一季度降低0.1个百分点，较上年年末回升5.1个百分点。其中，住宅开发投资额3.1万亿元，同比增长5.6%，较第一季度提高1.0个百分点，占房地产开发投资的比重为66.8%。全国房屋新开工面积7.8亿平方米，同比上升14.9%，较第一季度下降4.3个百分点。全国房屋施工面积67.0亿平方米，同比上升5.0%，较第一季度下降0.8个百分点。全国房屋竣工面积4.0亿平方米，同比上升20.0%，较第一季度扩大2.3个百分点。

房地产贷款快速增长。截至6月末，全国主要金融机构（含外资）房地产贷款余额23.9万亿元，同比增长24.0%，增速较3月末高1.8个百分点，快于各项贷款余额同比增速9.7个百分点。房地产贷款余额占各项贷款余额的23.6%，比3月末高0.7个百分点。其中，个人住房贷款余额为15.4万亿元，同比增长32.2%，增速较3月末高5.7个百分点；住房开发贷款余额为4.2万亿元，同比增长11.7%，增速比3月末低1.5个百分点；地产开发贷款余额为1.7万亿元，同比增长7.5%，增速比3月末低15.3个百分点。上半年，新增房地产贷款2.9万亿元，同比多增1.0万亿元，占各项贷款新增额的38.9%，较第一季度扩大6.3个百分点。

保障房信贷支持力度继续加大。截至6月末，全国保障性住房开发贷款余额为2.2万亿元，同比增长42.2%，增速较3月末低3.2个百分点；上半年新增3 597.2亿元，占同期房产开发贷款增量的97.1%，较第一季度增加75.1个百分点。此外，利用住房公积金贷款支持保障性住房建设试点工作稳步推进，截至6月末，已有85个城市的372个保障房建设项目通过贷款审批，并按进度发放851.0亿元，收回贷款本金628.2亿元。

2. 煤炭行业

长期以来，煤炭行业的发展有效地满足了工业化、城镇化发展的能源需求，有力地支撑了经济持续快速增长。随着经济增长模式的转变，煤炭等传统行业的产能过剩问题逐步显现。近年来，煤炭行业依靠市场力量逐步实现产能出清和结构调整，但受行业和体制性因素等多方面制约，“去产能”步伐较为缓慢。2013年后原煤产量开始逐年减少，2015年全国原煤产量37.5亿吨，较2014年和2013年分别下降3.3%和5.6%。虽然供给有所减少，但受经济下行和结构调整等影响，煤炭需求下降得更快，并呈逐年扩大态势，导致煤炭价格大幅下降。2015年年末，煤炭价格指数为125.1，较2014年、2013年和2012年年末分别下降9.2%、22.7%和26.7%。受此影响，主要煤炭企业经营效益连续三年负增长，2015年煤炭开采和洗选业主营业务收入同比下降14.8%，利润总额同比下降65.0%，各项经营指标进一步恶化。

2015年中央经济工作会议做出推进供给侧结构性改革的战略部署，明确了“去产能”、“去库存”等五大重点工作任务。其中，煤炭行业成为“去产能”的重点领域之一。2016年2月，国务院下发《关于煤炭行业化解过剩产能实现脱困发展的意见》，对化解煤炭行业产能过剩提出了具体的工作目标和任务。各级政府部门相继推出配套政策，并进一步明确煤炭行业淘汰落后产能专项行动方案。随着“去产能”政策的逐步落实，2016年以来煤炭行业产能过剩状况得到一定改善。上半年，煤炭产量为16.3亿吨，同比下降9.7%，增速较上年年末回落6.4个百分点。随着煤炭产量的加快收缩以及价格小幅回升，煤炭开采和洗选业主营业务收入和利润总额自2月以来开始反弹，6月末主营业务收入和利润总额同比分别下降13.0%和38.5%，较2月末分别回升4.1个和72.6个百分点。但需要注意的是，截至2016年7月末，煤炭行业去产能任务完成进度仍未过半。

下一步，应继续落实煤炭行业淘汰落后产能的有关政策，发挥供给侧结构性改革在“去产能”过程中的引领作用，推进煤炭行业结构调整和转型升级。一方面，严格执行淘汰落后产能认定标准，依法依规实施淘汰，较大幅度压缩煤炭产能，适度减少煤矿数量，优化市场供需结构。同时，加强财政资金支持和政策协调配合，做好剩余资源价款返还、职工安置等后续工作。另一方面，推进企业改革重组、促进行业调整转型。稳妥推动具备条件的国有煤炭企业发展混合所有制经济，完善现代企业制度，提高国有资本配置和运行效率；鼓励大型煤炭企业兼并重组中小型企业，培育一批大型煤炭企业集团；进一步提高安全、环保、能耗、工艺等办矿标准和生产水平；加快研究制定商品煤系列标准和煤炭清洁利用标准；加快煤层气产业发展，合理确定煤层气勘查开采区块，建立煤层气、煤炭协调开发机制。

# 第五部分　货币政策趋势

## 一、中国宏观经济展望

未来较长一段时期，全球经济还将处在深度调整期。中国经济正处在新旧动能转换接续、结构调整和转型升级的关键时期，调整和改革仍是贯穿其中的主线。中国经济韧性好、潜力足、回旋空间大的特质没有改变，中国人均国民收入较全球平均水平还有较大差距，即使从国内看不同区域间差别也比较大，人均地区生产总值最高的省份比最低的省份高出约四倍，增长与转型升级的空间和潜力还很大。在供给侧结构性改革、放松管制和创新驱动战略的推动下，中国经济新的动能正在积聚，传统动能的改造升级也在加快，新经济、新产业、新的商业模式快速发展，对提升效率、降低成本、促进转型、保障就业发挥了重要作用。2016年上半年，高技术产业和装备制造业占规模以上工业的比重较上年同期分别提高了0.7个和1.2个百分点。消费和服务业逐步成为稳定经济增长的重要引擎，上半年服务业在GDP中的占比达到54.1%，较上年同期上升1.8个百分点，消费对经济增长的贡献度超过70%，较上年同期上升了约13个百分点。就业处在相对充分状态，上半年新增城镇就业与上年同期基本持平。在新经济的推动下，GDP单位能耗下降，绿色发展取得新进展。未来这些新动能、新模式仍将继续对稳增长、促转型发挥重要作用。还应看到，当前宏观调控的经验更加丰富，一系列宏观调控措施的累积效应逐步显现，流动性整体充裕，市场利率保持低位平稳运行，货币信贷和社会融资总量较快增长，都有利于稳定经济增长。中国人民银行第二季度企业家及银行家问卷调查显示，宏观热度指数、信心指数、订单指数、盈利指数等均较上季度上升，城镇储户问卷调查显示居民未来收入信心指数和就业预期指数也都有所上升。国际货币基金组织（IMF）在7月也上调了对中国经济增速的预期。

当然还须看到，未来一段时期内外部形势仍很复杂，经济发展和结构调整还面临不少挑战。从国际环境看，全球经济远未走出国际金融危机后的深度调整期，复苏不及预期，分化和震荡仍将持续，去全球化和贸易保护主义抬头，地缘政治更趋复杂。英国脱欧的影响还将持续，美联储后续货币政策的节奏、力度等仍有较大不确定性，部分经济体出台负利率等非常规货币政策，这些政策的溢出效应及其他经济体的“回溢效应”将对全球跨境资本流动、大类资产配置、金融市场以及宏观政策等产生影响，不确定、不稳定因素依然较多。从国内经济运行看，结构性矛盾仍然突出，经济对房地产和基建投资的依赖较大，金融等资源进一步集中，民间投资增速及其占比继续下降，经济内生增长动力仍待增强，传统动能转型和新动能培育的任务依然艰巨。供给过剩和供给不足并存，一些新领域增长潜力释放不足，影响了经济活力，债务杠杆还在较快上升，区域经济分化较为明显，经济金融领域风险暴露逐步增多。应当看到，这些矛盾主要是结构性的，解决好这些问题，关键是要在适度扩大总需求的同时，坚定不移地以推进供给侧结构性改革为主线，加快培育新的发展动能，改造提升传统比较优势，持续深化“放、管、服”和财税等重点领域改革，全面落实“去产能、去库存、去杠杆、降成本、补短板”五大任务，深化国有企业改革，推进新型城镇化，增加劳动力市场灵活性，抑制资产泡沫，降低宏观税负，更充分地发挥市场在资源配置中的决定性作用，进一步提振市场信心，稳定市场预期。把顶层设计和基层创新结合起来，在新形势下运用新机制发挥好地方的积极性和主动性，促进非公有制经济健康发展，在扩大消费和发展服务业的短板领域取得突破，提高增长的质量和效益，完善金融机构的激励约束机制，保持融资的可持续性，拓展金融资源有效配置的领域和空间。

物价形势相对稳定。从目前的内外部环境看，全球经济总体较为疲弱，再平衡调整将经历较长时期，国内经济正处在结构调整和转型过程中，经济运行仍面临一定下行压力，但货币信贷增长仍比较平稳，在这样的大环境下物价涨幅有望保持低位相对稳定。不过也要看到，目前国内物价绝对水平不低，通胀预期尚不稳定，工业品价格回升较快，虽然房地产价格上涨有所放缓，但前期的房价较快上涨有可能逐步传导，部分地区的洪涝灾害也可能对农产品价格造成一定冲击。中国人民银行第二季度城镇储户问卷调查显示，53.4%的居民认为物价“高，难以接受”，较上季度提高了0.6个百分点，未来物价指数较上季度提高了3.3个百分点，认为房价“高，难以接受”的居民占比也较上季度上升了2.6个百分点。对未来的物价变化须继续密切关注。

## 专栏4　资产负债表与宏观经济分析

有效的簿记（记账）体系是现代经济运行的基础，也是重要的信息系统，而资产负债表是其中的一个关键载体。资产负债表可以有效反映一定时点上经济主体的资产、负债和所有者权益状况，能够用来分析货币匹配、期限匹配、资本结构等问题，研判经济主体的稳健状况和脆弱性，从而为宏观政策提供支持。资产负债表有大有小，大到国家资产负债表（据社科院有关研究估计，2013年我国国家总资产为619万亿元）、中央银行资产负债表（2016年6月末中国人民银行总资产为33.8万亿元），小到企业的资产负债表，不过但凡是资产负债表，都具有复式记账、相关科目间联动的特点，资产负债表一端的调整必然引起另一端的相应变化。这使看似简单的资产负债表成为理解诸多金融现象和货币运行规律的关键，我们需要多从资产负债表复式记账、动态调整的视角来观察和分析宏观经济金融问题。

资产负债表是理解信用货币的创造与供给的基础。目前我国广义货币M2已达到约150万亿元，从机制上梳理清楚这些货币的来源，是做好货币总量调控的前提。货币供给的源头在中央银行，中央银行通过向商业银行提供基础货币，构成商业银行进行资产扩张进而创造广义货币的基础。在复式记账下，商业银行（作为一个整体）的一系列资产扩张行为，如发放贷款、购买外汇、证券投资等，都会同时在其负债方派生出等额存款，由此增加全社会货币供给。全部的广义货币，都是银行体系通过扩张资产来增加负债的方式创造出来的。由此，银行体系成为现代经济运行的一个关键环节，银行资产负债的扩张或收缩会对实体经济造成明显的影响。过去一些评论人士认为银行存差大（即存款余额与贷款余额的差）是因为银行吸收存款多同时贷款发放少，实际上银行发放贷款会同时在负债方派生存款，因此存差不会因为多发放贷款而减少。产生存差的原因，并不是吸收的存款没有放出去，而是银行贷款之外的资产扩张（如购汇、购债等）派生出了更多的存款。因此，存差并不是衡量银行体系流动性状况的科学指标，尤其是随着银行资产逐步多元化，存差这一指标存在的问题也就更大，这也是取消存贷比考核的重要原因。同样，虽然商业银行缴纳的是存款准备金，但动用的并不是记在其资产负债表负债方的存款，而是将其资产方的超额准备金转为法定准备金，因此缴纳存款准备金并不会减少存款。由于商业银行是通过扩张资产来创造货币从而为实体经济提供融资的，因此在将差别准备金动态调整机制升级为宏观审慎评估（MPA）后，将包含商业银行更多资产扩张行为的广义信贷（包括贷款、证券投资等）纳入宏观审慎管理，有助于更全面地对全社会融资条件进行逆周期调节，促进金融体系稳健运行。上述分析的基础都是银行体系的资产负债表及复式记账的研究方法。

资产负债表复式平衡、动态调整的特征还可以用来分析经济主体的行为变化。20世纪90年代后，日本经济出现严重衰退，陷入“失去的二十年”。对此的讨论很多。有经济学家提出了“资产负债表衰退”的概念，认为资产价格暴跌引发了资产负债表收缩，促使企业行为发生变化，由于资产价格大幅缩水导致债务负担急剧上升，企业不得不将主要精力集中在最大限度地降低负债而不是扩大投资上，进而形成需求收缩，导致恶性循环。早在20世纪30年代，美国经济学家费雪在研究“大萧条”时即提出了“债务—通缩”理论，而资产负债表分析则为理解这一机制提供了一个新的视角。值得注意的是，不同部门之间的资产负债表存在联动效应，一方的资产即可能是另一方的负债或所有者权益，这使得宏观调控部门可以通过改变自身资产负债表来帮助改善其他机构的资产负债状况，这也成为国际金融危机以来主要经济体中央银行实施非常规货币政策的重要渠道。

从中国人民银行资产负债表的变化，可以清晰地看到资产和负债平衡调整的特征。2014年之前的较长一段时间里我国面临国际收支大额双顺差，中国人民银行一方面大量购汇，另一方面相应进行对冲。由此外汇储备（资产方）持续增加，并对应准备金以及央票（负债方）的相应增长。2014年下半年以来情况出现了反向变化。负债方的准备金逐步下降，同时资产方的外汇储备也相应减少。这表明要保持资产负债表的平衡，必然要两边同时调，资产负债表一边动，另一边也必然会动。

从资产负债表的视角看，降准意味着央行负债减少，平衡这种影响可有两种选择：一是增加其他负债，二是减少资产。在目前的宏观环境下，通过增发央票、扩大现金投放等来扩大负债并不具有可操作性。降准引起的负债减少需要通过资产方的调整来平衡。若频繁降准会大量投放流动性，促使市场利率下行，加上其信号意义较强，容易强化对政策放松的预期，导致本币贬值压力加大，外汇储备下降。降准释放的流动性越多，本币贬值预期越强，就越是会促使投机者拿这些钱去买汇炒汇，由此形成循环。因此，需要关注政策工具运用中可能产生的资产负债表效应，密切关注内外部形势的发展变化，保持货币金融环境中性适度，促进资产负债平衡和经济金融平稳运行。

## 二、下一阶段货币政策思路

中国人民银行将认真贯彻落实党的十八大，党的十八届三中、四中、五中全会，中央经济工作会议和政府工作报告精神，按照党中央、国务院的战略部署，坚持改革开放，坚持稳中求进工作总基调和宏观政策要稳、微观政策要活的总体思路，主动适应经济发展新常态，保持政策的连续性和稳定性，继续实施稳健的货币政策，保持灵活适度，适时预调微调，增强针对性和有效性，做好供给侧结构性改革中的总需求管理，为结构性改革营造中性适度的货币金融环境，促进经济科学发展、可持续发展。更加注重改革创新，寓改革于调控之中，把货币政策调控与深化改革紧密结合起来，更充分地发挥市场在资源配置中的决定性作用。针对金融深化和创新发展，进一步完善调控模式，强化价格型调节和传导机制，疏通货币政策向实体经济的传导渠道，着力解决经济金融运行中的突出问题，提高金融运行效率和服务实体经济的能力。完善宏观审慎政策框架，牢牢守住不发生系统性金融风险的底线。

一是综合运用货币政策工具，优化政策组合，保持适度流动性，实现货币信贷和社会融资规模合理增长。根据内外部经济金融形势变化，灵活运用各种货币政策工具，完善中央银行抵押品管理框架，调节好流动性和市场利率水平，促进货币市场稳定，加强和改善宏观审慎管理，组织实施好宏观审慎评估，从量价两个方面保持货币金融环境的稳健和中性适度。继续引导商业银行加强流动性和资产负债管理，合理安排资产负债总量和期限结构，提高流动性风险管理水平。

二是盘活存量、优化增量，支持经济结构调整和转型升级。继续优化流动性的投向和结构，发挥好信贷政策支持再贷款、再贴现和抵押补充贷款的作用，强化信贷政策定向结构性调整功能，引导金融机构优化信贷结构。进一步强化信贷政策对推进供给侧结构性改革的作用，扎实做好“三农”、小微、创业创新等领域的金融服务。引导金融机构坚持区别对待、有扶有控、进退有序，积极做好支持工业稳增长调结构增效益、化解过剩产能、发展绿色信贷、制造业转型升级的金融服务工作。继续加强对中西部铁路、长江经济带建设等国家重大基础设施和重大战略项目建设的金融支持力度。不断提高对养老家政健康消费等新消费领域和现代服务业的金融服务水平，加快新旧发展动能接续转换，推动经济提质增效和转型升级。扎实推进金融精准扶贫工作，推广试用金融精准扶贫信息系统，建立完善金融扶贫信息对接和共享机制。合理安排易地扶贫搬迁专项金融债券发债规模、期限，保证易地扶贫搬迁信贷资金筹措及时到位。扎实做好新型农业经营主体金融服务，依法稳妥规范推进农村“两权”抵押贷款试点，引导银行业金融机构进一步加大对水利、农业基础设施、一二三产业融合、农业对外合作、现代种业、新型城镇化等重点领域的支持力度。完善“三农”和小微企业信贷政策导向效果评估，研究建立金融精准扶贫政策效果评估制度。创新“大众创业、万众创新”金融产品和服务，积极探索金融支持创业创新市场化运作的长效机制，推动科技金融结合试点，加大对科技、文化、消费、战略性新兴产业等国民经济重点领域的金融支持力度。

三是进一步推进利率市场化和人民币汇率形成机制改革，提高金融资源配置效率，完善金融调控机制。进一步督促金融机构健全内控制度，增强自主合理定价能力和风险管理水平，继续培育市场基准利率和收益率曲线，不断健全市场化的利率形成机制。探索利率走廊机制，增强利率调控能力，疏通央行政策利率向金融市场及实体经济的传导。加强对金融机构非理性定价行为的监督管理，发挥好市场利率定价自律机制的重要作用，采取有效方式激励约束利率定价行为，强化行业自律和风险防范，维护公平定价秩序。进一步完善人民币汇率市场化形成机制，加大市场决定汇率的力度，增强人民币汇率双向浮动弹性，保持人民币汇率在合理、均衡水平上的基本稳定。加快发展外汇市场，坚持金融服务实体经济的原则，为基于实需原则的进出口企业提供汇率风险管理服务。支持人民币在跨境贸易和投资中的使用，稳步拓宽人民币流出和回流渠道。推进人民币对其他货币直接交易市场发展，更好地为人民币的跨境使用服务。密切关注国际形势变化对资本流动的影响，完善对跨境资本流动的宏观审慎管理。

四是完善金融市场体系，切实发挥好金融市场在稳定经济增长、推动经济结构调整和转型升级、深化改革开放和防范金融风险方面的作用。推动市场创新，丰富市场产品和层次，更好地满足投资者需求。完善市场基础性制度建设和金融市场基础设施建设，强化市场监管，防范金融风险。建立健全信息披露和信用评级等市场化约束机制，完善发行信息披露和重大信息披露要求，规范信用评级机构评级行为，形成中介机构尽职履责的激励惩戒机制。丰富债券柜台业务品种，优化债券及衍生品交易机制，推动集中清算机制创新。稳妥推进债券市场对外开放，提高境外机构在境内债券市场发行和交易的便利性。加强金融市场基础设施建设和统筹管理，保证市场安全高效运行和整体稳定。加快建立健全信用风险处置机制，建立债券市场宏观审慎管理框架。加强债券市场管理协调和跨部门监管协作，切实发挥债券市场在提高直接融资比重、防范化解金融风险、优化资源配置方面的作用。

五是深化金融机构改革，通过增加供给和竞争改善金融服务。继续深化大型商业银行和其他大型金融企业改革，完善公司治理，形成有效的决策、执行、制衡机制，把公司治理的要求真正落实到日常经营管理和风险控制之中。继续推动农业银行“三农金融事业部”深化管理体制和运行机制改革，密切监测评估改革成效，不断提高县事业部服务县域经济的能力和水平。继续推动落实交通银行深化改革方案，不断提高其市场竞争力。加快落实政策性开发性金融机构改革方案，会同有关单位根据改革方案要求和职责分工，抓紧做好章程修订、健全治理结构、业务划分、完善风险补偿机制等后续工作，稳步提升三家银行金融服务和可持续发展能力，更好地发挥开发性金融和政策性金融在重点领域、薄弱环节、关键时期的重要作用。继续推动邮储银行股份制改革和资产管理公司商业化转型。

六是完善宏观审慎政策框架，有效防范和化解系统性金融风险，切实维护金融体系稳定。完善金融风险监测、评估、预警和处置体系建设，全面排查风险隐患，关注实体经济特别是产能过剩行业、房地产、地方政府性债务等领域风险。加强对企业债务风险、银行资产质量和流动性变化情况、互联网金融、民间融资、跨境资金流动等领域的风险监测分析，完善应对预案，探索运用多种措施和手段及时化解和妥善处置金融风险。加强宏观审慎管理，强化对顺周期、跨行业、跨市场风险及风险传染的分析研判。深化资本市场体制机制改革，促进资本市场稳定健康发展。持续做好存款保险制度实施各项工作，稳步推进风险差别费率等核心机制发挥作用，同时配合存款保险的早期纠正、有序处置等措施，完善金融安全网。严厉打击非法集资活动，遏制非法集资蔓延势头，做好民间融资风险事件处置工作。强化底线思维，及时采取有效措施，牢牢守住不发生系统性金融风险的底线。

# PART 1 Money and Credit Analysis

In the first half of 2016 liquidity in the banking sector was generally sufficient, with money, credit, and aggregate social financing growing steadily. Interest rates were stabilized at a low level, and the RMB exchange rate was becoming more flexible.

## I. Monetary aggregates grew steadily

At the end of June, outstanding M2 stood at RMB149 trillion, up 11.8 percent year on year, representing a deceleration of 1.6 percentage points from end-March and a deceleration of 1.5 percentage points from end-2015. In the first half of 2016, M2 growth fell somewhat, mainly due to a year-on-year acceleration of the decline of RMB equivalents of foreign exchange reserves, more standardized inter-bank operations, repayment of expensive financing when corporate liquidity improved, a year-on-year acceleration in increases of fiscal deposits, and, to a large extent, a greater base as M2 in 2015 was pushed up by brisk trading on the stock market during the first half of the year. Due to the relatively high base resulting from measures against stock market volatility in the middle of 2015, M2 growth continued to slow down in July, but it is expected to gradually pick up thereafter.

At the end of June, outstanding M1 stood at RMB44.4 trillion, up 24.6 percent year on year, representing an acceleration of 2.5 percentage points from end-March. Beginning in the second quarter of 2015, M1 growth continued to rebound, which revealed stronger liquidity of money in a low interest rate environment; to some extent this was related to structural factors, such as deposits of money during local government

**Figure 1 Growth of Money Supply**

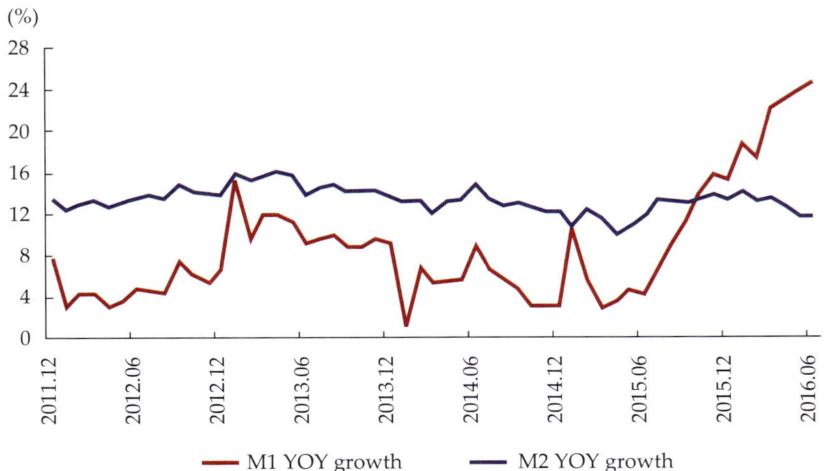


Source: The People's Bank of China.

**Figure 2 Growth of M1 and Sales of Commercial Residential Homes**

Source: The People's Bank of China, National Bureau of Statistics.

debt swaps and the recovery of real estate sales.

Outstanding M0 stood at RMB6.3 trillion, up 7.2 percent year on year, representing an acceleration of 2.8 percentage points from end-March. During the first half the year, cash withdrawn from circulation amounted to RMB39.8 billion, a decrease of RMB125.7 billion year on year.

At end-June, outstanding base money registered RMB28.9 trillion, representing a decrease of 1.3 percent year on year and a deceleration of 4.4 percentage points from end-March. This was an increase of RMB860 billion from the beginning of the year and an acceleration of RMB1.6 trillion year on year. During the first half of 2016, the central bank changed the method of liquidity provision by shifting from lowering the required reserve ratio during the first half of 2015 to measures such as open market operations, a mid-term lending facility, and other monetary operations. The former was not expansionary to base money, whereas the latter injected liquidity and at the same time increased base money. The money multiplier registered 5.16 at end-June, 0.06 higher than that at end-March. The excess reserve ratio for financial institutions registered 2.1 percent, among which the ratio for rural credit cooperatives was 7.9 percent.

## II. Deposits in financial institutions grew at a slower pace

At end-June, outstanding deposits of domestic and foreign currencies in all financial institutions posted RMB150.6 trillion, up 10.7 percent year on year and representing a decrease of 1.9 percentage points from end-March and 1.7 percentage points from the end of the last year. This was an increase of RMB10.8 trillion from the beginning of the year and a deceleration of RMB719.6 billion year on year. Outstanding RMB deposits registered RMB146.2

**Table 1 RMB Deposits of Financial Institutions during the First Half of 2016**

Unit: RMB100 million, %

| | Balance at end-June | YOY increase | New deposit in the year | YOY acceleration |
|---|---|---|---|---|
| RMB deposits in various types | 1,462,397 | 10.9 | 105,284 | -5,660 |
| Household deposit | 581,521 | 9.1 | 35,404 | 4,642 |
| Non-financial enterprise deposit | 465,346 | 16.9 | 35,659 | 14,858 |
| Government deposit | 271,954 | 12.4 | 29,527 | 10,078 |
| Non-bank financial institution deposit | 131,932 | 2.8 | 4,289 | -37,308 |
| Overseas deposit | 11,644 | -31.3 | 405 | 2,070 |

Source: The People's Bank of China.

trillion, up 10.9 percent year on year and a deceleration of 2.1 percentage points from end-March. This was an increase of RMB10.5 trillion from the beginning of the year and a deceleration of RMB566 billion year on year. Outstanding deposits in foreign currencies registered USD656.2 billion. This was an increase of USD28.8 billion from the beginning of the year and a deceleration of USD42.2 billion year on year.

From the perspective of RMB deposits, there are more demand deposits. Demand deposits for households and non-financial enterprises accounted for 44.2 percent, a year-on-year increase of 31.8 percentage points. Broken down by sectors, during the first half of the year deposits for non-financial enterprises witnessed a rapid year-on-year increase of RMB1.5 trillion. Among this total, demand deposits for non-financial enterprises grew by RMB1.6 trillion year on year, directly accelerating the growth of M1. During the first half of the year, deposits for non-bank financial institutions witnessed a substantial year-on-year deceleration of RMB3.7 trillion, among which deposits for securities and trading-settlement deposits registered a year-on-year deceleration of approximately RMB3.6 trillion. This was mainly because, due to the impact of the relatively rapid rise in stock prices in the first half of 2015, a huge amount of deposits were turned into customer margins of security companies and increased the base.

## III. Loans of financial institutions registered steady and relatively rapid growth

At end-June, outstanding loans in domestic and foreign currencies of all financial institutions posted RMB106.7 trillion, up 13 percent year on year. This was an increase of RMB7.3 trillion from the beginning of the year and an acceleration of RMB538.2 billion year on year. Outstanding RMB loans stood at RMB101.5 trillion, a year-on-year growth of 14.3 percent, a deceleration of 0.4 percentage point from end-March, and on par with that at end-2015. This was an increase of RMB7.5 trillion from the beginning of the year and an acceleration of RMB967.1 billion year on year. Foreign currency loans decreased. At end-June, outstanding foreign currency loans of financial institutions stood at USD785.1 billion, a decrease of USD45.2 billion from the beginning of the year and a deceleration of USD85.7 billion due to the change in RMB exchange rate expectations. In general, financial institutions maintained relatively strong support for the real economy. First, there was expanded credit for infrastructure construction such as transportation; second, consumer loans, such as home mortgage loans and auto loans, grew at a markedly faster pace; third, loans increased to agro-linked fields, such as summer grain procurement and processing, water conservation, and poverty reduction. Taking into consideration local government debt swaps, the financial system provided even stronger credit support for the real economy.

In terms of the maturity brackets of RMB loans, the ratio of medium- and long-term RMB loans continued to increase. In the first half of the year, medium- and long-term RMB loans increased by RMB5.2 trillion from the beginning of the year, an acceleration of RMB1.5 trillion year on year. The share of new medium- and long-term RMB loans in total new loans was 69.1 percent, an increase of 13.3 percentage points over the same period of the last year. Among this total, mainly due to the local government debt swaps, medium- and long-term fixed-asset investment loans grew by RMB1.6 trillion from the beginning of the year, a deceleration of RMB57.7 billion. From the perspective of sectors, loans to the household sector grew rapidly, particularly home mortgage loans. During the first half of 2016, home mortgage loans grew by RMB2.3 trillion, a year-on-year increase of RMB1.2 trillion, with the growth reaching 32.2 percent at end-June. The monthly increase during this period reached repeated record highs. This was mainly because the rapid growth of home mortgage loans was driven by the rapid growth of commercial housing sales during the first half of the year. During this period, sales of commercial housing property grew by 42.1 percent year on year, a substantial increase of 32.1 percentage points over the same period of the last year. Broken down by institutions, loan growth of Chinese-funded small- and medium-sized banks registered a greater year-on-year acceleration.

**Table 2 Structure of RMB Loans during the First Half of 2016**

Unit: RMB100 million, %

| | Balance at end-June | YOY increase | New deposit in the year | YOY acceleration |
|---|---|---|---|---|
| RMB loans to various sectors | 1,014,859 | 14.3 | 75,316 | 9,671 |
| Loans to the household sector | 299,767 | 19.4 | 29,459 | 9,921 |
| Loans to non-financial enterprises and non-profit institutions | 702,833 | 11.6 | 45,295 | -937 |
| Loans to non-bank financial institutions | 8,785 | 103.0 | 246 | 691 |
| Outward loans | 3,474 | 38.9 | 316 | -4 |

Source: The People's Bank of China.

**Table 3 RMB Loans of Financial Institutions during the First Half of 2016**

Unit: RMB100 million

| | New loans | Acceleration |
|---|---|---|
| Chinese-funded large-sized banks [1] | 31,417 | -132 |
| Chinese-funded small- and medium-sized banks[2] | 40,971 | 8,414 |
| Small-sized rural financial institutions[3] | 8,770 | -339 |
| Foreign-funded financial institutions | 231 | 194 |

Notes: 1. Chinese-funded large-sized banks refer to banks with assets (both in domestic and foreign currencies) of RMB2 trillion or more (according to the amount of total assets in both domestic and foreign currencies at end-2008).
2. Chinese-funded small- and medium-sized banks refer to banks with total assets (both in domestic and foreign currencies) of less than RMB2 trillion (according to the amount of total assets in both domestic and foreign currencies at end-2008).
3. Small-sized rural financial institutions refer to rural commercial banks, rural cooperative banks, and rural credit cooperatives.
Source: The People's Bank of China.

## IV. All-system financing aggregates grew at a moderate and steady pace

According to preliminary statistics, at end-June the stock of all-system financing aggregates was RMB147.94 trillion, an increase 12.3 percent from the same period of the last year and a year-on-year acceleration of 0.3 percentage point year on year. In the first half of the year, all-system financing aggregates posted RMB9.75 trillion in cumulative terms, an increase of RMB961.8 billion from the same period of the last year. There were four characteristics of the all-system financing aggregates during the first half of the year. First, RMB loans to the real economy grew substantially. During the first half of 2016, RMB loans to the real economy grew by RMB7.48 trillion, up RMB894.9 billion from the same period of the last year. This accounted for 76.7 percent of the all-system financing aggregates, an acceleration of RMB894.9 billion year on year. Second, foreign currency loans to the economy decreased substantially. Third, direct financing, corporate bonds in particular, grew substantially and reached a historic high, though corporate bond financing slowed down during the second quarter. In the first half of the year, domestic financing of non-financial enterprises including stocks and bonds, reaching RMB2.34 trillion, an increase of RMB1 trillion from the same period of 2015. This accounted for 24.0 percent of the all-system financing aggregates during the same period, up 8.8 percentage points from the same period of the last year. The increments in both stock and bond financing reached record highs. Fourth, undiscounted bankers' acceptance bills decreased substantially, leading to a large deceleration of off-balance-sheet financing. In the first half of the year, total financing by means of entrusted loans, trust loans, and undiscounted bankers' acceptance bills pumped RMB48.8 billion into the real economy, a deceleration of RMB544.8 billion from the same period of the last year. This

**Table 4 Stocks of All-system Financing Aggregates at End-June 2016**

Unit: RMB1 trillion, %

| | All-system financing aggregates[1] | Of which: | | | | | | |
|---|---|---|---|---|---|---|---|---|
| | | RMB loans | Foreign currency denominated (RMB equivalent) | Entrusted loans | Trust loans | Undiscounted bankers' acceptance bills | Enterprise bonds | Financing by domestic institutions via domestic stock markets |
| End-June, 2016[2] | 147.94 | 100.23 | 2.70 | 12.06 | 5.73 | 4.58 | 16.47 | 5.13 |
| YOY change[3] | 12.3 | 13.8 | -23.0 | 22.1 | 6.6 | -34.1 | 29.5 | 23.2 |

Notes: 1. Stocks of all-system financing aggregates refer to the total volume of financing provided by the financial system to the real economy (the non-financial corporate sectors and the household sectors in the domestic market) at the end of a certain period.

2. Data for the current period are preliminary.

3. Stocks are based on the value as shown in the accounts or their face value. The year-on-year change is annualized and based on comparable data.

Sources: The People's Bank of China, National Development and Reform Commission, China Securities Regulatory Commission, China Insurance Regulatory Commission, China Government Securities Depository Trust & Clearing Co., Ltd., National Association of Financial Market Institutional Investors, and so forth.

**Table 5 Increments in All-system Financing Aggregates during the First Half of 2016**

Unit: RMB100 million

| | All-system financing aggregates[1] | Of which: | | | | | | |
|---|---|---|---|---|---|---|---|---|
| | | RMB loans | Foreign currency denominated (RMB equivalent) | Entrusted loans | Trust loans | Undiscounted bankers' acceptance bills | Enterprise bonds | Financing by domestic institutions via domestic stock markets |
| First half of 2016[2] | 97,539 | 74,809 | -3,787 | 10,465 | 2,792 | -12,769 | 17,342 | 6,023 |
| YOY change | 9,618 | 8,949 | -4,223 | 5,141 | 2,483 | -13,071 | 7,956 | 2,082 |

Notes: 1. An increment in all-system financing aggregates refers to the total volume of financing provided by the financial system to the real economy (the non-financial corporate sectors and the household sectors in the domestic market) during a certain period of time.

2. Data for the current period are preliminary.

Sources: The People's Bank of China, National Development and Reform Commission, China Securities Regulatory Commission, China Insurance Regulatory Commission, China Government Securities Depository Trust & Clearing Co., Ltd., National Association of Financial Market Institutional Investors, and so forth.

accounted for 0.5 percent of the all-system financing aggregates during the same period, down 6.3 percentage points year on year.

## V. Deposit and lending interest rates declined

In June, the weighted average interest rate of lending offered to non-financial companies and other sectors was 5.26 percent, down by 0.78 percentage point year on year, and 0.04 percentage point, and 0.01 percentage point, from March and from the last December respectively. In particular, the weighted average interest rate on ordinary loans posted 5.58 percent, down 0.09 percentage point from March; the weighted average bill financing rate was 3.43 percent, down 0.19 percentage point from March. The interest rate on home mortgage loans fell steadily, with the weighted average rate posting 4.55 percent in June, down 0.08 percentage point from March.

With respect to interest rate fluctuations, the share of loans with interest rates below and at the benchmark rose, and the share of loans with interest rates above the benchmark fell. In June, the share of loans with interest rates lower than the benchmark was 24.06 percent, up 3.24 percentage points from March; the share of loans with interest rates at the benchmark was 17.80 percent, up 0.20 percentage point from March; the share of loans with interest rates above the benchmark was 58.14 percent, down 3.44 percentage points from March.

The deposit and lending rates of foreign currencies fluctuated slightly due to the interest rate volatility in international markets and changes in supply and demand for foreign currencies on the domestic market. In June, the weighted average interest rates of large-value US dollar demand deposits and large-value US dollar deposits with maturities within 3 months registered 0.18 percent and 0.67 percent respectively, down 0.02 percentage point and 0.01 percentage point respectively from March. The weighted average interest

**Table 6 Shares of Loans with Rates at above or below the Benchmark Rate, January through June 2016**

Unit: %

| Month | Lower than the benchmark | At the Benchmark | Higher than the benchmark | | | | | |
|---|---|---|---|---|---|---|---|---|
| | | | Subtotal | (1.0,1.1] | (1.1,1.3] | (1.3,1.5] | (1.5,2.0] | Above 2.0 |
| January | 19.56 | 17.16 | 63.28 | 15.71 | 18.44 | 10.39 | 11.39 | 7.35 |
| February | 21.92 | 16.92 | 61.16 | 15.06 | 17.08 | 9.55 | 11.71 | 7.76 |
| March | 20.82 | 17.60 | 61.58 | 14.54 | 17.06 | 10.19 | 11.92 | 7.87 |
| April | 21.99 | 16.27 | 61.74 | 13.88 | 16.73 | 10.45 | 12.53 | 8.15 |
| May | 22.94 | 15.91 | 61.15 | 13.16 | 17.10 | 10.67 | 12.40 | 7.82 |
| June | 24.06 | 17.80 | 58.14 | 13.57 | 16.24 | 10.13 | 11.40 | 6.80 |

Source: The People's Bank of China.

**Table 7 Average Interest Rates of Large-value Deposits and Loans Denominated in US Dollars, January through June 2016**

Unit: %

| Month | Large-value deposits | | | | | | Loans | | | | |
|---|---|---|---|---|---|---|---|---|---|---|---|
| | Demand deposits | Within 3 months | 3-6 months (including 3 months) | 6-12 months (including 6 months) | 1 year | More than 1 year | Within 3 months | 3-6 months (including 3 months) | 6-12 months (including 6 months) | 1 year | More than 1 year |
| January | 0.24 | 0.65 | 1.20 | 1.37 | 1.64 | 1.55 | 1.50 | 2.15 | 1.94 | 2.07 | 3.30 |
| February | 0.22 | 0.62 | 1.11 | 1.25 | 1.44 | 1.40 | 1.47 | 1.99 | 1.84 | 1.99 | 4.14 |
| March | 0.20 | 0.68 | 1.13 | 1.27 | 1.50 | 1.60 | 1.48 | 1.85 | 3.08 | 2.28 | 3.32 |
| April | 0.23 | 0.81 | 0.96 | 1.39 | 1.52 | 1.53 | 1.48 | 2.02 | 1.81 | 1.97 | 3.50 |
| May | 0.24 | 0.76 | 1.12 | 1.31 | 1.59 | 1.38 | 1.52 | 1.94 | 1.85 | 1.86 | 3.11 |
| June | 0.18 | 0.67 | 1.23 | 1.51 | 1.62 | 1.41 | 1.62 | 1.84 | 1.76 | 2.29 | 3.45 |

Source: The People's Bank of China.

rates of US dollar loans with maturities within 3 months and of US dollar loans with maturities between 3 and 6 months (including 3 months) posted 1.62 percent and 1.84 percent respectively, up 0.14 percentage point and unchanged respectively from March.

## VI. RMB exchange rate flexibility strengthened in both directions

Since the beginning of 2016, the RMB exchange rate depreciated slightly against a basket of currencies, experiencing marked two-way fluctuations and exhibiting improved flexibility, and exchange rate expectations remained well anchored. At end-June, the CFETS RMB exchange rate index closed at 95.02, a depreciation of 5.86 percent from the end of 2015; the RMB exchange rate index based on the Bank for International Settlements (BIS) basket and the RMB exchange rate index based on the SDR basket closed at 96.09 and 95.76 respectively, representing a depreciation of 5.53 percent and 3.11 percent respectively from the end of 2015. According to calculations by the BIS, in the first half of 2016 the NEER and the REER of the RMB depreciated by 5.09 percent and 5.47 percent respectively; from the RMB exchange rate regime reform in 2005 to end-June 2016, the NEER and the REER of the RMB appreciated by 38.43 percent and 47.47 percent respectively.

At end-June, the central parity of the RMB against the USD was 6.6312, depreciating by 1,376 basis points and 2.08 percent. From the RMB exchange rate regime reform in 2005 to end-June 2016, the exchange rate of the RMB against the USD appreciated by 24.81 percent.

Since March, volatility of the RMB/USD exchange rate has exceeded that of the RMB against a basket of currencies. Between March to end-June, the annualized volatility of the RMB/USD exchange rate was 4.28 percent, whereas the volatility of the CFETS RMB exchange rate index was only 2.31 percent. This reflects improved flexibility in the RMB/USD exchange rate, and "referring to a basket of currencies" helps to keep the RMB exchange rate index stable under the central parity regime of "closing price plus changes against a basket of currencies".

## VII. Cross-border RMB businesses fell in year-on-year terms

During the first half of 2016, cross-border receipts and payments in RMB totaled RMB4.82 trillion, a decrease of 15 percent year on year. In particular, RMB receipts and payments registered RMB1.92 trillion and RMB2.89 trillion respectively, resulting in a net outflow of RMB972.88 billion and a receipt-to-payment ratio of 1:1.51. RMB cross-border receipts and payments under the current account posted RMB2.66 trillion yuan, down 21 percent year on year. Under the current account, RMB receipts and payments for trade in goods and that of trade in services and other items posted RMB2.17 trillion and RMB499.16 billion respectively. Cross-border RMB receipts and payments under the capital account totaled RMB2.15 trillion, a decrease of 6 percent year on year.

**Figure 3 RMB Receipt and Payment under Current Account**

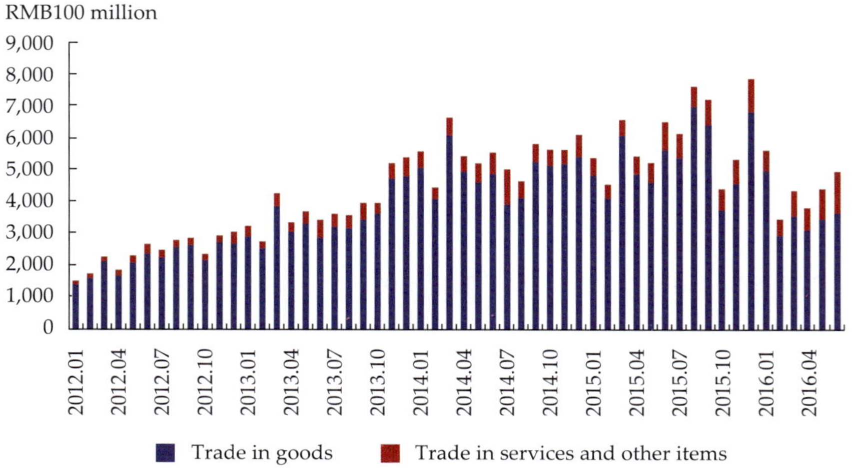

RMB100 million
9,000
8,000
7,000
6,000
5,000
4,000
3,000
2,000
1,000
0
2012.01
2012.04
2012.07
2012.10
2013.01
2013.04
2013.07
2013.10
2014.01
2014.04
2014.07
2014.10
2015.01
2015.04
2015.07
2015.10
2016.01
2016.04
Trade in goods
Trade in services and other items

Source: The People's Bank of China.

# PART 2 Monetary Policy Operations

Thus far in 2016, the domestic and overseas economic and financial situations remained complicated. Although there were positive changes in the domestic economy, the foundation is not yet solid. In accordance with the overall arrangements of the Party Central Committee and the State Council, the PBC continued the sound monetary policy with initiatives to adapt to the new normal and to encourage growth on the basis of maintaining stability. The PBC has also taken measures to maintain reasonably sufficient liquidity and to reduce corporate financing costs, to create a favorable monetary and financial environment for stabilizing growth, and to implement supply-side structural reforms.

## I. Flexible open market operations

The PBC closely monitors the macroeconomic situation, financial market developments, and liquidity and conducts flexible repo OMOs, supplemented by other tools including the Reserve Requirement Ratio (RRR) and Medium-term Lending Facility (MLF), to maintain sufficient liquidity in the banking system and to keep money market rates stable.

Starting from February 18, 2016, the PBC has established a mechanism for daily OMOs, and conducted 7-day repo OMOs on a daily basis. This helps to further improve the precision of the PBC's liquidity management and smooth liquidity fluctuations caused by various factors, including the increased issuance of local government bonds, international capital flows, the expectation of interest rate hike by the Federal Reserve, and the impact of Brexit, to release central bank interest rate signals in a continuous way, to guide market expectations. During the second quarter, repo operations injected RMB5,485 billion into the market. In the first half of the year, a total of RMB10,280 billion were injected through repo operations, and SLOs injected RMB205 billion into the market. Seven-day repo rates have remained stable at about 2.25 percent. With the combined effects of the various quantitative and price measures, performance of the money market has been stable. In particular, during the second quarter, the inter-bank 7-day repo rates fluctuated marginally around the OMO repo rates and the stability of interest rates improved significantly. No abnormal fluctuations were observed even at end-June when there were many seasonal factors. The stable performance of the inter-bank 7-day repo rates helped to enhance its benchmark role, to guide stable market expectations, and to facilitate reasonable growth of money and credit as well as social financing.

Central treasury cash management operations in the form of CDs were conducted in a timely manner. During the first half of the year, RMB200 billion of treasury fund were deposited in commercial banks on three separate operations, including RMB120 billion as 3-month deposits and RMB80 billion as 9-month deposits.

## II. Standing Lending Facilities (SLFs) and Medium-term Lending Facilities (MLFs)

The PBC conducted a total of RMB545.05 billion in SLFs operations in the first half of the year, including RMB4.05 billion in the second quarter to provide short-term liquidity support. As a result, the SLFs played an effective role as the ceiling of the interest rate corridor. At the end of June, the outstanding balance of SLFs was RMB2 billion.

In order to maintain sufficient liquidity in the banking system, and taking into account the demand of commercial banks, the PBC conducted MLF operations on a monthly basis to stabilize market expectations. The MLF maturity structures were diversified with the introduction of 3-month and 1-year lending in addition to the existing 6-month lending. During the first half of the year, the volume of MLF operations totaled RMB2,238.5 billion, and the outstanding balance of MLFs was RMB1,745.5 billion at the end of June. The MLF operations have promptly filled the medium-term liquidity gap in the banking system and have become an important channel of base money supply and a channel to guide financial institutions to enhance support to key areas and weak sectors, such as small/micro firms, and agriculture, rural areas and farmers. The MLF rates have functioned as mid-term policy rates, helping guide financial institutions to reduce lending rates and financing costs to support the real economy.

## III. The reserve assessment method was further reformed

In March 2016, the PBC cut the RRR by 0.5 percentage point for all financial institutions to maintain sufficient liquidity in the banking system. Since July 2016, the PBC has further reformed the reserve assessment mechanism, changing the reserve base from end-of-day deposit balances on the last day of a ten-day period to the arithmetic average during the entire ten-day period. Subsequently, the reserve base of the RMB fund deposited by overseas RMB business participating banks in domestic agent banks, which are paid in and assessed quarterly, has also been changed to the arithmetic average of the end-of-day balances in the period.

### *Box 1 The Averaging Method for Reserve Assessments Was Further Improved*

*The PBC decided that, effective from July 15, 2016, the reserve base would be assessed by an arithmetic average method, and the reserve base would be changed from the end-of-day deposit balances on the final day of a ten-day period to the arithmetic average during the entire ten-day period. This is a further improvement of the reserve assessments after the reform on September 15, 2015, when the assessment method was changed from a daily requirement to an arithmetic average requirement for the entire assessment period. The RRR is a reserve-to-deposit ratio. The reform in last September changed the numerator from point-of-time balances to arithmetic average balance, and the reform in this July changed the denominator to the arithmetic average balances. As a result, both the calculation and the assessment of the reserves are conducted based on an averaging method.*

*The adoption of the averaging method assessment is a response to the monthly fluctuations of deposits in the banking system—which tends to peak at the end of each month, decline at the beginning of each month, and fluctuate significantly around special times, such as the Chinese Lunar New Year. As a result, the previous assessment based on point-of-time balances could cause financial institutions to pay-in additional reserves or the central bank to refund them. Some financial institutions even deliberately lowered the deposit balances at the time of the reserve base calculations, distorting data regarding the reserve deposits. At the end of March 2016, the negative inter-bank overnight lending rate of RMB fund in the Hong Kong market was the outcome of lending by the overseas RMB business participating banks that expected the RMB funds deposited overseas by the quarter-end would be used as the reserve base for the next quarter in order to reduce the base. The averaging method of reserve base assessments can effectively smooth such fluctuations. Looking at international experience, the advanced economies generally use an averaging method for reserve assessments. For example, the US Federal Reserve uses an averaging method for both the reserve base calculation and the assessment of the maintenance period.*

*After the adoption of averaging RRR assessments on September 15, 2015, liquidity management of financial institutions, especially the major players in the inter-bank market, i.e. large banks, has been more flexible, and interest rates in the money market have remained stable. Therefore, the PBC decided to adopt the averaging method for reserve base assessments for a more objective result, to address deposit fluctuations at the time of the assessments, to reduce behavioral distortions, and to facilitate sound money market performance.*

*The PBC will continue its research and improve its reserve assessment method so as to improve the flexibility of financial institutions' liquidity management, to enhance the soundness of money market operations, to strengthen the monetary policy transmission mechanism, and to create conditions for the transformation of the framework for monetary policy adjustments.*

## IV. The macro-prudential policy framework was improved

The PBC has further improved the macro-prudential policy framework and enhanced its counter-cyclical role. The dynamic reserve adjustment mechanism was upgraded to a macro-prudential assessment (MPA) system that covers the capital and leverage ratio, assets and liabilities, liquidity, pricing activities, asset quality, foreign liability risks, and implementation of credit policies to guide the behavior of financial institutions. In the two assessments thus far conducted this year, most of the banking financial institutions maintained sound operations and met the requirements in enhanced macro-prudential management.

The PBC has further improved the MPA for cross-border capital flows. Based on the enhanced MPA pilot program this January of full-coverage cross-border financing that included 27 financial institutions and enterprises registered in the four FTAs in Shanghai, Tianjin, Guangdong, and Fujian, the PBC expanded the pilot program to all financial institutions and enterprises on May 3, to conduct counter-cyclical adjustments in cross-border financing, increase effective foreign exchange supply, and control the leverage ratio and currency mismatch risks. The normal RRR was applied to the RMB funds deposited by overseas RMB business participating banks in their agent banks in China to enhance macro-prudential management.

## V. Credit support to key areas and weak sectors in the economy

The PBC used credit policy-supporting central bank loans, discounts, and Pledged Supplementary Lending (PSL) to guide financial institutions to increase support to key areas and weak sectors in the economy, including small and micro firms, agriculture, rural areas and farmers, and renovation programs for shantytowns. At end-June 2016, the outstanding balance of Rural Supporting Loans (RSLs), Micro Supporting Loans (MSLs), and rediscounts were RMB189.7 billion, RMB60.6 billion, and RMB120.2 billion respectively.

To implement the decisions of the CPC Central Committee Conference on Poverty Alleviation Work and the *Decision to Win the Fight against Poverty* (CPC Central Committee Document [2015] No. 34), in March 2016 the PBC launched the *Notice on Establishing Poverty Relief Loans* (PBC Document [2016] No. 91), and issued Poverty Relief Loans (PRLs) to support the development of local industries, entrepreneurship, and job creation in poverty-stricken areas. The PRLs have more preferential rates than the RSLs and will be used to guide locally incorporated financial institutions to increase credit to poverty-stricken areas, to prioritize and direct the PRLs to the registered poor households and to the enterprises that support and help those households, and to reduce the social financing costs of the poverty-stricken areas. In June 2016, the PBC released the *Details on the Management of Poverty Relief Loans* (PBC Document [2016] No. 173) with detailed management rules for the PRLs, specifying the conditions and procedures, directions and purposes, interest rates, maturities, supervision and management, as well as the policy effect assessments so as to help reach the poverty alleviation targets. Currently, implementation of the PRL policy has been smooth. It has achieved preliminary results in guiding financial support to fight against poverty. At end-June 2016, the outstanding balance of the PRLs was RMB43.6 billion.

As approved by the State Council, the PBC provided PSLs to China Development Bank, Agricultural Development Bank of China, and the Export-Import Bank of China to support lending to shantytown renovation programs, major water conservancy projects, and their loans for RMB going global projects. In the second quarter, the PBC provided a total of RMB277.1 billion in PSLs to the three banks, with an outstanding balance of RMB1,671.9 billion at end-June.

In general, all measures have realized intended policy goals of increasing lending to small and micro firms, agriculture, rural areas and farmers, and renovation programs for shantytowns, reducing the financing costs in the weaker sectors of the economy, and reduce the financing difficulties and costs of financing.

## VI. Window guidance and credit policies for structural guidance

The PBC continued to enhance the role of window guidance and credit policies in signaling and guiding structural adjustments. It explored a positive role of monetary policies in structural adjustment, industrial transformation and upgrading by enhancing support to key areas and the main weak links in the economy. Among the five major tasks of removing excess capacity, reducing inventories, deleveraging, reducing costs, and shoring up weak spots, the PBC guided financial institutions to make good use of new loans, revitalize the stock of credit assets, to appropriately use central bank financial support, and to explore new models of organizational structures, collaterals, products, and services, to allocate more credit resources to key areas and weak links in order to promote stable growth, structural adjustments, and people's livelihood.

First, banking institutions were guided to provide comprehensive support to efforts to build China into a manufacturing power; to continue providing proper financial services for strategic industrial adjustments, infrastructure building, and reform and development in key areas (such as shantytown renovation, underground utility tunnels, ship-building, railways, logistics, and energy); to step up financial support related to retirement services, healthcare, and other service sectors; and to promote innovations in consumption-oriented credit products to meet needs in six major consumption areas.

Second, financial services for agricultural-related areas and small- and medium-sized enterprises (SMEs) have been enhanced in a concrete way. Focusing on new types of agricultural businesses, the PBC promoted innovations in financial products and services, prudently pushed forward with the pilot program of loans collateralized with contracted land and property operational rights for rural housing, encouraged SMEs to issue non-financial enterprise debt-financing instruments to raise funds, and supported eligible financial institutions to issue financial debts that specialize in extending loans to SMEs.

Third, the PBC urged banking institutions to implement various policies to provide financial support to address overcapacity issues. It also improved the system of green financial policies and made efforts to support green financing.

Fourth, to improve financial services for coordinated regional development, the PBC continued to enhance financial support for the coordinated development of the Beijing-Tianjin-Hebei area as well as the Yangtze River Economic Belt.

Fifth, the PBC continued to improve financial services related to the people's livelihood, such as those related to poverty relief, employment, education, minority ethnic groups, migrant workers, graduates who became rural officials, and so forth. It boosted financial support to encourage people to do business creatively and to drive innovation, and it actively promoted IT-related financial pilot programs. The PBC established the PRLs to relieve poverty in a targeted manner, made great efforts to promote the development of inclusive financing, and supported sustainable and healthy economic development in poverty areas.

Sixth, the differentiated adjustments in the real estate market were further enhanced, with reduced minimum mortgage down-payment ratios for some cities that did not impose restrictions on housing purchases. Measures were also taken to ban illegal down-payment financing for mortgage borrowers. Moreover, a mechanism to assess the effectiveness of the credit policy and a credit asset securitization program were promoted so as to encourage financial institutions to make better use of existing credit resources and to explore the securitization of non-performing assets. This will pave the way for revitalizing the stock of credit assets and for optimizing the allocation of financial resources.

## VII. The market-based RMB exchange rate regime was improved

The market-based RMB exchange rate regime was further improved in a self-initiated, controllable, and gradual manner. Efforts were made to allow the market play a better role in the formation of the RMB exchange rate and to improve exchange rate flexibility in both directions. As a result, the RMB exchange rate remained basically stable at an adaptive and equilibrium level. During the first half of the year, the peak and trough central parities of the RMB against the US dollar were RMB6.4565 and RMB6.6528 respectively. During the 120 trading days, the RMB appreciated on 59 days and depreciated on 61 days. In the first quarter, the biggest daily appreciation and the biggest daily depreciation were 0.57 percent (365 bps) and 0.90 percent (599 bps) respectively.

The RMB fluctuated in both directions against the other major international currencies, such as the euro and the Japanese yen. At end-June, the central parities of the RMB against the euro and the Japanese yen were RMB7.3750 per euro and RMB6.4491 per 100 yen respectively, a depreciation of 3.79 percent and 16.46 percent respectively from end-2015. Between the beginning of the RMB exchange rate regime reform in 2005 and end-June 2016, the RMB appreciated by a cumulative 35.78 percent against the euro and by 13.29 percent against the Japanese yen.

In order to facilitate bilateral trade and investment, the PBC continued to take measures to develop the direct RMB transaction market. During the first half of 2016, it introduced direct transactions of the RMB against the South African rand and against the Korean won in the inter-bank foreign exchange market. Direct RMB transactions were buoyant, with an obvious increase in its market liquidity, which lowered the currency conversion costs of market participants.

During the first half of the year, under the bilateral currency swap agreements with the PBC, the foreign monetary authorities utilized a total of RMB98.151 billion, and the PBC used foreign currencies to the equivalent of USD4.840 billion. At end-June, the outstanding RMB-funds utilized by foreign monetary authorities stood at RMB21.062 billion and the outstanding foreign currencies utilized by the PBC were equivalent to USD1.109 billion. These swap agreements have played a positive role in promoting bilateral trade.

**Table 8 Trading Volume of the RMB against Foreign Currencies in the Inter-bank Foreign Exchange Spot Market during the First Half of 2016**

Unit: RMB100 million

| Currency | USD | EUR | JPY | HKD | GBP | AUD | NZD | SGD |
|---|---|---|---|---|---|---|---|---|
| Trading volume | 159,412 | 2,166 | 1,614 | 636 | 156 | 371 | 52.5 | 839 |
| Currency | CHF | CAD | MYR | RUB | ZAR | KRW | THB | |
| Trading volume | 61.1 | 107 | 13.5 | 79.2 | 6.6 | 16 | 0.89 | |

Source: China Foreign Exchange Trade System.

## Box 2 Performance of the RMB Exchange Rate Mechanism

*Since August 11, 2015, the PBC has taken a series of measures to further develop the market-based RMB exchange rate mechanism, improving the quoting mechanism of the CNY-USD central parity and enhancing the role of a currency basket. Since the Chinese Lunar New Year of 2016, a CNY-USD central parity formation mechanism, which is based on "closing rate plus exchange rate movements of a basket of currencies", has taken shape and its market-based and basket-referring features have been enhanced.*

*According to the above mechanism, which is based on the "closing rate plus exchange rate movements of a basket of currencies", market makers calculate their CNY-USD quotes by referring to the following two elements: first, the closing rate at 16:30 of the previous day in the inter-bank foreign exchange market, so as to reflect supply and demand in the market; second, in order to maintain a stable RMB exchange rate against a basket of currencies, the magnitude of the change in the CNY-USD rate should mainly reflect the change in the RMB exchange rate against a basket of currencies. Therefore, one can analyze RMB trends by observing these two components.*

*As for the closing rate, since the beginning of 2016, foreign currency demand has been greater than supply in the inter-bank foreign exchange market, due to factors such as the deleveraging of foreign-currency-denominated liabilities by the corporate sector and rising overseas merger-and-acquisition activities. This has resulted in a weakening trend in the RMB closing rate against the USD compared with its central parity. From February 15 to June 30, the closing rate of the RMB against the USD depreciated by a cumulative 2,489 bps compared to the central parity.*

*As for the exchange rates in the currency basket, up until May due to weakening expectation of the Federal Reserve rate hike against the backdrop of weak global recovery and rising fluctuations in the international financial market, the US Dollar Index slided to 92, and the CNY-USD central parity appreciated against the closing rate of the previous day. After May, with renewed expectation of a rate hike by the Federal Reserve and uncertainties in the international financial market after by the Brexit vote, the US dollar reversed its weak position and began to appreciate. Subsequently, the daily appreciation of the RMB against the USD became milder. Based on developments since the Chinese Lunar New Year, as the USD index fluctuated and moderately depreciated, the CNY-USD central parity should appreciate so as to maintain the relative stability of the RMB exchange rate against the currency basket. Between February 15 and June 30, there has been an cumulative appreciation of 1,295 bps in the CNY-USD central parity against the closing rate of the previous day.*

*In general, the RMB exchange rate mechanism is operating smoothly based on the "closing rate plus exchange rate movements of a basket of currencies" system. The cumulative depreciation of the central parity against the previous day's closing rate, caused by the supply-demand factors, is greater than the cumulative appreciation of the central parity against the previous day's closing rate, which is due to the stable exchange rate of the RMB against the currency basket. As of June 30, there has been an overall depreciation of 1,194 bps of the RMB against the USD, or a decline of 1.8 percent since the Chinese Lunar New Year.*

*The "closing rate plus exchange rate movements of a basket of currencies" has improved the CNY-USD central parity mechanism and has made it more rule-based, transparent, and market-oriented, thus allowing it to play a positive role in stabilizing market expectations. On the one hand, based on the clearly defined rules and the transparent data on the closing rates of the previous day, the weights of the currencies in the basket and the exchange rate movements in the basket, market participants can conveniently predict the central parity with relative precision. Although their own quotes may be different from each other—due to the various extents to which the market makers use the three currency baskets of the CFETS, BIS, and SDR—there is a general consistency in their movements in terms of directions and magnitudes. On the other hand, as there is uncertainty regarding the movement of the USD exchange rate, when referring to a basket of currencies the CNY-USD rate demonstrates a two-way fluctuation, which is helpful to limit expectations of a one-way movement and to avoid one-sided arbitrage. Since February, as the market has become increasingly familiar with this new mechanism, market expectations have gradually stabilized. Foreign exchange reserves have declined increasingly moderately and in some months they have even registered an increase, and the derivatives market shows that RMB depreciation expectations have declined as well. The on-shore and off-shore forward rates on June 30 suggest that the one-year-ahead CNY-USD rates are respectively 6.7257 and 6.8063, indicating a depreciation expectation of 1.2 percent and 2.4 percent; the off-shore non-deliverable forwards show that the CNY-USD rate in one year is 6.8170, an expected depreciation of 2.5 percent; and the one-year implied volatilities as indicated in the CNY-USD options in the on-shore and off-shore markets are broadly on a declining trend.*

*As the next step, the RMB exchange rate regime will continue to operate in an orderly manner based on market demand and supply and with adjustments to the basket of currencies. The RMB exchange rate regime will be further improved for the market to play a more decisive role and to gradually develop an exchange rate regime that is market-based, fluctuating in two directions and flexible, so as to ensure that the RMB exchange rate remains basically stable at an adaptive and equilibrium level.*

## VIII. The deepening reforms of financial institutions

Policy financial institution reforms accelerated and the recapitalization of China Development Bank, the Export-Import Bank of China were completed. Efforts were made in a series of reforms by the three policy banks, such as revising their articles of incorporation, establishing and improving the arrangement of their board of directors, further strengthening their governance structures, and defining their business boundaries. These reforms further improved the capital strength and the resilience of the three banks. They helped these policy development financial institutions boost their support for weak links and key areas in the economy, allowing them to play an active role in stabilizing growth, adjusting the structure, and improving the people's livelihood.

The deposit insurance system was smoothly implemented. On May 1, 2015, the *Deposit Insurance Regulations* took effect, marking the formal establishment of the Deposit Insurance Scheme (DIS). Thus far, more than 3,000 deposit-taking banking institutions have completed the procedures for joining the scheme and the premium collection was completed for 2015. Meanwhile, progress has been made in a number of areas, including promoting knowledge publicity and business training related to the DIS; preparing for the introduction of a differentiated premium system; conducting research on the development of a deposit insurance information system; exploring a market-based resolution system for financial institutions; and allowing the DIS to play a role in the resolution process. In general, since the debut of the *Deposit Insurance Regulations*, banking institutions have been operating smoothly and the DIS has been introduced in a steady and orderly manner. The scheme has gradually assumed its full role in terms of better protecting the rights of depositors and timely preventing and mitigating financial risks. This helps improve the overall effectiveness and efficiency of the financial safety net, promotes the healthy development of the financial sector, and contributes to the further development of the market-based exit mechanism for financial institutions.

Important progress was made in the pilot reform programs of the rural credit cooperatives (RCCs). Their business operations and financial strength continued to improve and agriculture-related loans consistently expanded. As reported under the five-tier classifications at end-June, the outstanding NPLs of the RCCs stood at RMB541.6 billion nationwide, with an NPL ratio of 4.2 percent, 0.1 percentage point lower than that at the end of the last year. Their capital adequacy ratio was 11.2 percent. By end-June, the outstanding loans of the RCCs registered RMB12.9 trillion, accounting for 12.7 percent of the outstanding loans of financial institutions nationwide. The outstanding agricultural-related loans and loans to farmers were RMB7.9 trillion and RMB3.8 trillion respectively, up by 2 percent and 4.1 percent respectively from the end of the last year. Ownership reforms continued, with the establishment of 1,187 county/municipal-level RCCs with legal-person status, 979 rural commercial banks, and 56 rural cooperative banks by the end of June.

## IX. The deepening of foreign exchange administration reforms

Progress was made to actively streamline the procedures for foreign exchange administration. On the one hand, the public-service procedures for foreign exchange administration were streamlined and optimized, with better currency conversion services, more convenient channels for currency conversion by individuals, and improved quality and efficiency of foreign exchange administration services. On the other hand, relevant rules and regulations continued to be cleared up, with fourteen foreign exchange administration regulations repealed and one regulation revised. The standing mechanism for clearing up the rules and regulations was further implemented.

The PBC made efforts to facilitate trade and investment. First, foreign exchange acquired from trade by type-A enterprises can directly enter into the foreign exchange account under the current account or can be settled, therefore reducing the paperwork burdens in terms of receiving and selling foreign exchange. Second, the PBC moved ahead with overall implementation of capital- and external-debt-related foreign currency settlements based on the firms' own initiatives so as to better meet the needs of domestic firms in their business and capital operations. Third, banks were allowed to provide settlement services for non-deliverable forwards to institutional customers, which will meet their needs to simultaneously hold foreign exchange assets and to hedge foreign exchange risks.

Efforts were made to improve capital account convertibility. First, reforms of foreign exchange management of the Qualified Foreign Institutional Investors (QFIIs) were implemented, with the caps on individual QFIIs raised, approval procedures streamlined, inbound/outbound remittances facilitated, and lock-up periods loosened. Second, the PBC pushed forward with the opening up of the inter-bank bond market by allowing overseas institutional investors to access the inter-bank bond market and by removing the quota limits for individual institutions and the overall quota limits. Measures were also taken to facilitate overseas institutional investors to carry out procedures for inbound/outbound remittances and for directly purchasing/settling foreign exchange.

The monitoring system for cross-border payments was further developed. First, monitoring and analysis have become more forward-looking and targeted. Developments and trends have been closely followed, and the monitoring of cross-border capital flows and of the international financial market has been strengthened. Second, a monitoring system for the foreign exchange business of individuals has been launched in order to further enhance the monitoring of such activities.

# PART 3 Financial Market Analysis

In the first half of 2016 financial markets performed generally well. The money market traded briskly and market interest rates remained stable. The issuance of bonds expanded significantly whereas coupon rates stabilized. Beginning in the second quarter, equity financing grew and stock indices were stable. Assets in the insurance industry and the trading volume of foreign exchange swaps grew rapidly. The price of gold rebounded strongly and the volume of trading expanded rapidly.

## I. Financial market analysis

### 1. The money market traded briskly, and market interest rates remained low and stable

The growth of repo transactions on the inter-bank market expanded rapidly and the turnover of inter-bank borrowing increased notably. During the first half of 2016, the cumulative turnover of bond repos reached RMB288.8 trillion on the inter-bank market, representing an average daily turnover of RMB2.3 trillion and an increase of 63.6 percent year on year, despite a deceleration of 22.1 percentage points from the first half of 2015. The cumulative turnover of inter-bank borrowing reached RMB45.2 trillion, with an average daily turnover of RMB367.6 billion, an increase of 83.2 percent year on year and an acceleration of 45.5 percentage points from the first half of 2015. In terms of the maturity structure, transactions were more concentrated in overnight products, which accounted for 86.4 percent and 88.4 percent of the turnovers in bond repos and inter-bank borrowing transactions respectively, 5 percentage points and 8.9 percentage points more than those in the first half of 2015 respectively. The turnover of bond repos on the stock exchanges rose 76 percent year on year to reach RMB98.8 trillion.

In terms of financing among financial institutions, the flow of funds displayed the following characteristics. First, Chinese-funded large banks remained net fund providers and their lending amounts surged. In the first half of 2016, net lending by Chinese-funded large banks through repos and inter-bank borrowing increased by 40.9 percent year on year to RMB117.8 trillion. Second, net borrowing by securities institutions increased substantially. In the first half of the year, net borrowing by securities institutions increased by 66 percent year on year to RMB33.7 trillion. Third, net lending by Chinese-funded small- and medium-sized banks declined significantly over that during the same period of the last year. In the first half of 2016, net borrowing by Chinese-funded small- and medium-sized banks dropped by 27.6 percent year on year to RMB20.2 trillion.

**Figure 4 Inter-bank Market Trading**

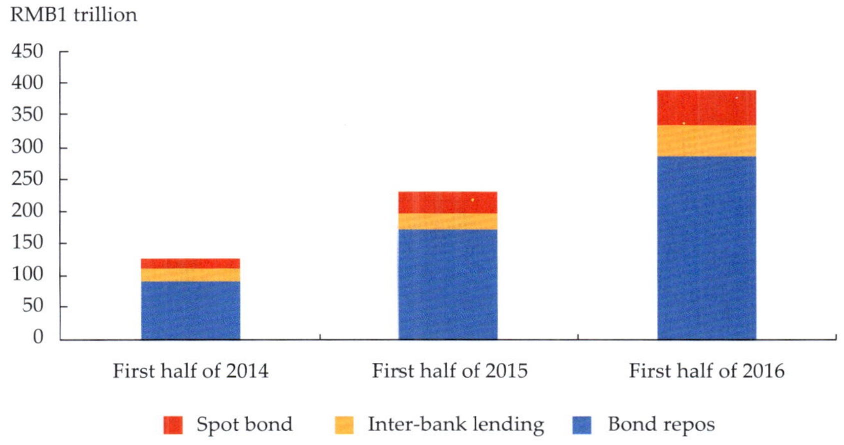

Source: The People's Bank of China.

**Table 9 Fund Flows among Financial Institutions during the First Half of 2016**

Unit: RMB100 million

| | Repos | | Inter-bank borrowing | |
|---|---|---|---|---|
| | First half of 2016 | First half of 2015 | First half of 2016 | First half of 2015 |
| Chinese-funded large banks[1] | -1,062,405 | -766,013 | -115,269 | -69,873 |
| Chinese-funded small- and medium-sized banks[2] | 202,445 | 304,201 | -414 | -25,204 |
| Securities institutions[3] | 253,768 | 153,314 | 83,589 | 49,915 |
| Insurance institutions[4] | 6,550 | 38,656 | 20 | 38 |
| Foreign-funded banks | 45,490 | 41,900 | 4, 682 | 14,604 |
| Other financial institutions and vehicles[5] | 554,151 | 227,943 | 27,393 | 30,520 |

Notes: 1. Chinese-funded large banks include Industrial and Commercial Bank of China, Agricultural Bank of China, Bank of China, China Construction Bank, China Development Bank, Bank of Communications, and Postal Savings Bank of China.
2. Chinese-funded small- and medium-sized banks include China Merchants Bank and sixteen other medium-sized banks, small-sized city commercial banks, rural commercial banks, rural cooperative banks, and village and township banks.
3. Securities institutions include securities firms and fund management companies.
4. Insurance institutions include insurance firms and company annuities.
5. Other financial institutions and vehicles include urban credit cooperatives, rural credit cooperatives, finance companies, trust and investment companies, financial leasing companies, asset management companies, social-security funds, funds, wealth management products, trust plans, and other investment vehicles. Some of these financial institutions and vehicles do not participate in the inter-bank borrowing market.
6. A negative sign indicates net lending and a positive sign indicates net borrowing.
Source: China Foreign Exchange Trade System.

Interest rate swaps increased rapidly. In the first half of the year, 40,786 transactions were conducted on the RMB interest rate swap market, an increase of 19.2 percent year on year. The notional principal volume totaled RMB4,368.55 billion, an increase of 22.7 percent year on year. In terms of the maturity structure, contracts with maturities of up to one year traded the most briskly and the volume of their aggregate notional

**Table 10 Transactions of Interest Rate Derivatives during the First Half of 2016**

| | Interest rate swaps | | Standard interest rate derivatives | | Standard bond forwards | |
|---|---|---|---|---|---|---|
| | Transactions (lots) | Amount of notional principal (RMB100 million) | Transactions (lots) | Amount of notional principal (RMB100 million) | Transactions (lots) | Amount (RMB100 million) |
| First half of 2016 | 40,786 | 43,685.5 | 8 | 8 | 4 | 0.6 |
| First half of 2015 | 34,229 | 35,616.2 | 640 | 2,745 | 24 | 2.4 |

Source: China Foreign Exchange Trade System.

principal posted RMB3,462.44 billion, accounting for 79.3 percent of the total. Based on the reference interest rate, the reference interest rate on the floating leg of the RMB interest rate swaps mainly included the 7-day repo fixing rate and the Shibor, and their corresponding notional principal volume accounted for 86.8 percent and 12.9 percent respectively of the total trading volume.

The certificates of deposits (CDs) market developed rapidly and the issuance of CDs grew notably. By end-June, 315 financial institutions disclosed their annual plans for inter-bank CD issuance in 2016, among which 279 had completed their issuances on the inter-bank market. In the first half of the year, a total of 7,293 inter-bank CDs were issued on the inter-bank market, raising RMB6.05 trillion, and the trading volume on the secondary market was RMB27.17 trillion. Issuances and trading were both priced based on the Shibor, and the correlation between the issuance interest rate and the medium- and long-end Shibor was further improved. In June, the average weighted interest rate for the issuance of 3-month inter-bank CDs was 3.05 percent, 8 basis points higher than the 3-month Shibor. In the first half of the year, 7,448 CDs were issued by financial institutions, with a total

**Figure 5 Weighted Average Interest Rates on the Inter-bank Market**

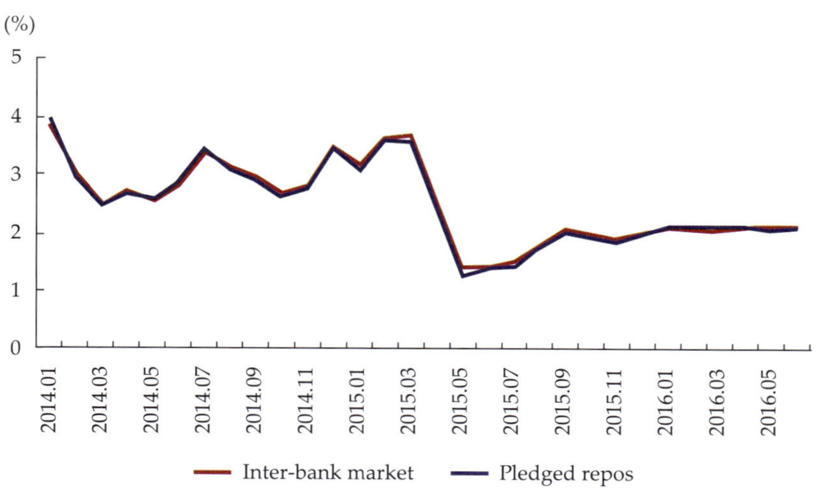


Source: The People's Bank of China.

volume of RMB2.72 trillion, surpassing both the transactions and the trading volume in the entire year of 2015.

Money market interest rates remained stable. In June, the weighted average interest rate of inter-bank borrowing posted 2.14 percent, representing an increase of 5 basis points from March as well as an increase of 17 basis points from December 2015. The weighted average interest rate of pledged repos posted 2.10 percent, basically at par with that in March but an increase of 15 basis points from December 2015. The short-end Shibor remained stable, whereas the medium- and long-end declined. At end-June, the overnight and 7-day Shibor posted 2.04 percent and 2.39 percent respectively, an increase of 5 basis points and 3 basis points respectively from end-2015. The 3-month and 1-year Shibor posted 2.97 percent and 3.05 percent respectively, a decline of 12 basis points and 30 basis points respectively.

### 2. Spot bond trading was brisk and bond issuances grew significantly, whereas coupon rates remained stable

In the first half of the year, the volume of spot bond trading on the inter-bank market posted RMB57.1 trillion, representing an average daily turnover of RMB464.1 billion and an increase of 71.8 percent year on year. In terms of trading entities, Chinese-funded small- and medium-sized banks and securities institutions were major net bond sellers, with net sales of spot bonds posting RMB2.1 trillion; other financial institutions and vehicles were mainly net bond purchasers, with net purchases of spot bonds totaling RMB1.9 trillion. In terms of trading products, in the first half of 2016 a total of RMB6 trillion of spot government securities was traded, accounting for 10.5 percent of the total spot bond transactions on the inter-bank market; the turnover of spot financial bonds and corporate debenture bonds was RMB32.5 trillion and RMB18.4 trillion respectively, accounting for 57 percent and 32.2 percent respectively of the total spot bond transactions on the inter-bank market. The volume of spot bond trading on the stock exchanges totaled RMB2.2 trillion, an increase of 40.6 percent year on year.

Bond indices on the inter-bank markets edged down. By end-June, the China Bond Composite Index (net price) had declined to 104.17 points, down 0.6 percent from end-2015; the China Bond Composite Index (full price) had dropped by 0.2 percent to 119.04 points. The Government Securities Index on the stock exchanges had increased by 2.0 percent to 157.67 points.

The short end of the yield curve of government securities moved downward before rising, but the long end remained stable. At end-June, the yield of 3-year government securities remained at par with that at end-2015; the yield of 5-year government securities declined by 1 basis point from end-2015; the yields of 1-year, 7-year, and 10-year government securities increased by 9, 1, and 2 basis points from end-2015 respectively. The spread between 10-year and 1-year government securities narrowed by 23 basis points from end-2015 to 45 basis points. During the first half of

**Figure 6 Yield Curve of Inter-bank Market Government Securities**

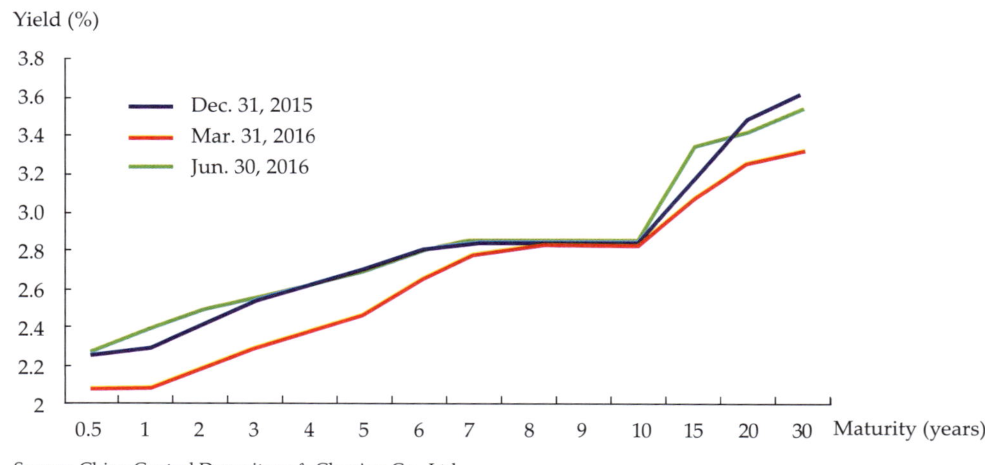


Source: China Central Depository & Clearing Co., Ltd..

the year, influenced by domestic and global factors, such as sufficient market liquidity, the expectation of a slowdown in the rate hike by U.S. Federal Reserve, extension of the business-tax-to-VAT tax reform to include the financial sector, the strengthening of commodity prices and the Brexit, bond yields were characterized by fluctuations.

The volume of bond issuances expanded significantly, and the bond market was opened up further. In the first half of the year, a total of RMB18 trillion of bonds was issued, an increase of 110.2 percent year on year, among which issuances of local government bonds, corporate bonds, and inter-bank CDs grew rapidly. At end-June, outstanding bonds of all kinds posted RMB57.4 trillion, an increase of 44 percent year on year. In the first half of 2016, five overseas institutions, including British Columbia Province of Canada and Daimler, issued RMB-denominated bonds totaling RMB15.6 billion on the inter-bank market. By the end of June, RMB bonds issued by overseas institutions on the inter-bank market totaled RMB33.1 billion.

The coupon rates of bonds remained stable. The coupon rate of 10-year government securities issued in June was 2.9 percent, an increase of 5 basis points from the rate of those of the same maturity issued in March. The coupon rate of 10-year financial bonds issued by China Development Bank was 3.15 percent, a decline of 3 basis points from those of the same maturity issued in March. The average coupon rate of 1-year short-term financing bills (rated A-1) issued by AAA-rated enterprises was 3.05 percent, a decline of 11 basis points from March. The average coupon rate of 5-year medium-term notes was 4.2 percent, an increase of 33 basis points from March. The Shibor continued to play an important role in bond pricing. In the first half of 2016, a total of ten floating-rate bonds were issued based on the Shibor, with a combined issuance volume of RMB40 billion; 268 fixed-rate enterprise bonds were issued, with a combined issuance volume of

**Table 11 Bond Issuances in the First Half of 2016**

Unit: RMB100 million

| Type of bonds | Issuance | YOY growth |
|---|---|---|
| Government securities | 13,678 | -3,549 |
| Local government bonds | 35,755 | 35,755 |
| Central bank bills | 0 | 0 |
| Financial bonds[1] | 88,386 | 47,430 |
| Of which: Financial bonds issued by China Development Bank and policy financial bonds | 20,024 | 4,749 |
| Inter-bank certificates of deposit | 60,216 | 43,561 |
| Corporate debenture bonds[2] | 41,949 | 14,562 |
| Of which: Debt-financing instruments of non-financial enterprises | 27,372 | 3,096 |
| Enterprise bonds | 3,257 | 786 |
| Corporate bonds | 11,134 | 10,605 |
| Bonds issued by international institutions | 106 | 106 |
| Total | 179,874 | 94,304 |

Notes: 1. Including financial bonds issued by China Development Bank, policy financial bonds, ordinary bonds issued by commercial banks, subordinated bonds issued by commercial banks, hybrid bonds issued by commercial banks, bonds issued by securities firms, inter-bank certificates of deposits, and so forth.

2. Including debt-financing instruments issued by non-financial enterprises, enterprise bonds, corporate bonds, convertible bonds, bonds with detachable warrants, privately placed SME bonds, and so forth.

Sources: The People's Bank of China, National Development and Reform Commission, China Securities Regulatory Commission, and China Central Depository & Clearing Co., Ltd..

RMB325.65 billion, all based on the Shibor; and a total of RMB288.705 billion of fixed-rate short-term financing bills was issued based on the Shibor, accounting for 88.9 percent of the total fixed-rate short-term financing bills.

### 3. The outstanding volume of bill financing continued to increase and interest rates dropped slightly

Growth of the bill acceptance business slowed down slightly. In the first half of the year, commercial bills issued by enterprises totaled RMB9.4 trillion, a decline of 16.7 percent year on year; outstanding commercial bills posted RMB9.8 trillion, a drop of 9.2 percent year on year. By end-June, the balance of bill acceptances had decreased by RMB610.2 billion compared with that at the beginning of 2016. In terms of the industries of the issuing enterprises, outstanding bankers' acceptances were mainly issued by enterprises in the manufacturing, wholesale, and retail industries, with small- and medium-sized enterprises issuing about two-thirds of the total.

The outstanding bill-financing balance continued to increase and interest rates on the bill market went down. In the first half of the year, commercial bills discounted by financial institutions totaled RMB51.9 trillion, an increase of 8.2 percent year on year; the outstanding balance of bill discounts stood at RMB5.3 trillion, an increase of 40.7 percent year on year. By end-June, the outstanding amount of bill financing had increased by RMB746.2 billion from the beginning of 2016 and was showing an upward trend month by month; the share of outstanding bill financing among the total outstanding loans was 5.24 percent, an increase of 1 percentage point year on year. Overall liquidity in the banking sector was sufficient, supply and demand in the bill market remained balanced, and interest rates went down slightly.

### 4. The trading volume on the stock market declined further, and equity financing grew

Since the beginning of the second quarter, the stock indices have remained basically stable. At end-June, the Shanghai Stock Exchange Composite Index closed at 2,930 points, a decline of 2.5 percent and 17.2 percent from end-March and end-2015 respectively; the Shenzhen Stock Exchange Component Index closed at 10,490 points, an increase of 0.3 percent from end-March and a decrease of 17.2 percent from end-2015; the Growth Enterprise Board (GEM Board) Index (Chinext Price Index) closed at 2,228 points, a decline of 0.5 percent and 17.9 percent from end-March and end-2015 respectively. The weighted average P/E ratio of the A-share market on Shanghai Stock Exchange dropped from 17.6 times at end-2015 to 14.4 times at end-June, while during the same period the weighted average P/E ratio of the A-share market on Shenzhen Stock Exchange dropped from 53.3 times to 40.7 times.

Turnover on the stock markets declined further. In the first half of 2016, the combined turnover of Shanghai and Shenzhen Stock Exchanges totaled RMB64 trillion, with the daily turnover averaging RMB533.5 billion, a decline of 54.4 percent year on year; turnover on the GEM Board totaled RMB11.4 trillion, a decline of 12.5 percent year on year. At end-June, the combined market capitalization of Shanghai and Shenzhen Stock Exchange posted RMB36.3 trillion, a decline of 23 percent year on year; the market capitalization of the GEM Board posted RMB3 trillion , a decline of 1.4 percent year on year.

The amount of equity financing grew. In the first half of the year, a total of RMB661.6 billion was raised by enterprises and financial institutions through IPOs, additional offerings, rights issuances, and warrant exercises on the domestic and overseas stock markets, an increase of 10.4 percent year on year. Among this total, RMB644 billion was raised on the A-share market, an increase of 38.1 percent year on year.

### 5. Assets in the insurance industry grew rapidly

In the first half of 2016, total premium income in the insurance industry amounted to RMB1.9 trillion, representing year-on-year growth of 37.3 percent and an acceleration of 18 percentage points from the same period of the previous year; total claim and benefit payments amounted to RMB526.2 billion, representing year-on-year growth of 25.2 percent. Specifically, total claim and benefit payments in the property insurance sector increased by 18.1 percent year on year, while those in the life insurance sector increased by 30.7 percent.

Insurance assets grew rapidly. At end-June,

**Table 12 Use of Insurance Funds, End-June 2016**

Unit: RMB100 million, %

| | Outstanding balance | | As a share of total assets | |
|---|---|---|---|---|
| | End-June 2016 | End-June 2015 | End-June 2016 | End-June 2015 |
| Total assets | 142,661 | 114,297 | 100.0 | 100.0 |
| Of which: Bank deposits | 23,605 | 26,791 | 16.5 | 23.4 |
| Investments | 102,024 | 76,894 | 71.5 | 67.3 |

Source: China Insurance Regulatory Commission.

total assets in the insurance industry posted RMB14.3 trillion representing year-on-year growth of 24.8 percent and an increase of 2.9 percentage points from the same period of the previous year. Among this total, bank deposits dropped by 11.9 percent year on year, whereas investment-linked assets increased by 32.7 percent.

### 6. Swap transactions on the foreign exchange market increased rapidly

In the first half of 2016, turnover of spot RMB/foreign exchange transactions totaled USD2.5 trillion, an increase of 22.7 percent year on year. Turnover of RMB/foreign exchange swap transactions totaled an equivalent of USD4.4 trillion, an increase of 42.8 percent year on year, among which overnight RMB/USD swap transactions posted USD2.8 trillion, accounting for 62.9 percent of the total turnover of swap transactions. Turnover on the RMB/foreign exchange forward market totaled USD44.2 billion, an increase of 155.7 percent year on year. In the first half of the year, turnover of foreign currency pairs amounted to an equivalent of USD68.7 billion, an increase of 34 percent year on year. In particular, EUR/USD pairs were the most traded, accounting for 37.9 percent of the total.

The number of participants on the foreign exchange market increased further. At end-June, there were 540 members on the foreign exchange spot market, 132 members on the foreign exchange forward market, 132 members on the foreign exchange swap market, 107 members on the currency swap market, and 73 members on the foreign exchange options market. In addition, there were 30 market-makers on the spot market and 27 market-makers on the forward and swap markets.

### 7. The price of gold went up and the volume of trading expanded rapidly

The price of gold rebounded strongly. In the first half of the year, the price of gold on the international market peaked at USD1,324.55 per ounce and reached a trough of USD1,077.00 per ounce, closing at USD1,320.75 per ounce at end-June and representing an increase of 24.3 percent from end-2015. Influenced by the rise in gold prices on the international market, domestic gold prices also went up significantly. The peak price of gold (AU9999) on Shanghai Gold Exchange was RMB284.00 per gram and the lowest price was RMB181.20 per gram. At end-June, the price of gold closed at RMB281.50 per gram, an increase of 26.3

percent from end-2015.

In general, the volume of trading on Shanghai Gold Exchange continued to rise rapidly. In the first half of 2016, the volume of gold trading was 25,200 tons, an increase of 55.49 percent year on year; and the turnover posted RMB6.51 trillion, an increase of 65.89 percent year on year. The volume of silver trading was 403,100 tons, an increase of 3.67 percent year on year; and the turnover posted RMB1.43 trillion, an increase of 2.88 percent year on year. The volume of platinum trading was 29.82 tons, an increase of 6.87 percent year on year; and the turnover posted RMB6.375 billion, a decline of 6.68 percent year on year.

## II. The development of institutional arrangements in financial markets

### 1. Development of the CD market

On June 6, 2016, the PBC issued *Provisional Administrative Rules on Certificates of Deposit* (Public Notice [2016] No. 13), to lower the threshold for purchasing CDs by individual investors from RMB300,000 to RMB200,000 to promote the development of the CD market, to expand investment channels for personal financial assets, and to enhance the active liability capacity of commercial banks. At the same time, the PBC also facilitated the transfer of CDs in the secondary market. The orderly development of the issuance and trading of CDs further expanded the scope of market-oriented pricing of liability products, which is conducive to the independent pricing capability of financial institutions and can improve the market-oriented interest rate setting and transmission mechanism.

### 2. Vigorous development of the inter-bank bond market

On May 4, 2016, the PBC issued Public Notice [2016] No. 8 and detailed rules for implementation, which clarified the eligibility criteria for institutional investors, expanded the investor base, and improved the procedures for record-filing, account-opening, and networking. It also put in place law-based inspections of related businesses and emphasized the monitoring of and responsibility for self-disciplinary management by intermediaries and self-disciplinary organizations. The Notice further improved the competitiveness of the inter-bank bond market and the efficiency of market access management, and contributed to the sound development of the bond market.

Special financial bonds for cross-regional poverty reduction and migration were issued. The PBC published the *Notice on Fund-raising Plans for Cross-regional Poverty Relief and Migration* (PBC Document [2016] No. 90) and completed the first issuance of special bonds for cross-regional poverty relief and migration, which leveraged the role that bond markets plays in targeted poverty relief.

### 3. Further standardized investor protections and risk controls in the securities industry

China Securities Regulatory Commission, the Ministry of Finance, and the People's Bank of China issued the revised *Administrative Rules for the Securities Investor Protection Fund.*

The revisions focused on the governance structure, financing channels, and procedures for the collection of the securities investor protection fund, which helped to further improve the security investor protection fund system, maintain investor confidence, and promote development of the capital market.

The *Administrative Rules on Risk-Control Indicators for Securities Companies* and its detailed rules were published. The revisions, comprehensively taking into account sectoral developments and supervisory conditions, improved the soundness and effectiveness of risk-control indicators by revising the calculation formulae for net capital and risk capital, improving the regulatory indicators for the leverage ratio and liquidity, and clarifying the counter-cyclical adjustment mechanism. The rules strengthened comprehensive risk management of securities companies and further improved their risk management capabilities. The administrative rules will be implemented beginning on October 1, 2016.

### 4. Improved institutional arrangements in the insurance market

The earthquake and major disaster insurance scheme for rural and urban residential housing officially entered into force. China Insurance Regulatory Commission (CIRC) and the Ministry of Finance jointly issued the *Implementation Plan for Establishing the Earthquake and Major Disaster Insurance Scheme for Rural and Urban Residential Housing*. On July 1, the earthquake and major disaster insurance products were launched on the market, which marked the roll-out of China's major disaster insurance scheme, with earthquake insurance as the forerunner.

Shanghai Insurance Exchange was established. On May 18, Shanghai Insurance Exchange Co., Ltd., based on the principle of "commercialization, market-orientation, and professionalism", held its launch and its first shareholders' meeting. According to the plan, Shanghai Insurance Exchange will focus on building business platforms for international reinsurance, international shipping insurance, major insurance project bidding, and on dissemination of special risks.

Supervision of insurance asset management products was strengthened. On June 13, CIRC published the *Notice on Enhancing Supervision of Portfolios of Insurance Asset Management Products*. It stipulated that insurance asset management products should clearly disclose the category and structure of the underlying assets, conduct registration, issuance, and information disclosures through the asset transaction platform designated by CIRC. Products associated with "pooling" and "nesting" are to be prohibited, and the leverage ratio of equity and mixed structured products shall not exceed 100 percent.

Establishment of the first batch of mutual insurance companies was approved. On June 22, CIRC approved the establishment of Zhonghui Property Mutual Insurance Company, Huiyou Jiangong Property Mutual Insurance Company, and Xinmei Life Mutual

Insurance Company, to allow them to play a positive role in providing financial services for small and micro enterprises and health and old-age care for targeted groups.

### 5. Promotion of the sound development of the gold market

The *Notice on Regulating the Paper Gold Business for Banking Financial Institutions by the General Administrative Office of the PBC* was published, prohibiting banks from leveraging transactions in paper gold business and requiring banks to establish a gold provision system so as to prevent trading risks in the gold market.

Shanghai Gold Exchange put in place the SHAU and RMB centralized pricing and trading business, providing global investors with a fair and tradable benchmark for RMB-denominated gold prices. It also diversified risk management and innovation tools, with gold as the underlying asset, and promoted the pricing mechanism of the RMB-denominated gold market as well as the internationalization of China's gold market.

# PART 4 Macroeconomic Analysis

## I. Global economic and financial developments

In the first half of 2016, the global economic recovery was sluggish, and global financial markets saw bouts of turbulence triggered by events such as exposed risks in the European banking sector and the UK's Brexit vote. Increased uncertainties and destabilizing factors affected global economic and financial developments. Country-specific performances showed that the major advanced economies were continuing their moderate recovery, whereas the performance of the emerging-market economies diverged, and the economies with weak fundamentals and less diversified economic structures facing heightened downside pressures.

### 1. Developments in the major economies

The advanced economies continued to recover moderately, but with weak momentum for strong growth. In the first half of 2016, the US recovery was generally steady, with key economic indicators pointing to a mixed performance. The labor market strengthened somewhat, consumption expenditures increased steadily, and the housing market continued to recover. Nevertheless, business investment remained soft, manufacturing growth fluctuated at low levels, expansion of the services sector slowed down, and export growth was sluggish. The economy in the euro area showed positive signs as the labor market continued to strengthen. That said, manufacturing growth remained anemic, and downward pressures on inflation persisted. Moreover, uncertainties resulting from Brexit and mounting risks in the European banking sector cast a shadow on an economic recovery. In Japan, the economy was still mired in stagnation. Industrial production and exports remained sluggish due to the sharp appreciation of the yen and other factors, despite improvements in the labor market. The Purchasing Managers' Index (PMI) for the manufacturing sector stayed below 50, investment remained weak, and downward pressures on prices remained high.

Growth in the emerging-market economies diverged, with some economies facing fewer downside pressures. Growth in some emerging-market economies moderated due to, among others, domestic structural constraints, persistently low commodity prices, reversals of capital flows, and geopolitical shocks. In particular, Brazil and Venezuela were mired in economic difficulties as a result of factors such as low oil prices and limited economic diversification. India was a top performer, with its GDP jumping 7.9 percent year on year in the first quarter, but its future growth will be subject to a number of potential risks. Beginning in the second quarter, growth picked up in some of the emerging-market economies, as commodity prices rebounded

**Table 13 Macroeconomic and Financial Indicators in the Major Advanced Economies**

| Economy | Indicator | 2015Q2 | | | 2015Q3 | | | 2015Q4 | | | 2016Q1 | | | 2016Q2 | | |
|---|---|---|---|---|---|---|---|---|---|---|---|---|---|---|---|---|
| | | Apr. | May | Jun. | Jul. | Aug. | Sept. | Oct. | Nov. | Dec. | Jan. | Feb. | Mar. | Apr. | May | Jun. |
| United States | Real GDP growth rate (annualized quarterly rate, %) | 2.6 | | | 2.0 | | | 0.9 | | | 0.8 | | | 1.2 | | |
| | Unemployment rate (%) | 5.4 | 5.5 | 5.3 | 5.3 | 5.1 | 5.1 | 5.0 | 5.0 | 5.0 | 4.9 | 4.9 | 5.0 | 5.0 | 4.7 | 4.9 |
| | CPI (YOY, %) | -0.2 | 0.0 | 0.1 | 0.2 | 0.2 | 0.0 | 0.2 | 0.5 | 0.7 | 1.4 | 1.0 | 0.9 | 1.1 | 1.1 | 1.1 |
| | DJ Industrial Average(closing number) | 17,841 | 18,010 | 17,620 | 17,689 | 16,528 | 16,285 | 17,664 | 17,720 | 17,425 | 16,466 | 16,517 | 17,685 | 17,774 | 17,787 | 17,930 |
| Euro Area | Real GDP growth rate (annualized quarterly rate, YOY, %) | 1.6 | | | 1.6 | | | 1.7 | | | 1.7 | | | — | | |
| | Unemployment rate (%) | 11.1 | 11.1 | 11.1 | 10.9 | 11.0 | 10.8 | 10.7 | 10.5 | 10.4 | 10.3 | 10.3 | 10.2 | 10.2 | 10.1 | 10.1 |
| | HICP (YOY, %) | 0.0 | 0.3 | 0.2 | 0.2 | 0.1 | 0.2 | 0.1 | 0.2 | 0.2 | 0.3 | -0.2 | 0.0 | -0.2 | -0.1 | 0.1 |
| | EURO STOXX 50 (closing number) | 3,439 | 3,444 | 3,285 | 3,432 | 3,110 | 2,976 | 3,216 | 3,288 | 3,100 | 2,902 | 2,798 | 2,790 | 3,028 | 3,063 | 2,865 |
| Japan | Real GDP growth rate (annualized quarterly rate, %) | -1.7 | | | 1.7 | | | -1.8 | | | 1.9 | | | — | | |
| | Unemployment rate (%) | 3.3 | 3.3 | 3.4 | 3.3 | 3.4 | 3.4 | 3.1 | 3.2 | 3.1 | 3.2 | 3.2 | 3.3 | 3.2 | 3.2 | 3.1 |
| | Core CPI (YOY, %) | 0.6 | 0.5 | 0.4 | 0.2 | 0.2 | 0.0 | 0.3 | 0.3 | 0.2 | 0.0 | 0.3 | -0.1 | -0.3 | -0.4 | -0.4 |
| | NIKKEI 225(closing number) | 19,983 | 20,563 | 20,236 | 20,585 | 18,890 | 17,388 | 19,083 | 19,747 | 19,033 | 17,518 | 16,027 | 16,759 | 16,666 | 17,068 | 15,576 |

Source: Statistical bureaus and central banks of the relevant economies.

and capital outflows eased. Industrial production increased in Russia and Brazil, as compared to the beginning of the year, and Brazil returned to a current account surplus for the first time in seven years.

Prospects for a global economic recovery remained weak. Trade, investment, and structural reforms are the three key pillars that support economic growth. Due to numerous cyclical and structural factors, since the crisis trade growth has slowed down substantially and since 2012 global economic growth has been weaker. In the first quarter of 2016, the volume of global trade contracted by 1.0 percent compared with the previous year, pointing to a grim outlook. In terms of investment, in the advanced economies investment dwindled sharply after the global financial crisis, with the share of investment in GDP falling about 2 percentage points in 2015 from its average during 2000～2007. Investment in the emerging-market economies has also declined considerably since 2014. With respect to the structural reforms, although structural problems remain a common challenge for all major economies, so far the structural reforms have not yet delivered any noteworthy desired effects.

### 2. Developments in global financial markets

During the first half year, as prospects for a global economic recovery dimmed and risk aversion heightened among investors, global financial markets saw two bouts of large volatility stemming from unexpected events. Due to the redemption of sovereign wealth funds in the Middle East and exposed risks in the European banking sector, risk aversion increased among investors and global financial markets experienced large volatility. As of February 16, the stock indexes in the US, Japan, Russia, India, and several countries in the euro area had tumbled over 10 percent compared with end-2015. Russia, Mexico, Argentina, Ukraine, and Kazakhstan experienced a currency depreciation of more than 5 percent against the US dollar compared with end-2015. Market panic eased after mid-February against the backdrop of expectations for a monetary easing in the major economies and an agreement on an oil output freeze. Global financial markets functioned smoothly most of the time and the appetite for risk strengthened somewhat after the second quarter. Global financial markets were unsettled shortly after the "Leave Camp"'s triumph in the Brexit vote on June 24. Global stock markets plummeted on the voting day and on the following trading day. The S&P 500 and the NIKKEI Index plunged 3.59 percent and 7.92 percent respectively. The S&P 500 futures and the NIKKEI 225 futures tumbled 5 percent and 8.1 percent respectively, both triggering the circuit breaker. Major stock markets in Europe plunged over 10 percent. In the meantime, the Japanese yen, the US dollar, and the Swiss franc appreciated substantially on the back of a rising risk aversion, while the British pound and the euro depreciated sharply. The yield of 10-year US Treasuries dropped to a four-year low, and that of Japanese and German government bonds fell below zero. Market sentiment has now gradually stabilized, but the consequences of the Brexit should be watched closely, as uncertainties remain over the Brexit procedures and post-Brexit UK-EU economic and trade relations.

The euro and the Japanese yen strengthened against the US dollar, and the British pound weakened sharply, while the emerging-market currencies showed mixed movements. As of June 30, the exchange rates of the euro, the British pound, and the Japanese yen against the US dollar were 1.1104 dollar per euro, 1.3306 dollar per pound, and 103.25 yen per dollar respectively, an appreciation of 2.25 percent, a depreciation of 9.72 percent, and an appreciation of 16.51 percent respectively from the end of the last year. Meanwhile, some emerging-market currencies appreciated against the US dollar. Among them, the Brazilian real, the Russian ruble, the Chilean peso, the Malaysian ringgit, the South African rand, and the Singapore dollar strengthened notably against the US dollar, appreciating by 23.2 percent, 14.4 percent, 7.0 percent, 6.6 percent, 5.3 percent, and 5.2 percent respectively, whereas the Argentine peso and the Mexican peso fell sharply, by 13.9 percent and 6.0 percent respectively against the US dollar.

Money market interest rates continued to diverge. The US dollar Libor remained stable as expectations of a rate hike by the US Federal Reserve receded. As of June 30, the 1-year dollar Libor was 1.2303 percent, an increase of five bps from the end of the last year. Due to the Brexit and the negative interest rate policy adopted by the European Central Bank (ECB), the Euribor continued to decline. As of June 30, the 1-year Euribor registered -0.051 percent, a decrease of 11

**Figure 7 Interest Rate Movements in Global Money Markets**

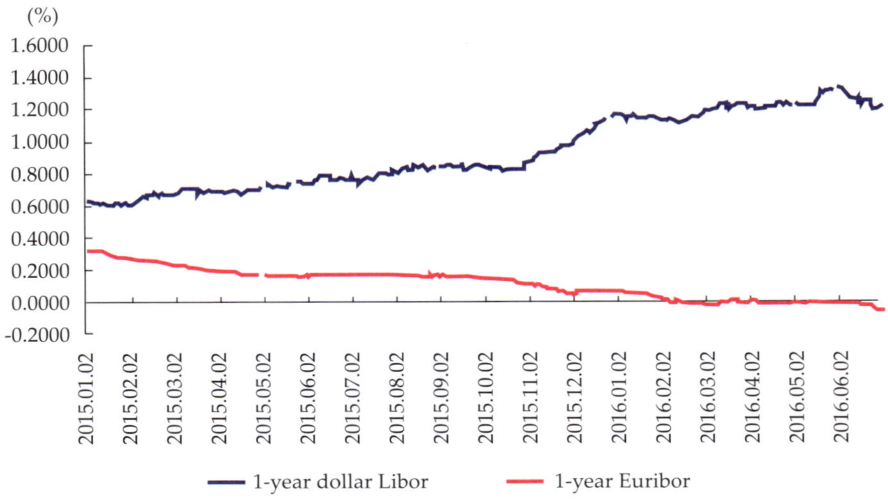

(%)
1.6000
1.4000
1.2000
1.0000
0.8000
0.6000
0.4000
0.2000
0.0000
-0.2000

2015.01.02 2015.02.02 2015.03.02 2015.04.02 2015.05.02 2015.06.02 2015.07.02 2015.08.02 2015.09.02 2015.10.02 2015.11.02 2015.12.02 2016.01.02 2016.02.02 2016.03.02 2016.04.02 2016.05.02 2016.06.02

1-year dollar Libor 1-year Euribor

Source: Wind.

bps from the end of the last year.

Safe haven flows pushed down the yields of government bonds in the major advanced economies and in some cases dragged them into negative territory. As of June 30, the yields of government bonds in the UK, France, the US, Germany, and Japan declined 109, 79, 78, 76, and 50 bps respectively compared with the end of the last year. In particular, the yield of 10-year Japanese government bonds retreated into negative territory, and the yield of 10-year German government bonds fell to below zero on the day of the Brexit vote. In Switzerland, the yield of 10-year government bonds remained negative during the first half-year, and the yield of 50-year government bonds also dropped below zero on July 5. In addition, as oil prices rallied, the yield of government bonds in resource-exporting emerging markets, such as Brazil and Russia, declined 430 bps and 143 bps respectively from the end of the last year.

The Brexit triggered a stock market slump in Europe, while the oil price rally contributed to an uptick in the stock markets in the emerging-market economies. As of June 30, the Dow Jones Industrial Average had gone up 2.9 percent from the end of the last year, whereas the NIKKEI 225 had plunged 18.2 percent. The STOXX 50 tumbled 9.3 percent compared with the end of the last year, and the stock markets in Spain, France, and Germany lost 14.5 percent, 9.9 percent, and 8.6 percent respectively. Among the emerging-market economies, boosted by the oil price rally, stock markets in Argentina, Russia, Brazil, and Indonesia surged 25.8 percent, 23.0 percent, 18.9 percent, and 9.2 percent respectively compared with the end of the last year.

Commodity prices stopped declining and generally rebounded. On February 11, 2016, the CRB commodity price index fell to 155.01, its lowest since the outbreak of the global financial crisis in 2008, but then it began to fluctuate upwards, hitting 192.57 on June 30. Reports of an oil freeze deal by the major oil producers, a weakening of the dollar, and investors' expectations of oil-production cuts by the US lifted crude oil prices, which began to fluctuate upwards in mid-February 2016. The monthly average spot price of Brent crude oil on the Intercontinental Exchange was USD41.49, USD46.89, and USD48.33 per barrel respectively in April, May, and June. In addition, as risk aversion increased amid financial market volatility and weak market confidence, gold prices rose sharply in early 2016 and then surged after the Brexit vote, when they rebounded to an all-time high since 2014.

## *Box 3 Analysis of the Impact of the UK's Brexit Vote*

*The results of the UK's referendum on its EU membership were announced on June 24, 2016, with 51.9 percent voting to leave and the voter turnout approximating 75 percent, thus sending shock waves throughout global financial markets. Global stock markets plunged, shares of European banks dropped persistently, and yields of US and German bonds declined. Driven by risk aversion, the Japanese yen, the US dollar, and the Swiss franc strengthened sharply, whereas the British pound and the euro weakened substantially. To calm the market, the major central banks and international organizations expressed their readiness to address the fallout from the vote, and international organizations explicitly pledged support as necessary. On August 4, the Bank of England (BOE) cut its interest rate for the first time in seven years and scaled up its quantitative easing (QE) to address the possible economic and financial implications of the uncertainties stemming from the Brexit. As a major black swan event in the economic and political areas, the consequences of the Brexit are still unfolding and will continue to be felt going forward.*

*Brexit, a seemingly black swan event, in fact has an origin dating back many years. The UK's ties with the European continent have been generally subtle. In recent years, the rapid growth of migrants from other EU states and the ensuing welfare burden, along with the expansion of the European refugee crisis and cross-border terrorist acts as well as persistently sluggish economic growth in the EU in the wake of the European debt crisis, have led segments of the population to believe that UK membership in the EU has become a drag on the country, thus triggering early support for a Brexit referendum.*

*The implications of the Brexit largely depend on the way in which the UK will leave the EU and the extent to which will tap the EU single market. As the Brexit is unprecedented, there are a number of uncertainties in the procedures for leaving the EU and in the UK's economic and trade ties with the EU after its departure. With declining degrees of integration with the EU single market, there are five possible scenarios: the European Economic Area model (the Norwegian model), the bilateral deals model (the Swiss model), the free trade area model (similar to the free trade arrangements between Canada and the EU that are not yet in force), the customs union model (the Turkish model), and the WTO model. However, the possibility of a new model or a new deal cannot be ruled out. Completing the negotiations and reshaping the economic and trade relationships within a short period of time will not be easy given the large number of involved economies and the complexity of the relevant procedures.*

*First, Brexit has direct implications for the UK. On the one hand, the UK is faced with political, economic, and financial challenges. In the referendum, Scotland and Northern Ireland both voted to remain in the EU, which gave rise to internal differences of opinion. Externally, the UK needs to rebuild a series of institutions and relationships. In its Financial Stability Report published on July 5, the BOE pointed out that risks might gradually unfold after the Brexit vote, mainly through such channels as a current account deficit, commercial real estate, household indebtedness, uncertainties about economic growth, and fragilities in the functioning of the financial market. In addition, as financial services are an important pillar in the UK's economy, observers are focusing on the impact on the role of Britain, London in particular, as an international financial center, including whether the UK will be able to retain the passport arrangement that allows UK-based companies to provide services across the EU, and whether London will be able to remain a trading center for the euro in the wake of the Brexit. According to forecasts by the International Monetary Fund (IMF) in June 2016, in an upside scenario the Brexit might cause the UK's GDP to fall by 1.3 percent by 2018, as compared with when there was no Brexit; in a worst case scenario, the Brexit might drag the UK's GDP down by 5.2 percent by 2018 as compared with when there was no Brexit. On the other hand, the Brexit will give the UK certain freedoms, which may allow it to adopt more flexible monetary and fiscal policies and to introduce more favorable institutional arrangements in terms of taxes, market access, and the movement of talent. In the meantime, it may also help promote Britain's economic and financial development if Britain can build better economic and trade ties with other economies.*

*The Brexit will have large spillover effects on the global economy. As far as the EU is concerned, to some extent the Brexit has weakened its economic strength and political influence, as the risks in the European banking sector and pressures for an economic recovery in the EU have increased. In a global context, the Brexit has unsettled financial markets. To some extent, it is a reflection of the de-globalization movement and it will increase downside risks to the global economy and future uncertainties. According to the IMF forecasts in June 2016, in an upside scenario, the GDP of the other EU member states will slide 0.2~0.5 percent and the global GDP will dip 0~0.2 percent as compared with when there was no Brexit; in a worst case scenario, spillovers from the Brexit will be more significant. However, some analysts argue that the implications of the Brexit will be mixed in different regions and in different economies, posing challenges to some while creating opportunities for others.*

*Overall, China's equity, debt, and foreign exchange markets have functioned well since the Brexit vote. As future developments due to the Brexit remain unclear, an accurate assessment of its repercussions will take some time. China must remain prepared by watching closely, staying alert, and enhancing policy communications and coordination with the relevant central banks, monetary authorities, and major international financial institutions.*

### 3. Monetary policies in the major economies

Differences in the monetary policies of the major advanced economies have become less prominent. The US Federal Reserve has kept the federal funds rate unchanged at 0.25–0.5 percent since its last rate hike at the end of 2015, and it has reiterated on several occasions that its monetary policy will remain accommodative and future rate adjustments will be gradual, and it will decide the timing and intensity of its rate hikes based on the gap between real and expected economic conditions and its target of maximum employment and 2 percent inflation. Given the ongoing impact of the Brexit, market institutions broadly lowered expectations of rate hikes by the Fed.

In a bid to stimulate the economy and lift inflation, ECB stepped up its monetary easing on March 10, cutting interest rates on the main refinancing operations (MROs), the marginal lending facility, and the deposit facility by 5, 5, and 10 bps respectively, to 0 percent, 0.25 percent, and -0.40 percent. Monthly purchases under the asset purchase program were expanded to EUR80 billion, starting from April 2016. In the meantime, investment-grade euro-denominated bonds issued by non-bank corporations in the euro area were included on the list of assets that are eligible for regular purchases. Furthermore, starting on June 22 a fresh round of four-year targeted longer-term refinancing operations (TLTRO II) was conducted.

The Bank of Japan (BOJ) introduced a negative interest rate policy on January 29, which reduced the rate charged on the part of the excess reserves that financial institutions hold at the BOJ from 0.1 percent to -0.1 percent. This came mainly as a move to encourage financial institutions to provide more lending so as to meet the 2 percent price stability target. To address external uncertainties, when it met on July 29 the BOJ's Policy Board decided to further ease its monetary policy, including scaling up the purchase of exchange-traded funds (ETFs) to an annual amount of JPY6 trillion, increasing the size of its US dollar lending program to USD24 billion (the previous size was USD12 billion), and allowing financial institutions to pledge Japanese government securities (JGSs) as collateral for US dollar

Fund-Supplying Operations. The latter two measures are aimed at providing sufficient foreign currency liquidity to Japanese firms and financial institutions.

The BOE decided at its regular meetings in the first half-year to keep the benchmark rate at 0.5 percent and the scale of asset purchases at GBP375 billion. After the Brexit vote, when it met on August 3 the BOE decided to introduce a package of measures designed to provide additional support to growth and to achieve a sustainable return of inflation to the target level. This package comprises a 25 bps cut in the benchmark rate to 0.25 percent, a new Term Funding Scheme to reinforce the pass-through of the cut in the benchmark rate, the purchase of up to GBP10 billion of UK corporate bonds, and an expansion of the asset purchase scheme for UK government bonds in the amount of GBP60 billion, bringing the total stock of these asset purchases to GBP435 billion.

Monetary policy in the emerging-market economies diverged further. To boost their domestic economies and mitigate external shocks, central banks in Ukraine, Turkey, and Hungary cut their benchmark rates on several successive occasions, and central banks in Russia, South Korea, and Indonesia all chose to slightly lower the benchmark rates, taking advantage of the time window created by the delay in the Fed's rate hike. To address domestic inflation pressures, the Central Bank of Colombia increased its benchmark rate five times in a row during the first-half year by a total of 125 bps to 7.5 percent, the Reserve Bank of South Africa raised its policy rate twice by a total of 50 bps to 7 percent, and the Central Bank of Egypt lifted its rate by 100 bps to 11.75 percent.

Meanwhile, some emerging-market economies adopted flexible foreign exchange regimes and other measures in response to the turmoil in the financial market. On the one hand, following Argentina, Kazakhstan, Azerbaijan, and Russia, which had abandoned foreign exchange interventions and had adopted more flexible exchange rate regimes, the Central Bank of Egypt and the Central Bank of Nigeria allowed its local currency to float on March 14 and June 20 respectively. On the other hand, faced with financial market volatility and capital outflow pressures, Governor Ilan Goldfajn, the newly appointed head of the Central Bank of Brazil, noted at a hearing of the Brazilian Senate on June 8 that in the future Brazil would adopt a floating exchange rate and would no longer use its exchange rate policy as a tool to curb inflation.

### 4. The global economic outlook and key risks

In its *World Economic Outlook* (WEO) released in July 2016, the IMF revised downward its projections for global growth in 2016 and 2017 to 3.1 percent and 3.4 percent, each down 0.1 percentage point from its April projection. Looking ahead, the global economy may face the following risks.

Uncertainties surrounding the Brexit negotiations may have ongoing implications for the global economy and financial markets. On July 13, Theresa May became the new British prime minister and pledged a smooth Brexit. However, given the complexity of UK political and economic ties with the EU, uncertainties surrounding the Brexit talks and its results remain elevated. This may add to market volatility and hurt investor confidence, which in turn will shock regional and global economic growth.

Policy coordination among the major economies remains difficult amid growing uncertainties and destabilizing factors at home and abroad. In the US, in the face of the more complicated domestic economic developments and more complications in the external environment, there are uncertainties about the intensity and pace of future monetary policy actions by the Federal Reserve. To address the downside risks to the domestic economy and to safeguard economic and financial stability after the Brexit vote, the BOE introduced a package of measures to provide additional monetary stimuli, while the BOJ also stepped up its monetary easing, and officials from the ECB indicated on several occasions that the ECB remained open to further monetary easing and the negative interest rate might decline further to achieve a solid economic recovery. In the meantime, the advanced economies remain divided regarding how to address the prolonged structural challenges and refugee issues.

Against the backdrop of rising de-globalization and trade and investment protectionism, the absence of collective actions and the lack of momentum for globalization will be one of the major risks to the global economic recovery. Destabilizing factors, such as increasing terrorist attacks and intensifying geopolitical tensions, have also dimmed the prospects for the global economic recovery. In addition, as global risk aversions heighten and the US dollar strengthens, oil prices may again come under pressure, which would have a strong impact on economic fundamentals among the oil exporters, adding to the complexity of the global economic environment.

## II. Macroeconomic developments in China

Performance of the Chinese economy was generally stable in the first half of 2016, with steady progress in the transformation of the growth model and structural adjustments. Consumption grew steadily, while the growth of investments moderated. The decline in exports and imports narrowed. Industrial production trended upward amidst stable growth, and the share of tertiary industry went up further. Employment was basically stable and consumer prices registered moderate growth. It has been estimated that GDP registered RMB34.06 trillion in H1 of 2016, growing by 6.7 percent in real terms year on year. Consumption remains an increasingly larger contributor to growth, with final consumption expenditures contributing to 73.4 percent of GDP growth, which is 13.2 percentage points higher than that during the same period of the previous year. GDP in Q1 and Q2 grew 6.7 percent year on year, and expanded by 1.2 percent and 1.8 percent respectively quarter on quarter. The CPI increased by 2.1 percent year on year in H1.

The surplus from trade in goods registered RMB1.672 trillion during the first two quarters.

**1. Consumption grew steadily, while investment growth moderated and the decline in exports and imports narrowed**

The income and consumption demands of residents in both the urban and rural areas grew steadily, and online consumption remained robust. In the first half of 2016, national per capita disposable income posted RMB11,886, up 8.7 percent year on year in nominal terms and 6.5 percent in real terms. Broken down, the per capita disposable income of urban residents registered RMB16,957, up 8.0 percent year on year in nominal terms and 5.8 percent in real terms; the per capita disposable income of rural residents reached RMB6,050, up 8.9 percent year on year in nominal terms and 6.7 percent in real terms. According to the Q2 Urban Depositors' Survey conducted by the People's Bank of China, consumption sentiment recovered, with 21.2 percent of the surveyed residents willing to consume more, an increase of 1 percentage point from the previous quarter. In H1, total retail sales reached RMB15.61 trillion, up 10.3 percent in nominal terms and 9.7 percent in real terms year on year, which was flat with the previous quarter. Growth of retail sales in the rural areas continued to outpace that in the urban areas. Retail sales in the rural areas rose by 11 percent year on year in H1 2016, which was 0.8 percentage point faster than the growth in the urban areas. While the consumption of basic goods grew stably, consumption related to housing, leisure, and entertainment registered rapid growth. Retail sales of grain, oil, food, beverages, cigarettes and alcohol, daily necessities, construction and decoration materials, and sports equipment and entertainment products by statistically large enterprises grew by 11.5 percent, 11.7 percent, 15.6 percent, and 16.9 percent respectively. Online retail sales remained robust. In the first half of 2016, nationwide online retail sales grew 28.2 percent year on year to RMB2.2 trillion. Among this total, retail sales of physical goods rose 26.6 percent year on year to RMB1.8 trillion, accounting for 11.6 percent of total retail sales nationwide.

Investment slowed down, with relatively rapid growth in infrastructure investment and a moderation in the growth of private investment. In H1, fixed-asset investments (excluding those by rural households) reached RMB25.8 trillion, increasing by 9.0 percent year on year in nominal terms and 11.0 percent year on year in real terms. There have been a number of important developments. First, investments in the services sector grew at a rapid pace, at 11.7 percent year on year in the first half of the year, which is 7.3 percentage points faster than the growth of secondary industry. Second, growth of infrastructure investment was relatively fast. In H1 2016, infrastructure investment (excluding investment in the electricity, heating, gas and water production and supply) rose by 20.9 percent year on year. Third, private investment dropped. In the first half of the year, private investment grew by 2.8 percent year on year in nominal terms and by 4.7 percent year on year in real terms, accounting for 61.5 percent of total investment, which is 3.6 percentage points lower than that during the same period of the previous year. Fourth, the decline in investment in Northeast China widened further, while investment growth in other regions remained generally stable. The slowdown in investment growth, especially in traditional industries and regions with a heavy concentration of traditional industries, against the backdrop of strong investment growth in infrastructure and the services sector, partly reflects the progress in economic restructuring, and this will facilitate market-based corrections of resource misallocations. That said, numerous complicated factors have contributed to the slowdown in private investment, including diminishing investment returns, higher risk premiums, and the influence of the crowding-out effect, all of which point to the need for further work in investment opportunities and in the investment environment.

The decline in both exports and imports narrowed, with private enterprises remaining the largest contributor to exports. In the first half of 2016, total exports and imports reached RMB11.13 trillion, down 3.3 percent year on year, which was 3.6 percentage points lower than the decline during the first quarter. Among this total, exports fell by 2.1 percent year on year to RMB6.4 trillion, which represents a moderation of 3.6 percentage points from the first quarter. Imports declined by 4.7 percent to RMB4.73 trillion, which was a deceleration of 3.7 percentage points from the first quarter. The balance was a surplus of RMB1.67 trillion. The structure of trade further improved. In the first half of 2016, general trade accounted for 55.7 percent of the total, which was 1.3 percentage points higher year on year. Mechanical and electronic products accounted for the largest share of exports at 57.2 percent; exports by private enterprises increased by 3.6 percent year on year and accounted for 46.6 percent of total exports, remaining the largest contributor to exports. Broken down by destination, exports to the EU maintained positive growth, increasing by 1.3 percent year on year, whereas exports to Japan, the US, and the ASEAN countries fell by 0.5 percent, 4.6 percent, and 2.9 percent respectively.

Foreign direct investment (FDI) continued to grow. In the first half of 2016, a total of 13,402 foreign-invested enterprises were established nationwide, an increase of 12.5 percent year on year. Utilized foreign investment rose 5.1 percent year on year to reach RMB441.76 billion (or USD69.42 billion).

### 2. Agricultural production remained broadly stable, and industrial production rose slightly amidst stable performance

In the first half of 2016, the value-added of the primary, secondary, and tertiary industries were RMB2.21 trillion, RMB13.43 trillion, and RMB18.43 trillion respectively, up 3.1 percent, 6.1 percent, and 7.5 percent year on year and accounting for 6.5 percent, 39.4 percent, and 54.1 percent of GDP respectively. The share of tertiary industry was 1.8 percentage points more than that in the previous year.

Agricultural production remained stable. Total production of summer grain crops fell by 1.2 percent year on year to 139.26 million tons, still the second highest in history. In the first half of 2016, the combined output of pork, beef, mutton, and poultry declined 1.3 percent year on year to 38.53 million tons in which the output of pork declined 3.9 percent to 24.73 million tons. The total number of pigs in stock went down by 3.7 percent year on year to 402.03 million, and the total number of pigs slaughtered dropped by 4.4 percent year on year to 319.59 million.

Industrial production edged up amidst stable performance, and corporate profitability improved. In the first half of 2016, the value-added of statistically large enterprises, calculated at comparable prices, grew by 6.0 percent year on year, which was 0.2 percentage point higher than the growth during the first quarter. Broken down by sectors, the value-added in the mining industry, the manufacturing industry, and in the electricity, heating, gas and water production and supply industries grew by 0.1 percent, 6.9 percent, and 2.6 percent respectively year on year. The value-added of the high-tech and machinery manufacturing industries grew rapidly, by 10.2 percent and 8.1 percent respectively year on year. In the first half of 2016, the sales-to-production ratio of statistically large enterprises reached 97.3 percent, which was flat with the same period of the previous year. The profits of statistically large enterprises posted RMB3.0 trillion, up 6.2 percent year on year, an acceleration of 6.9 percentage points from the same period of the previous year. The profit margins of the major business lines of statistically large enterprises reached 5.68 percent, which were 0.24 percentage point higher than those in Q1. The indices for corporate performance, new orders, and inventories recovered, and the profitability index returned to the break-even point. According to the Entrepreneurs' Survey conducted by the PBC during the second quarter, the corporate performance index registered at 48.3 percent, gaining 1.6 percentage points compared with the previous quarter. The domestic order index registered at 46.6 percent, rising 7.5 percentage points quarter on quarter, while the export order index totaled 46.5 percent, increasing by 5.5 percentage points. The corporate profitability index registered 52.7 percent, which was 5.5 percentage points higher than that in the previous quarter.

### 3. Prices experienced a moderate increase

The rise in consumer prices was relatively steady. During the first half of 2016, the CPI grew 2.1 percent year on year, and growth from April through June registered 2.3 percent, 2 percent, and 1.9 percent respectively, averaging 2.1 percent, which was basically flat with the previous quarter. Specifically, the growth of food prices picked up significantly, while the prices of non-food items remained basically stable. In Q2, the price of food was up 6 percent year on year, contributing 1.2 percentage points to CPI growth, while the price of non-food items grew 1.1 percent year on year, which was basically flat with the previous quarter, contributing 0.9 percentage point to CPI growth. Growth in the price of consumer goods moderated, while the rise in service prices continued to accelerate. In Q2, consumer prices rose 2.1 percent year on year, a deceleration of 0.1 percentage point, while the price of services was up 2.1 percent year on year, which was 0.1 percentage point higher than that in the previous quarter.

The decline in producer prices narrowed. In the first half of 2016, the PPI decreased by 3.9 percent year on year. The year-on-year declines during the three months of Q2 were 3.4 percent, 2.8 percent, and 2.6 percent respectively, averaging a decline of 2.9 percent, 1.9 percentage points narrower than the decline during the previous quarter. The decline in the prices of capital goods and consumer goods both narrowed. In Q2, the prices of capital goods and consumer goods fell by 3.9 percent and 0.2 percent respectively, which were 2.5 percentage points and 0.2 percentage point narrower than the decline during the previous quarter. In Q2 the prices of agricultural products and agricultural capital goods gained 7.7 percent and 0.3 percent respectively year on year, which were 1.0 percentage point and –0.1 percentage point higher than that in the previous quarter. In the first half of the year, the CGPI decreased by 4.8 percent year on year, 0.8 percentage point narrower year on year. The price of primary goods fell significantly by 7.3 percent year on year. The price of investment goods declined 5.6 percent year on year, while the price of consumer goods registered a year-on-year growth of 1.3 percent.

The decline in import and export prices continued to narrow. In the first half of 2016, import prices declined by 8 percent year on year, which was 3.5 percentage points narrower than the decline during the first quarter. Export prices dropped by 3.2 percent, which was 1 percentage point less than the decline during the first quarter.

The GDP deflator registered a year-on-year increase. In the first half of the year, the GDP deflator (the ratio of nominal GDP to real GDP) was up 1.7 percent year on year, which was 1.9 percentage points higher than that during the same period of the previous year and 1.2 percentage points higher than that during the first quarter.

The price reforms made further progress. Beginning on June 20, pricing for soft seat and soft sleeper tickets on ordinary passenger trains operating on railways wholly or dominantly funded by central SOEs were delegated to railway transportation enterprises, while the fare for premium soft sleeper compartments on ordinary trains remained market-based. This allows railway transportation enterprises to provide discounts to reflect competition in the transportation market, differences in service facilities and conditions, past patterns in the distribution of passenger flows, and the affordability and the need of passengers. On June 30, National Development and Reform Commission (NDRC) issued the *Notice on Improving the*

*Implementation of the Basic Price of Two-Part Electricity Users,* adjusting the electricity billing cycle from being annually-adjusted to being quarterly-adjusted. Electricity users choosing to calculate basic electricity prices according to maximum demand will have their maximum demand calculated every month rather than every half year, and electricity users can select the most favorable way of billing based on their actual needs.

#### 4. Fiscal revenue growth recovered

In the first half of 2016, fiscal revenue rose 7.1 percent to RMB8.55 trillion, a year-on-year acceleration of 2.4 percentage points. Fiscal expenditures reached RMB8.92 trillion, up 15.1 percent year on year and representing a year-on-year acceleration of 4.5 percentage points. The fiscal deficit registered RMB365.1 billion, as compared to a surplus of RMB231.2 billion in the first half of 2015.

In terms of the structure of fiscal revenue, non-tax revenue fell 0.7 percent year on year to a total of RMB1.33 trillion, and tax revenue went up 8.6 percent year on year to RMB7.22 trillion. Among this total, the domestic value-added tax, consumption tax, and turnover tax went up by 8.7 percent, 2.8 percent, and 15.6 percent respectively. The value-added tax and consumption tax on imported goods declined by 3.1 percent year on year, while corporate and individual income taxes rose by 7.6 percent and 19.8 percent respectively. Outlays for debt servicing, urban and rural community expenditures, public security expenditures, and welfare housing expenditures rose fairly rapidly, by 38.1 percent, 34.5 percent, 28.9 percent, and 27.5 percent respectively year on year.

#### 5. Employment remained stable

In the first half of 2016, newly created urban employment totaled 7.17 million, fulfilling 71.7 percent of the target for the year, and the rate of urban registered unemployment stabilized at around 5.2 percent. Statistical analyses by China Human Resources Market Information Monitoring Center, based on information provided by public employment service institutions in 98 cities, indicated that in Q2 of 2016 the supply of labor declined both on a year-on-year and a quarter-on-quarter basis. The labor supply was slightly short of demand and the ratio of job seekers to job vacancies was 1.05, a decline of 0.01 year on year and a decline of 0.02 quarter on quarter. Broken down by industry, demand for labor in industries such as water conservancy, environment and public facilities management as well as information transmission, computer services and software increased by a relatively large margin compared with that during the same period of the last year, while the demand for labor in industries such as leasing and business services and real estate declined significantly. Demand for labor with technical and professional skills exceeded supply. Compared with the same period of the last year, demand for senior technicians went up, whereas demand for labor with other technical and professional skills declined.

#### 6. Balance of payments remained balanced

Balance of payments continued to register an

overall balance, with a deficit in the capital account and a surplus in the current account. In Q1 of 2016, the current account surplus declined 54 percent year on year to USD39.3 billion, or 1.6 percent of GDP, which was within the internationally accepted reasonable range. The capital and financial account deficit stood at USD123.3 billion, an increase of 9 percent year on year. At end-June, total reserve assets stood at USD3.21 trillion.

Growth of the outstanding external debt decelerated and risks of debt repayments were manageable. At end-March, the total outstanding external debt posted USD1.3645 trillion, 3.6 percent less compared with that at end-2015. Among this total, the outstanding short-term external debt registered USD849.1 billion, a decline of 8 percent compared with that at end-2015 and accounting for 62 percent of the total external debt.

### 7. Sectoral analysis

#### (1) The real estate sector

In the first half of 2016, the nationwide turnover of real estate grew rapidly. More cities reported a rise in real estate prices, though at an increasingly moderate pace. Investment in real estate development rebounded from the bottom and real estate loans expanded at a brisk pace.

More cities reported a rise in real estate prices but at an increasingly moderate pace. In June 2016 the price of newly-built residential housing increased month on month in 55 out of 70 large- and medium-sized cities, 7 fewer cities than that in March 2016; the price index climbed by 0.7 percent month on month while it narrowed by 0.1 percentage point compared with that in March. In June, the price of newly-built residential housing rose year on year in 57 cities, 17 more than that in March; the price index rose by 5.7 percent year on year, widening by 2.7 percentage points compared with that in March. The price of pre-owned residential housing increased month on month in 48 cities, 6 fewer than that in March; the price index went up by 0.5 percent month on month, decelerating by 0.4 percentage point compared with that in March. The price of pre-owned residential housing rose year on year in 52 cities, 6 more than that in March; the price index increased by 4.7 percent, an acceleration of 1.0 percentage point compared with that in March.

While the turnover grew rapidly, the pace decelerated. In the first half of 2016, the nationwide floor area of sold units posted 640 million square meters, up 27.9 percent year on year, which was 5.2 percentage points lower than that in Q1. Nationwide sales value reached RMB4.9 trillion, up 42.1 percent year on year, which was 12.0 percentage points lower than that in Q1. Among this total, the sold floor area and the sales of residential housing accounted for 88.8 percent and 85.9 percent of the total sold floor area and the total sales in real estate respectively.

The rebound in real estate investments moderated. In the first half of 2016, nationwide investment in real estate development went up by 6.1 percent year on year to reach RMB4.7 trillion, a deceleration of 0.1 percentage point compared with the growth in Q1, but an acceleration of 5.1 percentage points compared with the growth at end-2015. In particular, investment in residential housing posted RMB3.1 trillion, up 5.6 percent year on year and an acceleration of 1.0 percentage point from Q1, accounting for 66.8 percent of the total investment in real estate development. The floor area of newly started real estate projects gained 14.9 percent year on year to reach 780 million square meters, which was 4.3 percentage points lower than the growth in Q1. The floor area of real estate projects under construction grew 5.0 percent year on year to reach 6.7 billion square meters, representing a deceleration of 0.8 percentage point compared with that in Q1. The floor area of completed real estate projects posted 400 million square meters, representing a year-on-year increase of 20.0 percent and an acceleration of 2.3 percentage points compared with that in Q1.

Real estate loans grew rapidly. At end-June, outstanding real estate loans of major financial institutions (including foreign-funded financial institutions) stood at RMB23.9 trillion, up 24.0 percent year on year, which was 1.8 percentage points higher than that at end-March and 9.7 percentage points higher than the year-on-year growth of total outstanding loans. Outstanding real estate loans accounted for 23.6 percent of the total outstanding loans, which was 0.7 percentage point higher than that at end-March. In particular, outstanding individual housing loans rose 32.2 percent year on year to reach RMB15.4 trillion, an acceleration of 5.7 percentage points from end-March; outstanding housing development loans gained 11.7 percent year on year to reach RMB4.2 trillion, a deceleration of 1.5 percentage points from end-March; outstanding land development loans rose 7.5 percent year on year to reach RMB1.7 trillion, a deceleration of 15.3 percentage points from end-March. During the first half of 2016, new real estate loans added RMB1 trillion to reach a total of RMB2.9 trillion, accounting for 38.9 percent of the total new loans, which was 6.3 percentage points higher than that in Q1 of 2016.

Welfare-housing loans continued to increase. At end-June 2016, outstanding loans for the development of welfare housing stood at RMB2.2 trillion, up 42.2 percent year on year, which was 3.2 percentage points lower than that at end-March; among this total, new welfare-housing development loans reached RMB359.72 billion in the first half of 2016, accounting for 97.1 percent of the new real estate development loans during the same period, which was 75.1 percentage points higher than that in Q1. In addition, the pilot program of using housing provident fund loans to support the construction of affordable housing proceeded steadily. At end-June, 372 welfare-housing projects in 85 cities were granted loan approvals, receiving RMB85.10 billion in loan disbursements based on their construction progress, and RMB62.82 billion of the principal was repaid.

**(2) The coal industry**

Expansion of the coal industry has long been effective in satisfying the demand for energy in the process of industrialization and urbanization, providing strong support for sustainable and strong economic growth. With the transformation of the economic growth model, the issue of overcapacity in traditional industries, such as the coal industry, began to surface. In recent years, the coal industry has attempted to eliminate excess capacity and restructure itself by employing a market-oriented approach. However, progress has been slow due to industrial and institutional factors. After 2013, the production of raw coal began to decline year by year. In 2015, nationwide production of raw coal dropped to 3.75 billion tons, declining by 3.3 percent and 5.6 percent from 2014 and 2013 respectively. Although the supply of coal declined, as the economy slowed down and as the structural adjustments unfolded, the demand for coal dropped even more rapidly and by an increasing margin, causing coal prices to decline significantly. At end-2015, the coal price index slid to 125.1, which was 9.2 percent, 22.7 percent, and 26.7 percent lower than that in end-2014, end-2013, and end-2012 respectively. As a result, key coal enterprises reported negative performance for three consecutive years. In 2015, revenue from coal mining and washing declined by 14.8 percent year on year, while gross profits declined by 65.0 percent year on year, with the performance indicators deteriorating further.

In 2015 the Central Economic Work Conference made a strategic decision to launch supply-side structural reforms, which consists of five priorities that include eliminating overcapacity and reducing excess inventories. In particular, the coal industry was listed as one of the key areas in which to address the issue of overcapacity. In February 2016, the State Council issued the *Guidance for the Coal Industry to Cut Overcapacity and Resolve Difficulties for Future Development*, specifying the goals and tasks for cutting overcapacity in the coal industry. Governments at different levels released supporting policies and spelled out special action plans for eliminating outdated capacity in the coal industry. With the gradual implementation of policies to cut overcapacity, the overcapacity in the coal industry has been alleviated since the beginning of 2016. In the first half of 2016, coal production declined by 9.7 percent year on year to 1.63 billion tons, a deceleration of 6.4 percentage points compared with that at the end of the previous year. As coal production declined at an accelerating pace and prices picked up moderately, the main operating revenue and gross profits of the coal mining and washing industry began to rebound in February. By end-June, the main operational revenue and gross profits had declined 13.0 percent and 38.5 percent year on year respectively, decelerating by 4.1 and 72.6 percentage points respectively compared with end-February. However, it is important to note that by end-July 2016 the coal industry had not yet completed even half of the target for cutting overcapacity.

Going forward, to promote restructuring and

upgrading in the coal industry, efforts to eliminate outdated capacity should continue, with supply-side structural reforms playing a leading role in the process. On the one hand, the coal industry should implement standards for strictly identifying outdated capacity and undertake elimination of outdated capacity according to the laws and regulations so as to achieve a notable compression of production capacity and an appropriate reduction in the number of coal mines, which will improve the supply and demand structure of the market. Meanwhile, efforts should be made to strengthen fiscal support and policy coordination to support reasonable refunds for unexplored coal resources in closed mines, miner resettlement, and other issues. On the other hand, the coal industry should push forward with restructuring at coal corporations and promote industrial transformation. The coal industry should encourage eligible state-owned coal enterprises to incorporate a mixed ownership system and to build a modern corporate governance framework so as to improve the allocation and performance of state-owned assets. The coal industry should also encourage large coal enterprises to acquire small- and medium-sized coal enterprises to foster a number of large coal groups. In addition, the coal industry should upgrade mining standards in terms of safety, environmental protection, energy consumption, and technology; accelerate the development of standards for commercial coal products and for clean utilization of coal; accelerate the development of the coal bed methane (CBM) industry, identify CBM blocks for scientific drilling and extraction, and establish a mechanism to coordinate the recovery of CBM and coal mining.

# PART 5 Monetary Policy Stance to be Adopted during the Next Stage

## I. Outlook for the Chinese economy

The global economy will continue its profound adjustments for quite some time. The Chinese economy is facing a critical period of shifting from old to new growth drivers, structural adjustments, structural adjustment and upgrading, adjustment and reform being the main themes throughout the process. The economy remains resilient with a great potential and fairly large room for policy maneuver. Per capita income in China still lags behind the world's average and varies greatly from one part of the country to another. For example, the highest per capita GDP at the provincial level is four times higher than that at the lowest level. Therefore, the room and potential for growth, transformation, and upgrading remains huge. With advances in supply-side structural reforms, efforts to streamline administrative procedures and to delegate powers to lower-level governments, and the innovation-driven development strategy, new growth drivers are gaining momentum, and transformation and upgrading of the old growth engines are accelerating. The rapidly growing new economy, new industry, and new business models play an important role in improving efficiency, reducing costs, promoting transformation, and safeguarding employment. In the first half of 2016, the shares of the high-tech industry and the equipment manufacturing industry in statistically large industries rose by 0.7 percentage point and 1.2 percentage points respectively year on year. Consumption and the services sector have gradually become important engines to stabilize economic growth. In the first half of 2016, the services sector accounted for 54.1 percent of GDP, up 1.8 percentage points year on year; the contribution of consumption to economic growth exceeded 70 percent, up 13 percentage points year on year. The job market is close to full employment, and job creation in the urban areas in the first half of the year was at par with that during the same period of 2015. Driven by the growth of the new economy, energy consumption per unit of GDP fell, marking new progress in green development. Going forward, the new growth drivers and the new economic models are expected to continue to play an important role in stabilizing growth and promoting economic transformation. It is also worth noting that with richer experiences in macroeconomic management and as the accumulated effects of a series of macroeconomic management measures gradually unfold, liquidity is generally adequate, market interest rates remain low, and the growth of money, credit, and all-system financing aggregates is relatively fast, all of which are conducive to stable growth. In the second quarter, the PBC's Survey of Entrepreneurs and Bankers showed that macroeconomic indicators, confidence indicators, orders indicators, and profit indicators all edged up, and the Survey on

Urban Depositors pointed to improving household confidence in future income and employment. In July the IMF made upward revisions to China's growth forecast.

Nevertheless, given the complex domestic and international situations, there are numerous challenges facing economic growth and structural adjustments. In terms of the international environment, the global economy is still mired in substantial adjustments since the global financial crisis, and recovery has fallen short of expectations amidst continued divergences and volatilities, whereas de-globalization and trade protectionism have been on the rise in an increasingly complex geo-political environment. The ramifications of Brexit will continue to unfold. There are uncertainties in the pace and intensity of the future monetary policy path of the Federal Reserve. Negative interest rates and other unconventional monetary policy measures adopted by some economies have produced spillover effects and spill-backs from other economies, which will affect cross-border capital flows, the allocation of major categories of assets, financial markets, and macroeconomic policies. In brief, uncertain and destabilizing factors still remain. On the domestic scene, structural problems are still acute and the recovery of the economy will heavily depend on real estate and infrastructural investments. As financial and other resources become further concentrated, the share of private investment in total investment and the growth of private investment both declined. Endogenous drivers of economic growth have yet to be strengthened, and transformation of the traditional growth drivers and the nurturing of new drivers remain arduous tasks. Supply is simultaneously excessive and insufficient. Furthermore, the growth potential in some new sectors has not been fully tapped, which has influenced economic vitality. With the rapid leverage buildup and the growing regional disparities, exposure to economic and financial risks is on the increase. These problems are structural in nature and should be resolved through determinedly advancing the supply-side reforms while appropriately expanding aggregate demand, including nurturing new growth drivers and upgrading traditional comparative advantages. Priority reforms such as streamlining administrative procedures, delegation of powers, strengthening regulations to improve services, and fiscal and tax reforms should be deepened on a continuous basis, and the five major tasks of removing excess capacity, reducing stocks, deleveraging, reducing costs, and shoring up weak spots should be implemented in earnest. Efforts will also be made to deepen state-owned enterprise reforms, push forward with the new type of urbanization, increase labor market flexibility, contain the build-up of asset bubbles, and reduce macro tax burdens. Markets will be expected to play a decisive role in resource allocations to further boost market confidence and stabilize market expectations. Top-down designs and grass-root innovations will be combined. New institutional arrangements will be adopted to encourage localities to take their own initiative in promoting economic development, to promote the sound development of the non-public-owned economy, to make breakthroughs in weak links while expanding consumption and developing the services sector, to improve the quality and efficiency of growth, to improve the incentives and disciplinary mechanisms of financial institutions, to maintain sustainable financing, and to expand the space for the effective allocation of financial resources.

Price developments will remain relatively stable. Given the sluggish growth and prolonged rebalancing of the world economy, as well as the ongoing structural adjustments in China, downward pressures will still remain. But money and credit growth has stabilized, and as such price inflation is expected to remain at a relatively low level. However, the absolute level of domestic prices is not low and inflation expectations are not well anchored and industrial prices have rebounded rapidly. Even though the growth of housing prices has moderated, the previous round of a rapid rise in housing prices is likely to be gradually transmitted to general price levels, and the flood disasters in some localities might also have an impact on the prices of agricultural produce. According to the Urban Depositors' Survey conducted by the PBC in Q2 of 2016, 53.4 percent of the respondents deemed prices to be "high and difficult to accept", 0.6 percentage point higher than the percentage of respondents in the previous quarter. The future price expectation index was up by 3.3 percentage points from the previous quarter, and respondents who deemed housing prices to be "high and difficult to accept" rose by 2.6 percentage points from the previous quarter. Therefore, future price movements should be closely watched.

### *Box 4 Balance Sheet and Microeconomic Analysis*

*An effective booking (accounting) system is not only the basis of a modern economy but also an important information system. The balance sheet, a critical financial statement, covers the assets, liabilities, and owners' equities of one economic entity, and can be used to analyze problems in the currency match, maturity match, and capital structure, to analyze the soundness and vulnerabilities of the entity, and to provide support to the macroeconomic policies. A balance sheet may be big or small. It can be a country's balance sheet (the Academy of Social Sciences has estimated that China's total assets equaled RMB619 trillion in 2013), or the central bank's balance sheet (total assets of the PBC equaled RMB33.8 trillion at the end of June 2016), and it can be an enterprise's balance sheet. Big or small, all balance sheets have double-entry linkages between related accounts, where every entry to an account requires a corresponding entry to a different account. As a result, the seemingly simple balance sheet has become a key to understanding financial and monetary phenomena. It is important to observe and analyze macroeconomic and financial issues based on double entries and dynamics in the balance sheet.*

*A balance sheet is the basis to understanding the creation and supply of money and credit. Broad money M2 in China has reached around RMB150 trillion. Understanding the mechanism of money creation is a precondition for money aggregates management. The central bank, as the source of money supply, provides base money to commercial banks, which then use base money to expand their assets and create broad money. In the double-entry bookkeeping system, asset expansion by commercial banks (as a whole), including lending, purchasing foreign exchange, securities investments, and so forth, will create equal amounts of deposits on the liability side, and therefore increase the supply of money to the entire society. All the broad money is created by the banking system through asset expansions and increases in liabilities. As a result, the banking system is a key link in the operation of a modern economy, and the expansion or contraction of bank assets and liabilities will have significant impacts on the real economy. Previously, some critics thought that the loan/deposit gap (the difference between outstanding deposits and outstanding loans) was more a result of increased deposit taking by banks than lending. But actually, loan extensions by banks automatically create deposits on the liability side, therefore lending growth will not shrink the gap. Looking at the origins of the gap, it is not that deposits have not been turned into loans, but rather non-loan assets have expanded (such as foreign exchange and bond purchase). Therefore, the loan/ deposit gap is not an objective measurement of liquidity in the banking system. In particular, as bank assets are more diversified, the gap becomes an increasingly problematic indicator. This is an important reason in the termination of deposits-to-loan ratio assessment. To fulfill reserve requirements, commercial banks generally move some part of its excess reserve(an item on the asset side) to the reserve account, rather than moving deposits (an item on the liability side of the balance sheet) to the reserve account. Therefore, reserve payment will not reduce the deposits. Because commercial banks create money and provide financing to the real economy through asset expansions, the Macro Prudential Assessment (MPA) which was upgraded from the dynamic adjustment mechanism of differentiated required reserves includes broader credit (loans, securities investment, and etc.) and covers a wider range of asset expansion activities of commercial banks. This will facilitate counter-cyclical adjustments of aggregate financing conditions and promote sound operation of the financial system. The above-mentioned analysis is based on the banking system balance sheet and the double-entry bookkeeping system.*

*The double-entry bookkeeping and dynamic adjustment of the balance sheets can also be used to analyze behavioral changes of economic entities. There have been lots of discussions on the deep recession known as the "lost two decades" in Japan after 1990s. Some economists have coined the concept of balance sheet recession to explain that asset price crash led to the contraction of the balance sheet and forced enterprises to change their behavior. The exploding debt burden due to asset prices decline forced enterprises to focus on liability reduction, rather than investment, leading to a demand contraction and finally to a vicious spiral. In 1930s, Irving Fisher, a US economist, based on his research on the Great Recession, developed the debt-deflation theory. Balance-sheet analysis provides a new perspective to understand this mechanism. It is worth noting that there is a coupling effect among the balance sheets of different sectors, namely the assets on the balance sheet of one entity might be under the liability or owners' equity accounts of another entity. As a result, macroeconomic management authorities could help improve the balance sheet of other sectors by adjusting their own balance sheets. This has become an important channel for the transmission of the unconventional monetary policies of the major economies since the outbreak of the global financial crisis.*

*The characteristics of balanced adjustments of assets and liabilities can also be clearly observed in the PBC's balance sheet. During a relatively long period of time before 2014, China experienced a huge BOP surplus in both the current and capital accounts. As a result of massive foreign exchange purchase and sterilization operations by the PBC, the foreign exchange reserves (the asset side) continued to accumulate, leading to corresponding growth of deposit reserves and PBC bills (the liability side). Starting from the second half of 2014 the situation reversed. The deposit reserves on the liability side gradually declined and the foreign exchange reserves on the asset side decreased accordingly. This means that in order to maintain a balanced balance sheet, the adjustment of one entry requires adjustment of an opposite entry at the same time. A reduction of required reserve ratio(RRR) entails a decline in the PBC's liabilities. There are two options to balance the impact: to increase other liabilities or to reduce assets. Under the current macroeconomic environment, it is not practical to expand liabilities through the issuance of PBC bills or to increase cash injection. Therefore, a decline in liabilities through RRR cut must be balanced by an adjustment on the asset side. Frequent RRR cuts would inject a large volume of liquidity and pull down interest rates. The strong signal of RRR reduction might lead to stronger downward pressure on RMB exchange rate and a decrease in foreign exchange reserves. The more liquidity released through the RRR cuts, the stronger the expectation of RMB depreciation. Speculators will be more inclined to purchase and trade foreign exchange, which will further lead to a spiral. Therefore, it is necessary to consider the potential balance sheet effects of a policy tool, to monitor domestic and international developments, to maintain a neutral and prudent monetary and financial environment, and to promote a match of assets and liabilities, smooth economic performance and financial market functioning.*

## II. Monetary policy during the next stage

The PBC will earnestly implement the decisions of the Eighteenth CPC National Congress, the Third, Fourth, and Fifth Plenary Sessions of the Eighteenth CPC Central Committee, the Central Economic Work Conference, and the Government Work Report, and follow the strategic decisions of the CPC Central Committee and the State Council to continue the reform and opening-up. The PBC will adhere to the guideline of seeking progress while maintaining stability and to the overall principle of maintaining stable macroeconomic policies and adopting flexible micro policies. Efforts will be made to adapt to the new normal in economic performance, maintain policy consistency and stability, continue to implement a sound monetary policy, and keep operations flexible and appropriate. Fine-tunings and preemptive adjustments will be adopted as necessary and with proper strength, while policy measures will be better targeted and more effective in order to carry out aggregate demand management for the ongoing supply-side structural reforms, to create a neutral and proper monetary and financial environment for structural adjustments, and to support sustainable development. There will be an increased focus on reforms and innovations as well as more measures to integrate reform with macro adjustments, to combine monetary policy management with the deepening of the reforms, and to enable the market to play a decisive role in resource allocations. In view of the financial deepening and innovations, the monetary policy framework will be improved to strengthen pricing tools and the transmission mechanism, to bring about a smooth transmission of monetary policy to the real economy, to resolve outstanding issues in economic performance and the functioning of the financial sector, and to improve the efficiency of the financial system and its capacity to provide services to the real sector. The macro-prudential policy framework will be strengthened to firmly secure the bottom line to prevent any systemic financial risks.

First, a combination of monetary policy instruments will be employed, and the policy mix will be optimized to maintain adequate liquidity and to keep the growth of money, credit, and all-system financing aggregates at reasonable levels. Based on domestic and global economic and financial developments, a combination of monetary policy instruments will be adopted in a flexible manner, the central bank collateral management framework will be improved, and liquidity as well as market interest rates will be properly adjusted to promote money-market stability. Macro-prudential management will be enhanced and improved to properly conduct macro-prudential assessments. All these efforts are aimed at maintaining a sound, neutral, and proper monetary environment from the perspective of price and quantity. Continued efforts will be made to guide commercial banks to enhance liquidity and balance sheet management by properly managing the size and maturity structure of assets and liabilities, and to improve liquidity risk management.

Second, the stock of credit assets will be mobilized and new loans will be made good use of to support economic restructuring, transformation, and upgrading. The direction and structure of liquidity provisions will be optimized. Credit policy will be properly designed to support central bank lending, central bank discounts, and pledged supplementary lending. It will play a greater role in providing targeted support for structural adjustments and to guide financial institutions to optimize the credit structure. More efforts will be made to allow the credit policy to better support supply-side structural reforms and to improve financial services for rural areas, farmers and agriculture, small and micro businesses, entrepreneurship, and innovation. Financial institutions will be guided to provide financial services designed to support growth stabilization, restructuring, and efficiency-enhancing efforts in the industrial sector, to reduce excess capacity, to develop green credit, and to promote the transformation and upgrading of the manufacturing sector. To this end, financial institutions will take a case-by-case approach by propping up some sectors while restraining others, and by seeking orderly market access and exit. More financial services will continue to target major national infrastructural developments and strategic projects, including railway construction in central and west China and the development of the Yangtze River Economic Belt and so forth. Financial services will be improved continuously for new types of consumption and a modern services sector, including old-age care, housekeeping, and health care. The shift from old to new drivers for economic growth will be expedited to improve the quality and efficiency of growth as well as to promote economic transformation and upgrading. Financial services designed for targeted poverty alleviation will be promoted, an information system for such targeted poverty alleviation will be launched on a trial basis, and an information integration and sharing mechanism will be built and improved for financial services targeting poverty alleviation. Efforts will be made to properly manage the size and maturity of financial bonds issued to raise funds earmarked for relocating the poor, so as to ensure that financing for relocating the poor will be provided in a timely manner. Quality financial services will be readily available for new types of business entities in the agricultural sector, the pilot program on loans pledged with contracted farmland operational rights and rural home property rights will be prudently advanced in line with the laws, and financial institutions in the banking sector will be guided to ramp up support for key fields, including water conservancy projects, agricultural infrastructure, integration of the primary, secondary, and tertiary industries, international cooperation in agriculture, a modern seed industry, the new type of urbanization, and so forth. Evaluations of the effects of credit policy targeting rural areas, farmers and agriculture, as well as small and micro businesses will be improved, and research will be conducted to establish a mechanism for evaluating the effects of financial services designed for targeted poverty alleviation. Innovation is encouraged in financial services designed to support mass entrepreneurship and innovation by exploring a market-based long-term mechanism for providing financial services to bolster entrepreneurship and innovation. Pilot programs will be launched to connect finance with science and technology, and financial support will be stepped up for key sectors in the national economy, including science and technology, the cultural industry, consumption, and the strategic emerging industries.

Third, the market-based interest rate reform and the RMB exchange rate regime reform will be furthered to improve the efficiency of financial resource allocations and the monetary policy framework. More efforts will be made to urge financial institutions to strengthen internal controls, improve their capabilities for interest rate pricing and risk management, develop market-based benchmark rates and yield curves, and continuously improve the market-based interest rate mechanism. The PBC will explore an interest rate corridor mechanism, enhance its interest rate adjustment capability, and straighten out the mechanism for the transmission of central bank policy rates to financial markets and the real economy. Oversight of the irrational pricing behavior of financial institutions will be intensified. The important role of the self-regulatory mechanism of market interest rate pricing will be tapped, effective incentives for and constraints on interest rate pricing will be adopted, and industrial self-discipline and risk prevention will be reinforced to maintain fair pricing. The RMB exchange rate regime will be further improved to allow market demand and supply to play a greater role, to enhance two-way flexibility of the RMB exchange rate, and to keep the RMB exchange rate basically stable at an adaptive and equilibrium level. Development of the foreign exchange market will be accelerated based on the principle of serving the real economy to provide exchange rate risk management services to importers and exporters based on their actual needs. Measures will be taken to support the use of RMB in cross-border trade and investment activities, and more channels will be made available for the outflow and reflow of RMB funds. Direct trading of the RMB against other currencies will be promoted to provide better services for cross-border use of the RMB. The impact of international developments on capital flows will be carefully watched and macro-prudential management of cross-border capital flows will be improved.

Fourth, there will be continued efforts to improve the system of financial markets, to support the role of financial markets in stabilizing economic growth, facilitating economic restructuring, transformation, and upgrading, deepening reform and opening-up, and preventing financial risks. Financial market innovations will be advanced to diversify products and market layers to better meet investor demands. Fundamental market institution arrangements and financial market infrastructures will be improved along with tightened market supervision and regulation so as to prevent financial risks. Information disclosures, credit ratings, and other market discipline mechanisms will be established and improved. Information disclosures required for product issuances and requirements for major information disclosures will be intensified, the rating practices of credit-rating agencies will be regulated, and an incentive-and-punishment mechanism will be developed to encourage good-faith performance by intermediaries. Over-the-counter bond products will be diversified, the trading mechanism for bonds and derivatives will be optimized, and innovation of a centralized clearing mechanism will be pushed forward. The opening-up of the bond market will be promoted steadily to make it more hassle-free for overseas institutions to issue and trade bonds on the domestic bond market. The development and coordinated management of financial market infrastructures will be strengthened to ensure safe and efficient functioning and the overall stability of the market. Expedited efforts will be made to establish and improve the credit risk resolution mechanism and to put in place a macro-prudential management framework for the bond market. Coordination in bond market management and inter-departmental regulatory cooperation will be enhanced to allow the bond market to play a role in increasing the share of direct financing, preventing and mitigating financial risks, and optimizing resource allocations.

Fifth, reform of financial institutions will be deepened to improve financial services by increasing supply and enhancing competition. The reform of large commercial banks and other large financial corporations will be deepened by improving corporate governance, establishing effective mechanisms for decision-making, execution, and checks-and-balances, and implementing corporate governance requirements in the context of day-to-day business operations and risk controls. Further reforms to the management and operational mechanisms of the Agricultural and Rural Financial Service Division of Agricultural Bank of China will be pushed forward, and the effects of the reforms will be closely monitored and evaluated to continuously improve capacity to provide services at county levels. Continued efforts will be made to advance the program of further reforming Bank of Communications to sharpen its market competitiveness. Implementation of reform programs for policy and development financial institutions will be expedited. In line with the requirements and the division of labor established in the reform programs, the PBC will work with the relevant departments to swiftly complete the follow-up tasks of revising charters, improving governance structures, specifying the scope of businesses, and strengthening the risk compensation mechanism to steadily improve financial services and the capacity of the three banks to provide for sustainable development, and to tap their important roles in key areas, weak links, and during critical periods. The shareholding reform of Postal Savings Bank of China and the market-based transformation of the asset management companies will be furthered.

Sixth, the macro-prudential policy framework will be improved to effectively prevent and mitigate systemic financial risks and to preserve stability in the financial system. Financial risk monitoring, assessments, and early warning and mitigation systems will be improved in an effort to fully identify potential risks, with a focus on risks stemming from the real economy, in particular from industries with excess capacity, the property market, and local government debt. Enhanced efforts will be made to monitor and analyze risks arising from corporate debt, the banks' asset quality and changes in liquidity, internet finance, financing through informal channels, cross-border fund movements, and so forth. Contingency plans will be improved to address potential risks, and a number of measures and tools will be adopted to mitigate and properly resolve such risks on time. Macro-prudential management will be enhanced to strengthen analysis and assessment of pro-cyclical, cross-sectoral, and cross-market risks, and risk contagion. The institutional reform of the capital market will be deepened to build a sound and stable market. Ongoing efforts will be made to implement the deposit insurance scheme. Core mechanisms such as the risk-based premium will be developed, along with early correction and orderly resolution measures designed for deposit insurance so as to improve the financial safety net. Efforts will be made to crack down on illegal fundraising activities to stem their rising trend and to properly handle risk events in financing through informal channels. Effective measures will be introduced in a timely manner to safeguard the bottom line in terms of preventing systemic financial risks.

# 附录一 2016年第二季度中国货币政策大事记

**4月6日**，印发《中国人民银行抵押补充贷款管理办法（试行）》（银发〔2016〕101号），进一步加强抵押补充贷款管理。

**4月18日**，中国人民银行向全国人大财经委员会汇报2016年第一季度货币政策执行情况。

**4月27日**，发布中国人民银行公告〔2016〕第8号及配套实施细则，明确机构投资者的合格性标准，拓宽投资者范围，优化备案、开户、联网流程，明确依法对相关业务开展进行检查，强调中介机构与自律组织监测与自律管理职责。

**4月29日**，中国人民银行印发通知（银发〔2016〕132号），自5月3日起在全国范围内实施本外币一体化的全口径跨境融资宏观审慎管理框架。

**5月6日**，发布《2016年第一季度中国货币政策执行报告》。

**5月11日**，中国人民银行与摩洛哥中央银行签署了规模为100亿元人民币/150亿迪拉姆的双边本币互换协议。

**5月27日**，中国人民银行、国务院扶贫开发领导小组办公室、中国银行业监督管理委员会、中国证券监督管理委员会、中国保险监督管理委员会等五部门联合印发《关于加强金融精准扶贫信息对接共享工作的指导意见》（银发〔2016〕155号），推动建立金融扶贫信息与扶贫基础信息对接共享机制，夯实金融精准扶贫工作基础。

**6月6日**，为推进大额存单业务发展，拓宽个人金融资产投资渠道，增强商业银行主动负债能力，中国人民银行将个人投资人认购大额存单起点金额由不低于30万元调整为不低于20万元（中国人民银行公告〔2016〕第13号）。

**6月7日**，中国人民银行与美国联邦储备委员会签署了在美国建立人民币清算安排的合作备忘录，并给予美国2 500亿元人民币合格境外机构投资者（RQFII）额度。

**6月16日**，印发《中国人民银行扶贫再贷款管理细则》（银发〔2016〕173号），规范扶贫再贷款管理，提高支持精准扶贫政策效果。

**6月17日**，经中国人民银行授权，中国外汇交易中心宣布自6月20日起在银行间外汇市场正式开展人民币对南非兰特直接交易。

**6月17日**，中国人民银行与塞尔维亚中央银行签署了规模为15亿元人民币/270亿塞尔维亚第纳尔的双边本币互换协议。

**6月24日**，经中国人民银行授权，中国外汇交易中心宣布自6月27日起在银行间外汇市场正式开展人民币对韩元直接交易。

**6月25日**，中国人民银行与俄罗斯中央银行签署了在俄罗斯建立人民币清算安排的合作备忘录。

# Appendix 1 Highlights of China's Monetary Policy in the Second Quarter of 2016

**On April 6,** the *PBC Regulations (Pilot) on Pledged Supplementary Lending* (PBC Document [2016] No.101) were released to further strengthen management of pledged supplementary lending.

**On April 18,** the PBC delivered a report on the implementation of monetary policy in Q1 of 2016 to the Finance and Economy Committee of the NPC.

**On April 27,** PBC Notice [2016] No.8 and the supplementary implementation details were released to clarify the eligibility of institutional investors, broaden the scope of investors, and optimize the process of keeping records, opening accounts, and connecting to the network. They also helped to clarify certain operations that can be inspected according to the law and emphasized the responsibilities of the intermediaries and self-regulatory organizations for monitoring and self-discipline.

**On April 29,** the PBC announced that beginning from May 3 the macro-prudential framework for cross-border financing in RMB and foreign currencies will be carried out nationwide (PBC Document [2016] No.132).

**On May 6,** the PBC released *China Monetary Policy Report, Q1 2016.*

**On May 11,** the PBC signed a bilateral currency swap agreement worth RMB10 billion/MAD15 billion with the Central Bank of Morocco .

**On May 27,** the PBC, the State Council Leading Group Office for Poverty Alleviation and Development, China Banking Regulatory Commission, China Securities Regulatory Commission, and China Insurance Regulatory Commission jointly issued *Guidance on Strengthening Information Sharing on Financial Services for Targeted Poverty Alleviation* (PBC Document [2016] No.155) to promote the establishment of a mechanism for sharing information on poverty alleviation underpinned by financial services as well as general information on poverty alleviation to lay a solid foundation for rolling out targeted measures to lift people out of poverty.

**On June 6,** the PBC changed the minimum amount for certificates of deposit(CDs) for individual investors from RMB300,000 to RMB200,000 (PBC Notice [2016] No.13) to promote the development of CDs, broaden the channels for personal investments, and strengthen the liability capacity of commercial banks.

**On June 7,** the PBC signed an MOU on establishing RMB clearing arrangements in the US with the Federal Reserve and granted an investment quota of RMB250 billion to the US.

**On June 16,** the *Details on the Management of Central Bank Lending by the People's Bank of China for Poverty Alleviation* (PBC Document [2016] No.173) were issued to regulate management of central bank lending targeted at poverty alleviation and to improve the effectiveness of targeted poverty alleviation policies.

**On June 17,** China Foreign Exchange Trade System (CFETS), authorized by the PBC, announced the launch of direct trading between the RMB and the South African Rand (ZAR) on the inter-bank foreign exchange market.

**On June 17,** the PBC signed a bilateral currency swap agreement worth RMB1.5 billion/RSD27 billion with the Central Bank of Serbia.

**On June 24,** CFETS, authorized by the PBC, announced the launch of direct trading between the RMB and the Korean Won (KRW) on the inter-bank foreign exchange market.

**On June 25,** the PBC signed an MOU with the Central Bank of the Russian Federation to set up RMB clearing arrangements in Russia.

# 附录二 2016年第二季度主要经济体中央银行货币政策

## 一、美联储

在4月和6月两次例会上，美联储公开市场委员会（FOMC）继续将联邦基金利率维持在0.25%～0.5%的目标区间不变，重申仍将维持宽松货币政策立场，以支持劳动力市场的进一步改善和实现2%的通胀目标。美联储预期经济状况将逐步改善，因而未来利率调整也将是渐进过程。6月例会后发布的预测表中，FOMC成员对于2016年目标利率区间的预测维持在0.75%～1.0%（9位成员支持，预计加息两次）。此外，美联储维持现有再投资政策，把所持机构债及机构抵押贷款支持证券（MBS）回笼的本金再投资于机构MBS，并将继续对到期国债进行滚动投资，预计上述操作将持续至联邦基金利率回归正常化。

## 二、欧洲中央银行

在4月和6月两次例会上，欧央行决定继续将主要再融资操作利率、边际贷款便利利率和存款便利利率维持在0%、0.25%和-0.40%的水平不变，并自4月起扩大月度资产购买规模至800亿欧元。4月21日，欧央行宣布公司部门购买计划（CSPP）的实施细则，明确其主要目的是进一步加强欧元体系资产购买操作对实体经济融资环境的有效影响。6月8日起，欧央行开始在CSPP下实施购买操作。6月22日起，欧央行开始实施新一轮定向长期再融资操作（TLTRO）。

## 三、日本银行

在第二季度两次货币政策会议上，日本银行均表示将继续实施量化和质化宽松货币政策（QQE）。在量的维度上，将继续开展货币市场操作，以每年80万亿日元的速度扩大基础货币。在质的维度上，将继续开展资产购买操作：一是为促进整个收益率曲线利率的下调，将根据金融市场状况以灵活方式购买日本国债，年购买规模约为80万亿日元；二是继续购买交易所基金（ETFs）和日本房地产投资信托（J-REIT），年购买规模分别为3.3万亿日元和900亿日元；三是继续购买商业票据和企业债券，年购买规模分别为2.2万亿日元和3.2万亿日元。在利率维度上，继续实施负利率政策，对金融机构存放在日本银行的部分超额准备金实施-0.1%的利率。

## 四、英格兰银行

在第二季度三次例会上，英格兰银行货币政策委员会均决定继续维持0.5%的基准利率和3 750亿英镑的资产购买规模不变，以期实现2%的通胀目标并促进可持续的增长和就业。在6月例会上，英格兰银行表示，目前最严重的风险来自英国脱欧公投，其可能会改变产出和通胀前景。根据公投结果，英格兰银行将采取一切必要措施，以保证较好地锚定通胀预期，并使通胀适时回归目标水平。

# Appendix 2 Monetary Policies of the Central Banks of the Major Economies in the Second Quarter of 2016

## 1. U.S. Federal Reserve

At its regular meetings in April and June, the Federal Reserve's Federal Open Market Committee (FOMC) left the federal funds rate unchanged at the target range of 0.25 to 0.5 percent, and reiterated that its monetary policy stance would remain accommodative, thereby supporting further improvements in labor market conditions and a return to 2 percent inflation. The Committee expected that economic conditions would evolve in a manner that would warrant only gradual increases in the federal funds rate. In their economic projections released after the regular meeting in June, the FOMC members retained their projection for the target range of the federal funds rate at 0.75 to 1.0 percent (nine members supported, a projection of two hikes). In addition, the Committee maintained its existing policy of reinvesting principal payments from its holdings of agency debt and agency mortgage-backed securities in agency mortgage-backed securities and of rolling over maturing Treasury securities at auctions, and it anticipated doing so until normalization of the level of the federal funds rate was well under way.

## 2. European Central Bank

At its regular meetings in April and June, the European Central Bank (ECB) continued to maintain the interest rates on the main refinancing operations (MROs), the marginal lending facility, and the deposit facility at 0, 0.25, and -0.40 percent respectively and in April began to expand its monthly purchases under the asset purchase programme to EUR80 billion. On April 21, the ECB announced details of the corporate sector purchase programme (CSPP) and explained that its aim was to further strengthen the pass-through of the Eurosystem's asset purchases to the financing conditions of the real economy. Purchases began under the CSPP on June 8. On June 22, the ECB launched another round of targeted longer-term refinancing operations (TLTROs).

## 3. Bank of Japan

At the two monetary policy meetings in Q2, the Bank of Japan (BOJ) indicated that it would continue to implement its Quantitative and Qualitative Monetary Easing (QQE) policy. In terms of quantity, the BOJ would continue to conduct money market operations so that the monetary base would increase at an annual pace of about JPY80 trillion. In terms of quality, the BOJ would continue with its asset purchase programme: (1) With a view to encouraging a decline in interest rates across the entire yield curve, the BOJ would purchase Japanese government bonds (JGBs) in a flexible manner in accordance with financial market conditions. The annual purchase of JGBs was estimated to be about JPY80 trillion. (2) The BOJ would purchase exchange-traded funds (ETFs) and Japan's real estate investment trusts (J-REITs) so that their outstanding amounts would increase at an annual pace of JPY3.3 trillion and JPY90 billion, respectively. (3) As for commercial paper and corporate bonds, the BOJ would maintain their outstanding amounts at JPY2.2 trillion and JPY3.2 trillion, respectively. In terms of interest rates, the BOJ decided to continue to apply a negative interest rate of -0.1 percent to the Policy-Rate Balances in the current accounts held by financial institutions at the Bank.

### 4. Bank of England

At all of its three regular meetings in Q2, the Bank of England's Monetary Policy Committee (MPC) decided to maintain the Bank Rate at 0.5 percent and the stock of purchased assets at GBP375 billion, with the aim of meeting the 2 percent inflation target and sustaining growth and employment. At its meeting in June, the MPC indicated that the most significant risks concerned the referendum, and a vote to leave the European Union (EU) could materially alter the outlook for output and inflation. The MPC would take whatever actions were needed following the outcome of the referendum to ensure that inflation expectations would remain well anchored and inflation would return to the target over the appropriate horizon.

# 附录三 中国主要经济和金融指标

# Appendix 3 *China's Major Economic and Financial Indicators*

## 一、经济增长与经济发展水平

## 1. Economic Growth

1978年以来中国经济增长与宏观经济政策

China's economic growth and macroeconomic policies since 1978

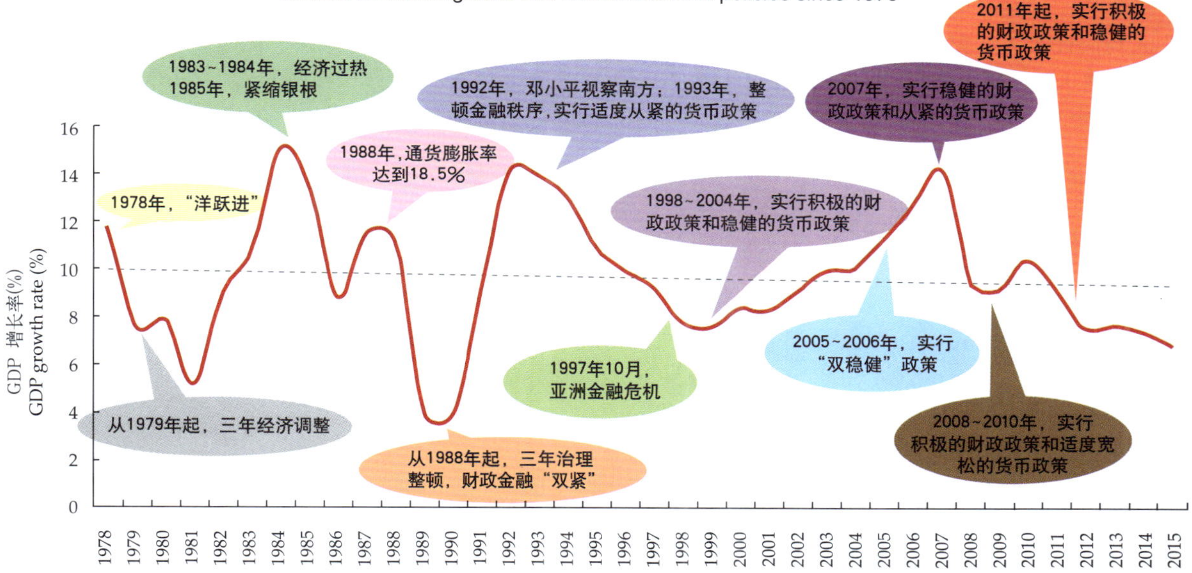

1978年，"洋跃进"

从1979年起，三年经济调整

1983~1984年，经济过热
1985年，紧缩银根

1988年，通货膨胀率
达到18.5%

从1988年起，三年治理
整顿，财政金融"双紧"

1992年，邓小平视察南方；1993年，整
顿金融秩序，实行适度从紧的货币政策

1997年10月，
亚洲金融危机

1998~2004年，实行积极的财
政政策和稳健的货币政策

2005~2006年，实行
"双稳健"政策

2007年，实行稳健的财
政政策和从紧的货币政策

2008~2010年，实行
积极的财政政策和适度宽
松的货币政策

2011年起，实行积极
的财政政策和稳健的
货币政策

GDP 增长率(%)
GDP growth rate (%)

16 14 12 10 8 6 4 2 0

1978 1979 1980 1981 1982 1983 1984 1985 1986 1987 1988 1989 1990 1991 1992 1993 1994 1995 1996 1997 1998 1999 2000 2001 2002 2003 2004 2005 2006 2007 2008 2009 2010 2011 2012 2013 2014 2015

- "Great leap forward" in 1978
- 3-year economic adjustment between 1979 and 1981
- Over-heated economy between 1983 and 1984, tight monetary policy in 1985
- Inflation of 18.5% in 1988
- 3-year rectification from 1988 to 1991, "double tightening" of fiscal and monetary policy
- Deng Xiaoping's remarks on economic reform during his 1992 trip to South China, rectification of financial order and adoption of appropriately tight monetary policy in 1993
- Asian financial crisis of October 1997
- Proactive fiscal policy and sound monetary policy from 1998 to 2004
- "Double sound" fiscal and monetary policy in 2005 and 2006
- Sound fiscal policy and tight monetary policy in 2007
- Proactive financial policy and moderately loose monetary policy in 2008 to 2010
- Proactive financial policy and sound monetary policy since 2011

人均国内生产总值

Per capita GDP

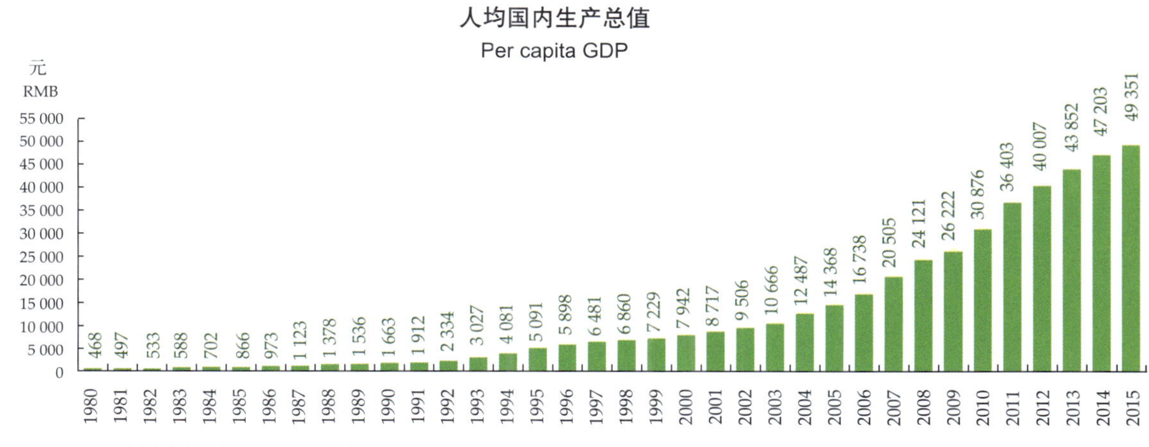


注：图中数据根据国家统计局最新数据修订。

Note: Data are revised by National Bureau of Statistics of China.

**GDP总量：** 据世界银行按汇率折算法测算，2015年中国GDP总量为10.87万亿美元，占世界GDP总量73.43万亿美元的14.8%，位居第二，排在美国之后。根据《2015年世界发展指标》，按购买力平价法估算，2015年中国GDP总量为19.52万亿美元，占世界GDP总量113.61万亿美元的17.2%，位居第一。

**人均GDP：** 2015年，中国人均GDP为49 351元人民币，按年末汇率折算为7 605美元。

**人均国民收入：** 据世界银行按汇率折算法测算，2015年世界人均国民收入为10 437美元，中国人均国民收入为7 820美元，位居世界217个经济体由高向低排列的第96位。按购买力平价法估算，2015年中国人均国民收入为14 160美元，相当于世界人均国民收入15 415美元的91.9%，位居世界217个经济体由高向低排列的第107位。

**Gross Domestic Product (GDP):** The World Bank estimated that the world total GDP and China's GDP in 2015 were USD73.43 trillion and USD10.87 trillion respectively based on Atlas methodology. Accounting for 14.8 percent of the world total, China's GDP ranked 2nd in the world after U.S.. The World Bank estimated that the world total GDP and China's GDP in 2015 were USD113.61 trillion and USD19.52 trillion respectively based on a PPP basis, according to the *World Development Indicators 2015*. Accounting for 17.2 percent of the world total, China's GDP ranked 1st in the world.

**GDP per capita:** In 2015, China's GDP per capita reached RMB49,351, or USD7,605 based on the exchange rate at the end of 2015.

**Gross National Income (GNI) per capita:** The World Bank estimated that in 2015 the GNI per capita for the world as a whole was USD10,437 based on Atlas methodology. The GNI per capita in China was USD7,820, ranking 96th among 217 worldwide economies. In PPP terms, the GNI per capita in China in 2015 was USD14,160, equivalent to 91.9 percent of the world figure which was USD15,415, thus ranking 107th among the 217 worldwide economies.

**2015年世界银行按汇率折算法测算的GDP总量前10名排序**

Top ten economies in terms of GDP based on Atlas methodology in 2015 (World Bank estimation)

| 排名 Rank | 国家 Country | GDP(万亿美元) GDP (USD1 trillion) | 占世界GDP总量的比重(%) As a percent of the world total (%) |
|---|---|---|---|
| 1 | 美国 U.S. | 17.95 | 24.4 |
| 2 | **中国 China** | **10.87** | **14.8** |
| 3 | 日本 Japan | 4.12 | 5.6 |
| 4 | 德国 Germany | 3.36 | 4.6 |
| 5 | 英国 U.K. | 2.85 | 3.9 |
| 6 | 法国 France | 2.42 | 3.3 |
| 7 | 印度 India | 2.07 | 2.8 |
| 8 | 意大利 Italy | 1.81 | 2.5 |
| 9 | 巴西 Brazil | 1.77 | 2.4 |
| 10 | 加拿大 Canada | 1.55 | 2.1 |
| **世界 World total** | | **73.43** | **100.0** |

**2015年世界银行按购买力平价方法估算的GDP总量前10名排序**

Top ten economies in terms of GDP based on PPP in 2015 (World Bank estimation)

| 排名 Rank | 国家 Country | GDP(万亿美元) GDP (USD1 trillion) | 占世界GDP总量的比重(%) As a percent of the world total (%) |
|---|---|---|---|
| 1 | **中国 China** | **19.52** | **17.2** |
| 2 | 美国 U.S. | 17.95 | 15.8 |
| 3 | 印度 India | 7.98 | 7.0 |
| 4 | 日本 Japan | 4.74 | 4.2 |
| 5 | 德国 Germany | 3.85 | 3.4 |
| 6 | 俄罗斯 Russia | 3.58 | 3.2 |
| 7 | 巴西 Brazil | 3.19 | 2.8 |
| 8 | 印度尼西亚 Indonesia | 2.84 | 2.5 |
| 9 | 英国 U.K. | 2.69 | 2.4 |
| 10 | 法国 France | 2.65 | 2.3 |
| **世界 World total** | | **113.61** | **100.0** |

**世界银行估算的2015年人均国民收入**

National income per capita in 2015 (estimated by the World Bank)

单位：美元 Unit: USD

| | 世界平均 Global average | 低收入国家 Low-income countries | 中等收入国家 Middle-income countries | | 高收入国家 High-income countries |
|---|---|---|---|---|---|
| | | | 较低收入组 Lower-middle-income countries | 较高收入组 Upper-middle-income countries | |
| 汇率折算法 On atlas methodology | 10 437 | 620 | 2 035 | 8 113 | 41 366 |
| 购买力平价法 On a PPP basis | 15 415 | 1 611 | 6 400 | 15 461 | 44 991 |

## 国内生产总值
Gross domestic product

| 年/季 Year /Quarter | | 国内生产总值 GDP | | 第一产业 Primary industry | | 第二产业 Secondary industry | | 第三产业 Tertiary industry | |
|---|---|---|---|---|---|---|---|---|---|
| | | 绝对值(亿元) Absolute value (RMB100 million) | 增长(%) Growth(%) | 绝对值(亿元) Absolute value (RMB100 million) | 增长(%) Growth(%) | 绝对值(亿元) Absolute value (RMB100 million) | 增长(%) Growth(%) | 绝对值(亿元) Absolute value (RMB100 million) | 增长(%) Growth(%) |
| 2009 | I | 74 053 | 6.4 | 4 441 | 3.8 | 32 550 | 5.8 | 37 062 | 7.2 |
| | I-II | 158 035 | 7.3 | 11 428 | 3.7 | 71 929 | 7.1 | 74 678 | 8.1 |
| | I-III | 248 049 | 8.5 | 21 594 | 3.9 | 113 243 | 8.7 | 113 212 | 9.1 |
| | I-IV | 349 081 | 9.4 | 34 162 | 4.0 | 160 172 | 10.3 | 154 748 | 9.6 |
| 2010 | I | 87 617 | 12.2 | 4 945 | 3.9 | 39 365 | 15.4 | 43 307 | 10.0 |
| | I-II | 187 149 | 11.4 | 12 920 | 3.7 | 86 788 | 14.0 | 87 441 | 9.8 |
| | I-III | 293 388 | 10.9 | 24 834 | 4.0 | 135 696 | 13.1 | 132 858 | 9.7 |
| | I-IV | 413 030 | 10.6 | 39 363 | 4.3 | 191 630 | 12.7 | 182 038 | 9.7 |
| 2011 | I | 104 641 | 10.2 | 5 768 | 3.2 | 47 195 | 11.3 | 51 679 | 9.9 |
| | I-II | 223 816 | 10.1 | 15 194 | 2.9 | 104 080 | 11.1 | 104 542 | 10.1 |
| | I-III | 350 797 | 9.8 | 29 475 | 3.5 | 162 703 | 11.0 | 158 619 | 9.9 |
| | I-IV | 489 301 | 9.5 | 46 163 | 4.2 | 227 039 | 10.7 | 216 099 | 9.5 |
| 2012 | I | 117 594 | 8.1 | 6 687 | 3.7 | 52 317 | 9.5 | 58 590 | 7.3 |
| | I-II | 249 276 | 7.9 | 16 967 | 4.3 | 113 752 | 8.7 | 118 558 | 7.6 |
| | I-III | 387 899 | 7.8 | 32 164 | 4.2 | 176 009 | 8.3 | 179 726 | 7.8 |
| | I-IV | 540 367 | 7.9 | 50 902 | 4.5 | 244 643 | 8.4 | 244 822 | 8.0 |
| 2013 | I | 129 747 | 7.9 | 7 170 | 3.0 | 55 862 | 7.8 | 66 715 | 8.4 |
| | I-II | 273 714 | 7.7 | 18 012 | 2.8 | 120 994 | 7.7 | 134 708 | 8.3 |
| | I-III | 426 619 | 7.8 | 34 605 | 3.3 | 187 744 | 7.9 | 204 271 | 8.4 |
| | I-IV | 595 244 | 7.8 | 55 329 | 3.8 | 261 956 | 8.0 | 277 959 | 8.3 |
| 2014 | I | 140 618 | 7.4 | 7 492 | 3.2 | 59 222 | 7.6 | 73 905 | 7.6 |
| | I-II | 297 080 | 7.4 | 19 145 | 3.7 | 128 763 | 7.7 | 149 172 | 7.6 |
| | I-III | 462 792 | 7.3 | 36 821 | 4.1 | 199 787 | 7.6 | 226 183 | 7.6 |
| | I-IV | 643 974 | 7.3 | 58 344 | 4.1 | 277 572 | 7.4 | 308 059 | 7.8 |
| 2015 | I | 149 988 | 7.0 | 7 772 | 3.1 | 60 394 | 6.3 | 81 822 | 8.0 |
| | I-II | 317 639 | 7.0 | 20 260 | 3.5 | 131 168 | 6.2 | 166 211 | 8.3 |
| | I-III | 493 255 | 7.0 | 38 350 | 3.8 | 202 460 | 6.1 | 252 445 | 8.4 |
| | I-IV | 685 506 | 6.9 | 60 871 | 3.9 | 280 560 | 6.1 | 344 075 | 8.3 |
| 2016 | I | 160 710 | 6.7 | 8 803 | 2.9 | 60 982 | 5.9 | 90 925 | 7.6 |
| | I-II | 340 637 | 6.7 | 22 097 | 3.1 | 134 250 | 6.1 | 184 290 | 7.5 |

注：1. 表中绝对数按当年价格计算，“比上年同期增长”按不变价格计算。
2. 表中数据根据国家统计局最新数据修订。

Notes: 1. Absolute figures in this table are calculated at current prices, and the year-on-year growth rates are calculated at constant prices.
2. Data are revised by National Bureau of Statistics of China.

## 1978年以来GDP及其增长率
GDP and its annual growth rate since 1978

| 年<br>Year | GDP(万亿元)<br>GDP(RMB1 trillion) | GDP增长率(%)<br>GDP growth rate(%) |
|---|---|---|
| 1978 | 0.4 | 11.7 |
| 1979 | 0.4 | 7.6 |
| 1980 | 0.5 | 7.8 |
| 1981 | 0.5 | 5.1 |
| 1982 | 0.5 | 9.0 |
| 1983 | 0.6 | 10.8 |
| 1984 | 0.7 | 15.2 |
| 1985 | 0.9 | 13.4 |
| 1986 | 1.0 | 8.9 |
| 1987 | 1.2 | 11.7 |
| 1988 | 1.5 | 11.2 |
| 1989 | 1.7 | 4.2 |
| 1990 | 1.9 | 3.9 |
| 1991 | 2.2 | 9.3 |
| 1992 | 2.7 | 14.2 |
| 1993 | 3.6 | 13.9 |
| 1994 | 4.9 | 13.0 |
| 1995 | 6.1 | 11.0 |
| 1996 | 7.2 | 9.9 |
| 1997 | 8.0 | 9.2 |
| 1998 | 8.5 | 7.8 |
| 1999 | 9.1 | 7.7 |
| 2000 | 10.0 | 8.5 |
| 2001 | 11.1 | 8.3 |
| 2002 | 12.2 | 9.1 |
| 2003 | 13.7 | 10.0 |
| 2004 | 16.2 | 10.1 |
| 2005 | 18.7 | 11.4 |
| 2006 | 21.9 | 12.7 |
| 2007 | 27.0 | 14.2 |
| 2008 | 32.0 | 9.7 |
| 2009 | 34.9 | 9.4 |
| 2010 | 41.3 | 10.6 |
| 2011 | 48.9 | 9.5 |
| 2012 | 54.0 | 7.9 |
| 2013 | 59.5 | 7.8 |
| 2014 | 64.4 | 7.3 |
| 2015 | 68.6 | 6.9 |

注：表中数据根据国家统计局最新数据修订。
Note: Data are revised by National Bureau of Statistics of China.

## GDP及其增长率
GDP and its annual growth rate

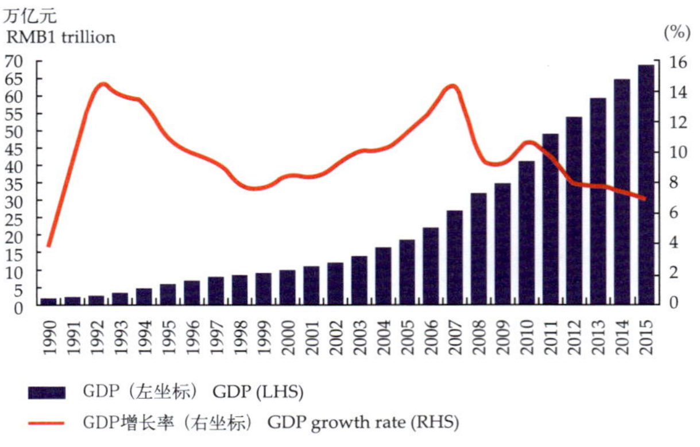


## 2007年以来GDP季度累计增长率
Quarterly accumulated GDP growth rates since 2007

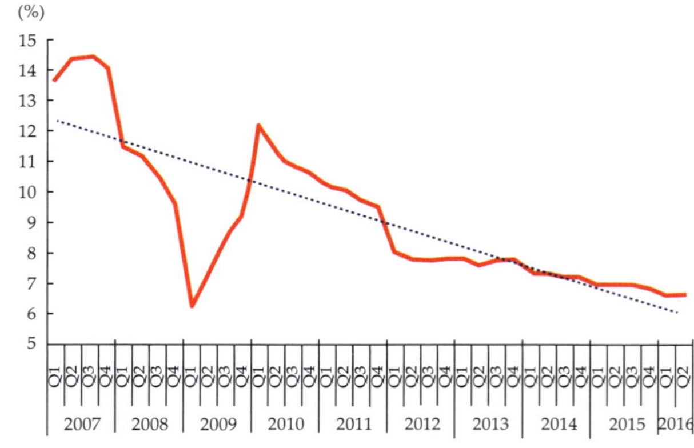

## 季度GDP三次产业所占的比重与增长率变化
Shares of industries in GDP and their growth rates on a quarterly basis

单位：%　Unit: %

| 年/季度 Year/Quarter | 第一产业所占的比重 Share of primary industry | 第二产业所占的比重 Share of secondary industry | 第三产业所占的比重 Share of tertiary industry | 第一产业同比累计增长 YOY accumulated growth of primary industry | 第二产业同比累计增长 YOY accumulated growth of secondary industry | 第三产业同比累计增长 YOY accumulated growth of tertiary industry |
|---|---|---|---|---|---|---|
| 2009Q1 | 6.4 | 45.5 | 48.1 | 3.8 | 5.8 | 7.2 |
| 2009Q2 | 7.6 | 47.2 | 45.2 | 3.7 | 7.1 | 8.1 |
| 2009Q3 | 9.2 | 47.1 | 43.7 | 3.9 | 8.7 | 9.1 |
| 2009Q4 | 10.3 | 46.9 | 42.8 | 4.0 | 10.3 | 9.6 |
| 2010Q1 | 6.0 | 44.0 | 50.0 | 3.9 | 15.4 | 10.0 |
| 2010Q2 | 7.2 | 45.5 | 47.3 | 3.7 | 14.0 | 9.8 |
| 2010Q3 | 8.7 | 45.7 | 45.6 | 4.0 | 13.1 | 9.7 |
| 2010Q4 | 9.8 | 45.9 | 44.3 | 4.3 | 12.7 | 9.7 |
| 2011Q1 | 5.7 | 44.9 | 49.4 | 3.2 | 11.3 | 9.9 |
| 2011Q2 | 6.9 | 46.4 | 46.7 | 2.9 | 11.1 | 10.1 |
| 2011Q3 | 8.4 | 46.3 | 45.3 | 3.5 | 11.0 | 9.9 |
| 2011Q4 | 9.5 | 46.4 | 44.1 | 4.2 | 10.7 | 9.5 |
| 2012Q1 | 5.5 | 45.1 | 49.4 | 3.7 | 9.5 | 7.3 |
| 2012Q2 | 6.8 | 46.5 | 46.7 | 4.3 | 8.7 | 7.6 |
| 2012Q3 | 8.4 | 46.4 | 45.2 | 4.2 | 8.3 | 7.8 |
| 2012Q4 | 9.4 | 46.4 | 44.2 | 4.5 | 8.4 | 8.0 |
| 2013Q1 | 5.7 | 44.5 | 49.8 | 3.0 | 7.8 | 8.4 |
| 2013Q2 | 6.8 | 45.6 | 47.6 | 2.8 | 7.7 | 8.3 |
| 2013Q3 | 8.3 | 45.4 | 46.3 | 3.3 | 7.9 | 8.4 |
| 2013Q4 | 9.4 | 45.3 | 45.3 | 3.8 | 8.0 | 8.3 |
| 2014Q1 | 5.5 | 43.1 | 51.4 | 3.2 | 7.6 | 7.6 |
| 2014Q2 | 6.6 | 44.2 | 49.2 | 3.7 | 7.7 | 7.6 |
| 2014Q3 | 8.1 | 44.0 | 47.9 | 4.1 | 7.6 | 7.6 |
| 2014Q4 | 9.3 | 44.0 | 46.7 | 4.1 | 7.4 | 7.8 |
| 2015Q1 | 5.3 | 42.1 | 52.6 | 3.1 | 6.3 | 8.0 |
| 2015Q2 | 6.5 | 43.3 | 50.2 | 3.5 | 6.2 | 8.3 |
| 2015Q3 | 8.0 | 43.1 | 48.9 | 3.8 | 6.1 | 8.4 |
| 2015Q4 | 9.1 | 43.1 | 47.8 | 3.9 | 6.1 | 8.3 |
| 2016Q1 | 5.2 | 40.3 | 54.5 | 2.9 | 5.9 | 7.6 |
| 2016Q2 | 6.4 | 41.3 | 52.3 | 3.1 | 6.1 | 7.5 |

注：表中数据根据国家统计局最新数据修订。
Note: Data are revised by National Bureau of Statistics of China.

### 季度GDP三次产业所占的比重与增长率变化
Shares of industries in GDP and their growth rates on a quarterly basis

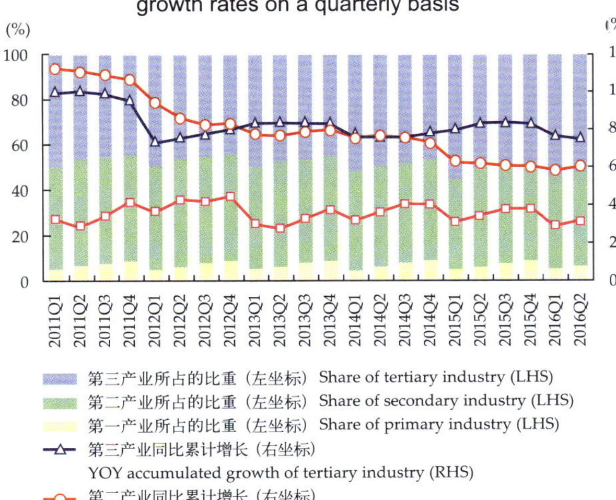


第三产业所占的比重（左坐标） Share of tertiary industry (LHS)
第二产业所占的比重（左坐标） Share of secondary industry (LHS)
第一产业所占的比重（左坐标） Share of primary industry (LHS)
第三产业同比累计增长（右坐标） YOY accumulated growth of tertiary industry (RHS)
第二产业同比累计增长（右坐标） YOY accumulated growth of secondary industry (RHS)
第一产业同比累计增长（右坐标） YOY accumulated growth of primary industry (RHS)

### 2004年以来年度GDP中三大产业比重
Shares of industries in GDP since 2004

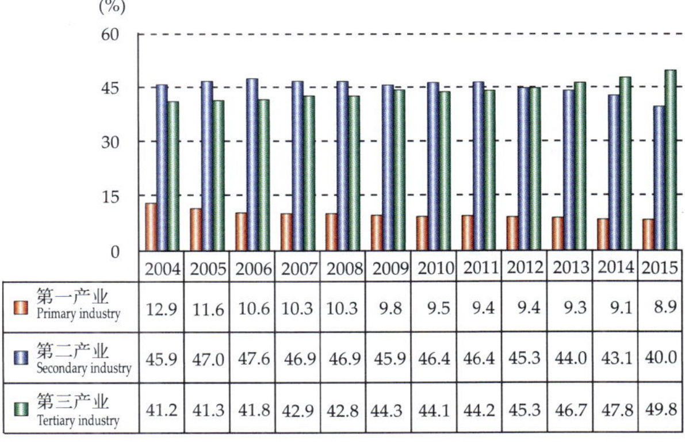


| | 2004 | 2005 | 2006 | 2007 | 2008 | 2009 | 2010 | 2011 | 2012 | 2013 | 2014 | 2015 |
|---|---|---|---|---|---|---|---|---|---|---|---|---|
| 第一产业 Primary industry | 12.9 | 11.6 | 10.6 | 10.3 | 10.3 | 9.8 | 9.5 | 9.4 | 9.4 | 9.3 | 9.1 | 8.9 |
| 第二产业 Secondary industry | 45.9 | 47.0 | 47.6 | 46.9 | 46.9 | 45.9 | 46.4 | 46.4 | 45.3 | 44.0 | 43.1 | 40.0 |
| 第三产业 Tertiary industry | 41.2 | 41.3 | 41.8 | 42.9 | 42.8 | 44.3 | 44.1 | 44.2 | 45.3 | 46.7 | 47.8 | 49.8 |

注：图中数据根据国家统计局最新数据修订。
Note: Data are revised by National Bureau of Statistics of China.

## 工业增加值增长速度
Growth rate of value added of industry

单位：% Unit: %

| 年/月 Year/Month | | 工业增加值 Value added | 采矿业 Mining | 制造业 Manufacturing | 电力、热力、燃气及水生产和供应业 Electricity, gas & water production and supply | 国有及国有控股企业 State-owned and state-holding enterprises | 集体企业 Collectively-owned enterprises | 股份制企业 Joint-stock enterprises | 外商及港澳台投资企业 Enterprises with foreign, HongKong, Macau, and Taiwan investment |
|---|---|---|---|---|---|---|---|---|---|
| | | 比上年同期增长(%) Year-on-year growth rate(%) | | | | | | | |
| 2015 | 1 | — | — | — | — | — | — | — | — |
| | 2 | — | — | — | — | — | — | — | — |
| | 3 | 5.6 | 1.4 | 6.7 | -1.1 | 0.9 | 1.4 | 6.8 | 3.3 |
| | 4 | 5.9 | 2.8 | 6.5 | 2.0 | 1.9 | 0.4 | 7.4 | 2.9 |
| | 5 | 6.1 | 3.9 | 6.7 | 2.2 | 2.2 | 1.2 | 7.5 | 3.0 |
| | 6 | 6.8 | 2.7 | 7.7 | 2.1 | 2.2 | 3.2 | 7.8 | 4.5 |
| | 7 | 6.0 | 5.6 | 6.6 | -0.2 | 0.0 | 1.3 | 7.7 | 2.6 |
| | 8 | 6.1 | 4.0 | 6.8 | 1.9 | -0.6 | 0.4 | 7.6 | 2.8 |
| | 9 | 5.7 | 1.2 | 6.7 | 0.7 | -1.4 | 0.5 | 7.2 | 2.7 |
| | 10 | 5.6 | 0.4 | 6.7 | -0.3 | -0.5 | -1.6 | 6.6 | 3.6 |
| | 11 | 6.2 | 0.3 | 7.2 | 2.2 | 2.8 | -0.2 | 6.9 | 5.2 |
| | 12 | 5.9 | 1.4 | 7.0 | -0.8 | 2.6 | 0.7 | 7.1 | 3.5 |
| 2016 | 1 | — | — | — | — | — | — | — | — |
| | 2 | — | — | — | — | — | — | — | — |
| | 3 | 6.8 | 3.1 | 7.2 | 4.8 | 3.2 | 0.2 | 7.6 | 4.8 |
| | 4 | 6.0 | 0.1 | 6.9 | 1.9 | -0.1 | 1.6 | 7.1 | 2.6 |
| | 5 | 6.0 | -2.3 | 7.2 | 2.4 | -0.5 | 3.3 | 7.2 | 3.1 |
| | 6 | 6.2 | -2.4 | 7.2 | 4.0 | -0.1 | 3.6 | 7.4 | 3.6 |
| 2015 | 1～2 | 6.8 | 4.2 | 7.5 | 4.0 | 2.2 | 3.0 | 7.7 | 4.9 |
| | 1～3 | 6.4 | 3.2 | 7.2 | 2.3 | 1.7 | 2.4 | 7.4 | 4.3 |
| | 1～4 | 6.2 | 3.1 | 7.0 | 2.2 | 1.7 | 1.9 | 7.4 | 3.9 |
| | 1～5 | 6.2 | 3.3 | 6.9 | 2.2 | 1.8 | 1.7 | 7.4 | 3.7 |
| | 1～6 | 6.3 | 3.2 | 7.1 | 2.2 | 1.9 | 2.0 | 7.5 | 3.8 |
| | 1～7 | 6.3 | 3.6 | 7.0 | 1.8 | 1.6 | 1.9 | 7.5 | 3.6 |
| | 1～8 | 6.3 | 3.6 | 7.0 | 1.8 | 1.6 | 1.9 | 7.5 | 3.6 |
| | 1～9 | 6.2 | 3.3 | 7.0 | 1.7 | 1.3 | 1.7 | 7.5 | 3.5 |
| | 1～10 | 6.1 | 3.0 | 7.0 | 1.5 | 1.1 | 1.4 | 7.4 | 3.5 |
| | 1～11 | 6.1 | 2.8 | 7.0 | 1.6 | 1.3 | 1.3 | 7.3 | 3.7 |
| | 1～12 | 6.1 | 2.7 | 7.0 | 1.4 | 1.4 | 1.2 | 7.3 | 3.7 |
| 2016 | 1～2 | 5.4 | 1.5 | 6.0 | 1.5 | -2.0 | 3.7 | 6.9 | 2.4 |
| | 1～3 | 5.8 | 2.1 | 6.5 | 2.6 | -0.1 | 2.4 | 7.2 | 3.3 |
| | 1～4 | 5.8 | 1.6 | 6.6 | 2.5 | -0.1 | 2.2 | 7.2 | 3.1 |
| | 1～5 | 5.9 | 0.7 | 6.7 | 2.3 | -0.2 | 2.4 | 7.2 | 3.1 |
| | 1～6 | 6.0 | 0.1 | 6.9 | 2.6 | -0.2 | 2.6 | 7.2 | 3.2 |

注：1. 自2011年起，工业统计范围调整为年主营收入2 000万元及以上的工业企业。
2. 本表中“比上年同期增长”按可比价格计算。

Notes: 1. Since 2011, the statistical coverage of industry has been adjusted to industrial enterprises with the annual sales income from main business of RMB20 million and above.
2. The year-on-year changes in this table are calculated at comparable prices.

## 工业增加值增长速度及工业产品销售率
Growth rate of industrial value added and ratio of sales to output of industrial products

单位：% Unit: %

| 年/月 Year/Month | | 当月工业增加值同比增长 YOY growth of monthly industrial value added | 工业增加值月度累计同比增长 YOY growth of monthly accumulated industrial value added | 当月销售率 Monthly ratio of sales to output |
|---|---|---|---|---|
| 2014 | 7 | 9.0 | 8.8 | 97.9 |
| | 8 | 6.9 | 8.5 | 98.2 |
| | 9 | 8.0 | 8.5 | 98.0 |
| | 10 | 7.7 | 8.4 | 97.9 |
| | 11 | 7.2 | 8.3 | 97.6 |
| | 12 | 7.9 | 8.3 | 98.7 |
| 2015 | 1 | — | — | — |
| | 2 | — | 6.8 | — |
| | 3 | 5.6 | 6.4 | 97.1 |
| | 4 | 5.9 | 6.2 | 97.7 |
| | 5 | 6.1 | 6.2 | 97.5 |
| | 6 | 6.8 | 6.3 | 97.0 |
| | 7 | 6.0 | 6.3 | 97.7 |
| | 8 | 6.1 | 6.3 | 97.9 |
| | 9 | 5.7 | 6.2 | 98.0 |
| | 10 | 5.6 | 6.1 | 97.7 |
| | 11 | 6.2 | 6.1 | 97.4 |
| | 12 | 5.9 | 6.1 | 98.6 |
| 2016 | 1 | — | — | — |
| | 2 | — | 5.4 | — |
| | 3 | 6.8 | 5.8 | 97.1 |
| | 4 | 6.0 | 5.8 | 97.5 |
| | 5 | 6.0 | 5.9 | 97.3 |
| | 6 | 6.2 | 6.0 | 97.2 |

## 工业增加值增长速度及工业产品销售率
Growth rate of industrial value added and ratio of sales to output of industrial products

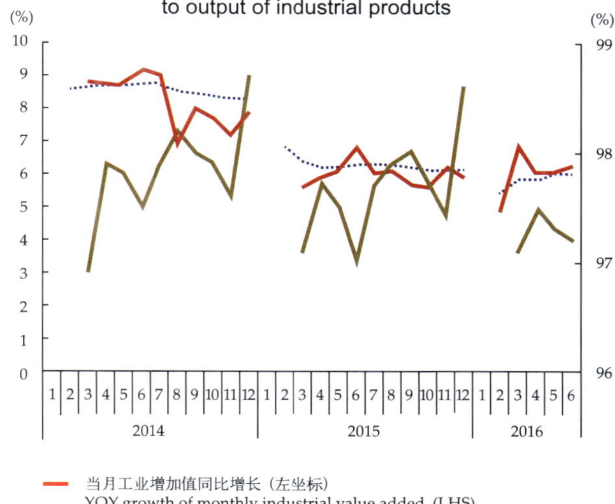

# 二、价格走势
# 2. Price Development

## 1.各种价格指数一览
## (1) Overview of price indices

各种价格指数变动表
Changes in price indices

单位：% Unit: %

| 年/月 Year/Month | 居民消费价格指数 Comsumer price indices | | | 农业生产资料价格指数 Price indices of mean of agricultural production | | 工业生产者购进价格指数 Purchasing price index for industrial producers | | 工业生产者出厂价格指数 Producer price index for manufactured goods | | 固定资产投资价格指数 Price indices of investment in fixed assets | | 进出口同比价格指数 Import-export price index (YOY) | | |
|---|---|---|---|---|---|---|---|---|---|---|---|---|---|---|
| | 月环比 MOM | 当月同比 YOY | 累计同比 Accu-mulated YOY | 当月同比 YOY | 累计同比 Accu-mulated YOY | 当月同比 YOY | 累计同比 Accu-mulated YOY | 当月同比 YOY | 累计同比 Accu-mulated YOY | 当季同比 YOY | 累计同比 Accu-mulated YOY | 出口 Exports | 进口 Imports | 贸易条件 Terms of trade |
| 2014 1 | 1.0 | 2.5 | 2.5 | -0.1 | -0.1 | -1.7 | -1.7 | -1.6 | -1.6 | | | -1.3 | -2.6 | 101.3 |
| 2 | 0.5 | 2.0 | 2.2 | -0.6 | -0.3 | -2.1 | -1.9 | -2.0 | -1.8 | | | -0.8 | -6.8 | 106.4 |
| 3 | -0.5 | 2.4 | 2.3 | -1.2 | -0.6 | -2.5 | -2.1 | -2.3 | -2.0 | 1.1 | 1.1 | -3.4 | -6.0 | 102.8 |
| 4 | -0.3 | 1.8 | 2.2 | -1.2 | -0.8 | -2.3 | -2.2 | -2.0 | -2.0 | | | -3.3 | -0.6 | 97.3 |
| 5 | 0.1 | 2.5 | 2.3 | -1.0 | -0.8 | -1.8 | -2.1 | -1.4 | -1.9 | | | -1.2 | 1.3 | 97.5 |
| 6 | -0.1 | 2.3 | 2.3 | -1.1 | -0.9 | -1.5 | -2.0 | -1.1 | -1.8 | 0.6 | 0.9 | -1.5 | -4.1 | 102.7 |
| 7 | 0.1 | 2.3 | 2.3 | -1.0 | -0.9 | -1.1 | -1.9 | -0.9 | -1.6 | | | -0.8 | -2.0 | 101.2 |
| 8 | 0.2 | 2.0 | 2.2 | -0.8 | -0.9 | -1.4 | -1.8 | -1.2 | -1.6 | | | 0.5 | -2.0 | 102.6 |
| 9 | 0.5 | 1.6 | 2.1 | -0.6 | -0.8 | -1.9 | -1.8 | -1.8 | -1.6 | 0.4 | 0.7 | 2.1 | -1.0 | 103.1 |
| 10 | 0.0 | 1.6 | 2.1 | -0.7 | -0.8 | -2.5 | -1.9 | -2.2 | -1.7 | | | 1.9 | -2.6 | 104.6 |
| 11 | -0.2 | 1.4 | 2.0 | -0.9 | -0.8 | -3.2 | -2.0 | -2.7 | -1.8 | | | -0.5 | -4.5 | 104.2 |
| 12 | 0.3 | 1.5 | 2.0 | -1.1 | -0.9 | -4.0 | -2.2 | -3.3 | -1.9 | -0.1 | 0.5 | 0.2 | -9.4 | 110.6 |
| 2015 1 | 0.3 | 0.8 | 0.8 | -1.2 | -1.2 | -5.2 | -5.2 | -4.3 | -4.3 | | | 0.4 | -9.6 | 111.1 |
| 2 | 1.2 | 1.4 | 1.1 | -1.2 | -1.2 | -5.9 | -5.5 | -4.8 | -4.6 | | | -3.3 | -9.3 | 106.6 |
| 3 | -0.5 | 1.4 | 1.2 | -0.4 | -0.9 | -5.7 | -5.6 | -4.6 | -4.6 | -0.9 | -0.9 | -0.3 | -10.5 | 111.4 |
| 4 | -0.2 | 1.5 | 1.3 | 0.3 | -0.6 | -5.5 | -5.6 | -4.6 | -4.6 | | | -1.5 | -12.8 | 113.0 |
| 5 | -0.2 | 1.2 | 1.3 | 0.6 | -0.4 | -5.5 | -5.5 | -4.6 | -4.6 | | | -2.3 | -12.8 | 112.0 |
| 6 | 0.0 | 1.4 | 1.3 | 0.9 | -0.1 | -5.6 | -5.5 | -4.8 | -4.6 | -1.2 | -1.0 | 0.5 | -9.3 | 110.8 |
| 7 | 0.3 | 1.6 | 1.3 | 1.2 | 0.0 | -6.1 | -5.6 | -5.4 | -4.7 | | | -0.7 | -11.3 | 112.0 |
| 8 | 0.5 | 2.0 | 1.4 | 1.1 | 0.2 | -6.6 | -5.7 | -5.9 | -4.9 | | | -3.5 | -15.0 | 113.5 |
| 9 | 0.1 | 1.6 | 1.4 | 0.9 | 0.3 | -6.8 | -5.9 | -5.9 | -5.0 | -2.3 | -1.5 | 1.1 | -13.4 | 116.7 |
| 10 | -0.3 | 1.3 | 1.4 | 0.8 | 0.3 | -6.9 | -6.0 | -5.9 | -5.1 | | | 1.3 | -10.2 | 112.8 |
| 11 | 0.0 | 1.5 | 1.4 | 0.7 | 0.3 | -6.9 | -6.0 | -5.9 | -5.2 | | | 1.0 | -12.0 | 114.8 |
| 12 | 0.5 | 1.6 | 1.4 | 0.7 | 0.4 | -6.8 | -6.1 | -5.9 | -5.2 | -2.9 | -1.8 | -2.9 | -12.4 | 110.8 |
| 2016 1 | 0.5 | 1.8 | 1.8 | 0.3 | 0.3 | -6.3 | -6.3 | -5.3 | -5.3 | | | -6.1 | -13.1 | 108.1 |
| 2 | 1.6 | 2.3 | 2.0 | 0.6 | 0.4 | -5.8 | -6.0 | -4.9 | -5.1 | | | -6.1 | -13.1 | 108.1 |
| 3 | -0.4 | 2.3 | 2.1 | 0.2 | 0.4 | -5.2 | -5.8 | -4.3 | -4.8 | -2.7 | -2.7 | -3.7 | -11.6 | 108.9 |
| 4 | -0.2 | 2.3 | 2.2 | 0.1 | 0.3 | -4.4 | -5.4 | -3.4 | -4.5 | | | -2.6 | -3.9 | 101.4 |
| 5 | -0.5 | 2.0 | 2.1 | 0.3 | 0.3 | -3.8 | -5.1 | -2.8 | -4.1 | | | -3.3 | -4.8 | 101.6 |
| 6 | -0.1 | 1.9 | 2.1 | 0.6 | 0.3 | -3.4 | -4.8 | -2.6 | -3.9 | -0.8 | -1.8 | -2.3 | -3.4 | 101.1 |

注：国家统计局从2011年1月开始实施新的工业生产者价格统计调查制度方法。将“工业品价格统计”改称为“工业生产者价格统计”，相应地将“原材料、燃料、动力购进价格指数”改称为“工业生产者购进价格指数”，将“工业品出厂价格指数”改称为“工业生产者出厂价格指数”。

Note: Since January 2011, NBS begins to conduct new statistical system and survey methods on PPI. "Prices statistics on industrial goods" is renamed to "prices statistics on industrial producers". Accordingly, "purchasing prices for raw material, fuels and power" is renamed to "purchasing price for industrial producers", "producer price index of industrial products" is renamed to "producer price index for manufactured goods".

### 居民消费价格月环比指数变动
Change in CPI (month-on-month)

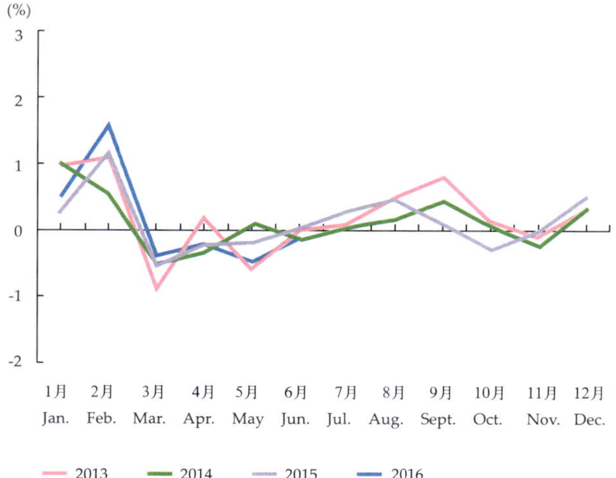


### 居民消费价格同比指数变动
Change in CPI (year-on-year)

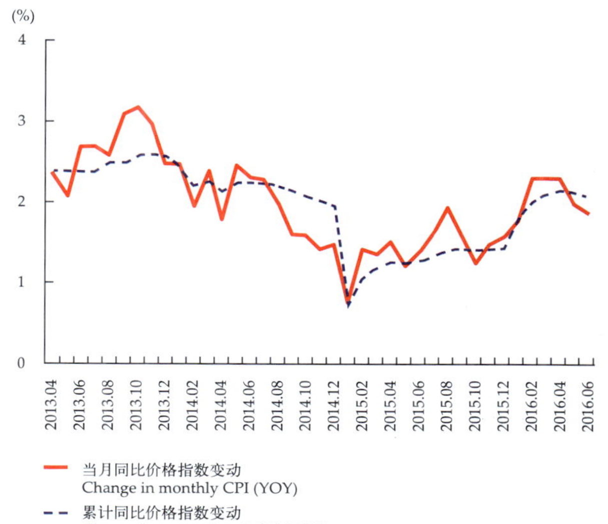


### 居民消费价格指数与生产价格指数的比较
Comparison between changes in CPI and PPI

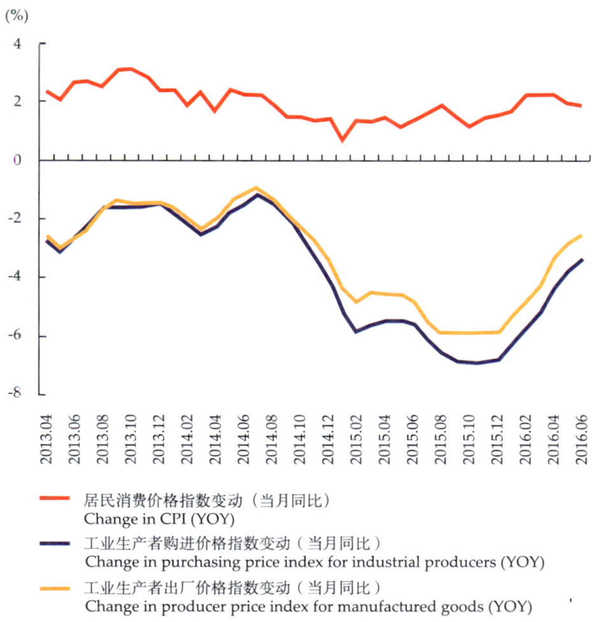


### 进出口价格指数和贸易条件
Import-export price index and terms of trade

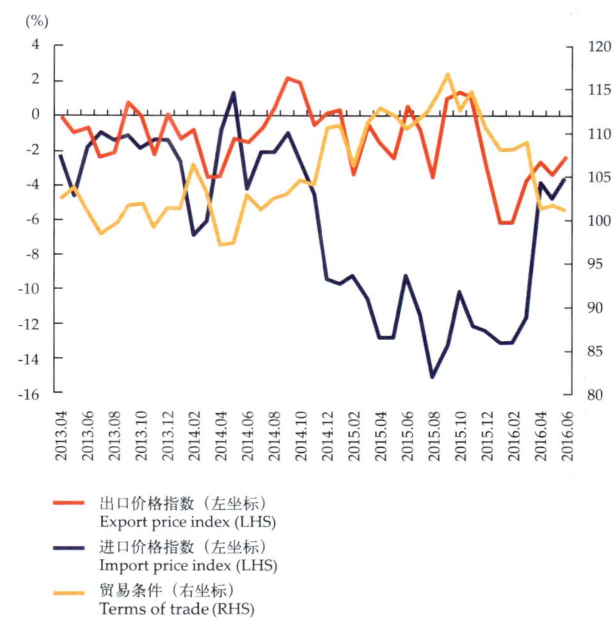

## 2.分类指数
## (2) Breakdown of indices

**居民消费价格当月同比分类指数变动**
Breakdown of changes in CPI (YOY)

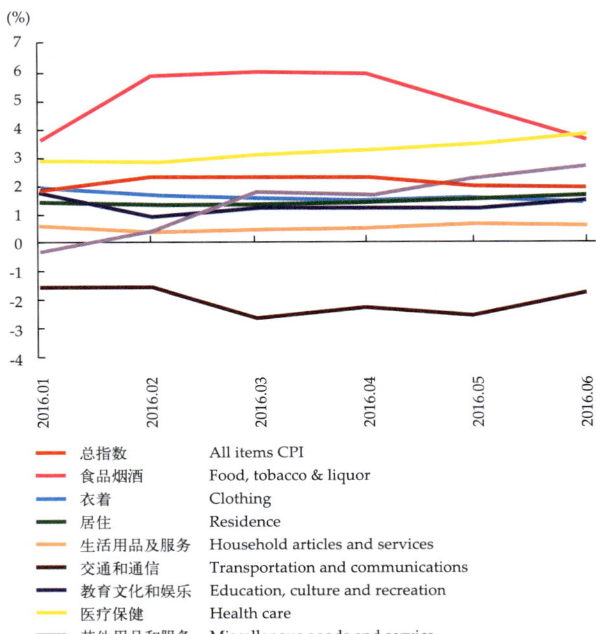


注：国家统计局于2016年1月调整了CPI构成，数据和以前年度不可比。

**工业生产者出厂价格当月同比指数变动按生产资料和生活资料分类**
Breakdown of changes in producer price index (PPI) for manufactured goods by means of production and means of consumer goods (YOY)

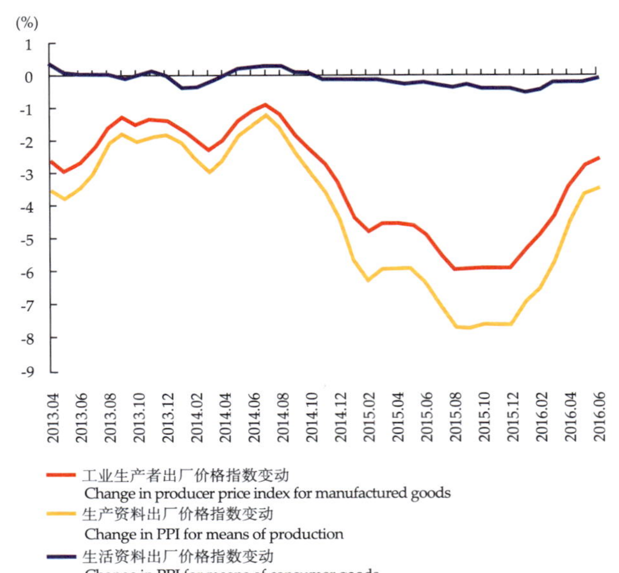


**生活资料出厂价格当月同比分类指数变动**
Breakdown of changes in PPI for means of consumer goods (YOY)

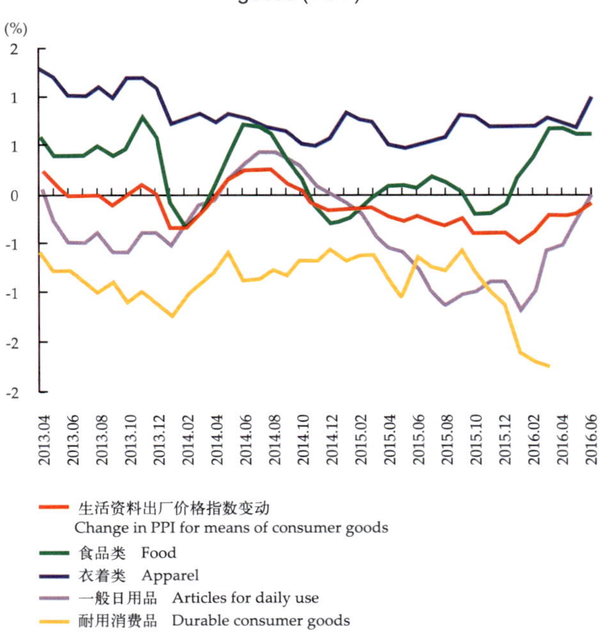


**生产资料出厂价格当月同比分类指数变动**
Breakdown of changes in PPI for means of production (YOY)

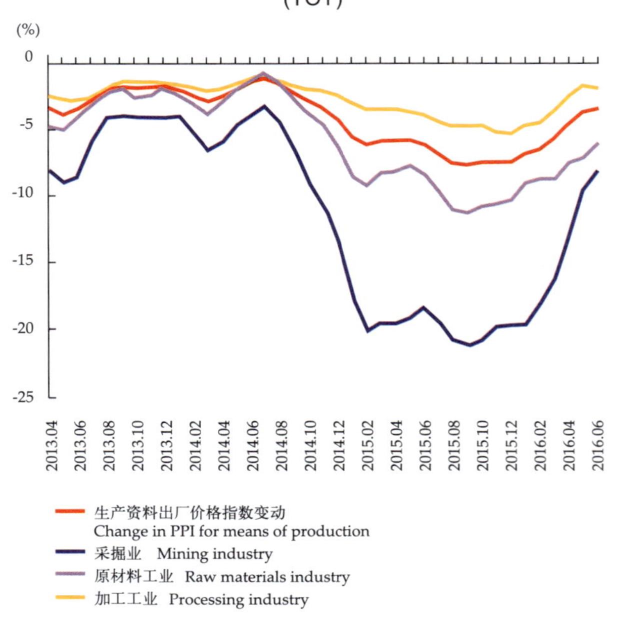

# 三、就业、失业与收入
# 3. Employment, Unemployment and Income

### 人口与就业基本情况
Population and employment

| 年 Year | 年底总人口（亿人） Population at the end of the year (100 million people) | 城镇 Urban | 比重(%) Share (%) | 乡村 Rural | 比重(%) Share (%) | 15~64岁人口数(亿人) Population between 15~64 years of age (100 million people) | 就业人员(亿人) Employment (100 million people) |
|---|---|---|---|---|---|---|---|
| 2000 | 12.7 | 4.6 | 36 | 8.1 | 64 | | 7.2 |
| 2001 | 12.8 | 4.8 | 38 | 8.0 | 62 | | 7.3 |
| 2002 | 12.8 | 5.0 | 39 | 7.8 | 61 | 9.0 | 7.3 |
| 2003 | 12.9 | 5.2 | 41 | 7.7 | 59 | 9.1 | 7.4 |
| 2004 | 13.0 | 5.4 | 42 | 7.6 | 58 | 9.2 | 7.4 |
| 2005 | 13.1 | 5.6 | 43 | 7.5 | 57 | 9.4 | 7.5 |
| 2006 | 13.1 | 5.8 | 44 | 7.3 | 56 | 9.5 | 7.5 |
| 2007 | 13.2 | 6.1 | 46 | 7.1 | 54 | 9.6 | 7.5 |
| 2008 | 13.3 | 6.2 | 47 | 7.0 | 53 | 9.7 | 7.6 |
| 2009 | 13.3 | 6.5 | 48 | 6.9 | 52 | 9.7 | 7.6 |
| 2010 | 13.4 | 6.7 | 50 | 6.7 | 50 | 10.0 | 7.6 |
| 2011 | 13.5 | 6.9 | 51 | 6.6 | 49 | 10.0 | 7.6 |
| 2012 | 13.5 | 7.1 | 53 | 6.4 | 47 | 10.0 | 7.7 |
| 2013 | 13.6 | 7.3 | 54 | 6.3 | 46 | 10.1 | 7.7 |
| 2014 | 13.7 | 7.5 | 55 | 6.2 | 45 | 10.0 | 7.7 |
| 2015 | 13.7 | 7.7 | 56 | 6.0 | 44 | 9.9 | 7.7 |

### 就业人员按城乡和产业分类
Employment in urban and rural areas and in industries

| 年 Year | 就业人员(亿人) Employment (100 million people) | 按城乡分 Urban & rural: 城镇 Urban | 比重(%) Share (%) | 乡村 Rural | 比重(%) Share (%) | 按产业分 Industries: 第一产业 Primary industry | 比重(%) Share (%) | 第二产业 Secondary industry | 比重(%) Share (%) | 第三产业 Tertiary industry | 比重(%) Share (%) |
|---|---|---|---|---|---|---|---|---|---|---|---|
| 2000 | 7.21 | 2.32 | 32.1 | 4.89 | 67.9 | 3.60 | 50.0 | 1.62 | 22.5 | 1.98 | 27.5 |
| 2001 | 7.28 | 2.41 | 33.1 | 4.87 | 66.9 | 3.64 | 50.0 | 1.62 | 22.3 | 2.02 | 27.7 |
| 2002 | 7.33 | 2.52 | 34.3 | 4.81 | 65.7 | 3.66 | 50.0 | 1.57 | 21.4 | 2.10 | 28.6 |
| 2003 | 7.37 | 2.62 | 35.6 | 4.75 | 64.4 | 3.62 | 49.1 | 1.59 | 21.6 | 2.16 | 29.3 |
| 2004 | 7.43 | 2.73 | 36.8 | 4.70 | 63.2 | 3.48 | 46.9 | 1.67 | 22.5 | 2.27 | 30.6 |
| 2005 | 7.46 | 2.84 | 38.0 | 4.63 | 62.0 | 3.34 | 44.8 | 1.78 | 23.8 | 2.34 | 31.4 |
| 2006 | 7.50 | 2.96 | 39.5 | 4.53 | 60.5 | 3.19 | 42.6 | 1.89 | 25.2 | 2.41 | 32.2 |
| 2007 | 7.53 | 3.10 | 41.1 | 4.44 | 58.9 | 3.07 | 40.8 | 2.02 | 26.8 | 2.44 | 32.4 |
| 2008 | 7.56 | 3.21 | 42.5 | 4.35 | 57.5 | 2.99 | 39.6 | 2.06 | 27.2 | 2.51 | 33.2 |
| 2009 | 7.58 | 3.33 | 43.9 | 4.25 | 56.1 | 2.89 | 38.1 | 2.11 | 27.8 | 2.59 | 34.1 |
| 2010 | 7.61 | 3.47 | 45.6 | 4.14 | 54.4 | 2.79 | 36.7 | 2.18 | 28.7 | 2.63 | 34.6 |
| 2011 | 7.64 | 3.59 | 47.0 | 4.05 | 53.0 | 2.66 | 34.8 | 2.25 | 29.5 | 2.73 | 35.7 |
| 2012 | 7.67 | 3.71 | 48.4 | 3.96 | 51.6 | 2.58 | 33.6 | 2.32 | 30.3 | 2.77 | 36.1 |
| 2013 | 7.70 | 3.82 | 49.7 | 3.87 | 50.3 | 2.42 | 31.4 | 2.32 | 30.1 | 2.96 | 38.5 |
| 2014 | 7.73 | 3.93 | 50.9 | 3.79 | 49.1 | 2.28 | 29.5 | 2.31 | 29.9 | 3.14 | 40.6 |
| 2015 | 7.75 | 4.04 | 52.2 | 3.70 | 47.8 | 2.19 | 28.3 | 2.27 | 29.3 | 3.28 | 42.4 |

### 居民人均可支配收入
Per capita disposable income

| 年/季度 Year/Quarter | 农村居民人均可支配收入 Per capita disposable income in rural area: 绝对值(元) Absolute value (RMB) | 同比实际增长(%) Growth in real terms (YOY) (%) | 城镇居民人均可支配收入 Per capita disposable income in urban area: 绝对值(元) Absolute value (RMB) | 同比实际增长(%) Growth in real terms (YOY) (%) |
|---|---|---|---|---|
| 2013 I | 2 653 | — | 7 203 | — |
| I~II | 4 528 | — | 13 247 | — |
| I~III | 6 775 | — | 19 845 | — |
| I~IV | 9 430 | — | 26 467 | — |
| 2014 I | 2 980 | 10.1 | 7 912 | 7.2 |
| I~II | 5 074 | 9.8 | 14 520 | 7.1 |
| I~III | 7 574 | 9.7 | 21 697 | 6.9 |
| I~IV | 10 489 | 9.2 | 28 844 | 6.8 |
| 2015 I | 3 279 | 8.9 | 8 572 | 7.0 |
| I~II | 5 554 | 8.3 | 15 699 | 6.7 |
| I~III | 8 297 | 8.1 | 23 512 | 6.8 |
| I~IV | 11 422 | 7.5 | 31 195 | 6.6 |
| 2016 I | 3 578 | 7.0 | 9 255 | 5.8 |
| I~II | 6 050 | 6.7 | 16 957 | 5.8 |

### 城镇失业人数和失业率
Unemployed urban population and unemployment rate

| 年/季度末 Year/End of quarter | 城镇登记失业人数(万人) Registered unemployment in urban areas (10 000 people) | 城镇登记失业率(%) Registered unemployment rate in urban areas(%) |
|---|---|---|
| 2013 I | 926 | 4.1 |
| II | 923 | 4.1 |
| III | 921 | 4.0 |
| IV | 926 | 4.1 |
| 2014 I | 940 | 4.1 |
| II | 949 | 4.1 |
| III | 947 | 4.1 |
| IV | 952 | 4.1 |
| 2015 I | 952 | 4.1 |
| II | 952 | 4.0 |
| III | 962 | 4.1 |
| IV | 966 | 4.1 |
| 2016 I | 972 | 4.0 |
| II | 978 | 4.1 |

# 四、国内需求
# 4. Domestic Demand

## 1.按支出法计算的国内生产总值
## (1) Expenditure-based GDP

### 按支出法计算的国内生产总值及其构成
### Expenditure-based GDP and its composition

| 年 Year | 按支出法计算的国内生产总值 Expenditure-based GDP | 最终消费 Final consumption | 居民消费 Household consumption | 城镇居民 Urban | 农村居民 Rural | 政府消费 Government consumption | 资本形成总额 Total capital formation | 固定资本形成 Fixed capital formation | 存货增加 Increased inventory | 货物和服务净出口 Net exports of goods and services |
|---|---|---|---|---|---|---|---|---|---|---|
| | 绝对值(亿元) Absolute value (RMB100 million) | | | | | | | | | |
| 2001 | 110 657 | 68 617 | 50 709 | 34 411 | 16 298 | 17 908 | 39 716 | 37 401 | 2 315 | 2 325 |
| 2002 | 121 577 | 74 172 | 55 076 | 38 060 | 17 017 | 19 095 | 44 311 | 42 978 | 1 333 | 3 094 |
| 2003 | 137 457 | 79 642 | 59 344 | 41 569 | 17 775 | 20 298 | 54 851 | 52 979 | 1 872 | 2 965 |
| 2004 | 161 616 | 89 225 | 66 587 | 47 354 | 19 233 | 22 638 | 68 156 | 64 405 | 3 751 | 4 236 |
| 2005 | 187 767 | 101 604 | 75 232 | 54 320 | 20 912 | 26 372 | 75 954 | 74 230 | 1 724 | 10 209 |
| 2006 | 219 425 | 114 895 | 84 119 | 61 480 | 22 640 | 30 776 | 87 875 | 85 275 | 2 600 | 16 655 |
| 2007 | 269 486 | 136 439 | 99 793 | 74 205 | 25 589 | 36 645 | 109 625 | 102 630 | 6 995 | 23 423 |
| 2008 | 317 172 | 157 746 | 115 338 | 86 498 | 28 841 | 42 408 | 135 199 | 124 958 | 10 241 | 24 227 |
| 2009 | 346 431 | 173 093 | 126 661 | 95 995 | 30 666 | 46 432 | 158 301 | 152 918 | 5 383 | 15 037 |
| 2010 | 406 581 | 199 508 | 146 058 | 112 447 | 33 610 | 53 451 | 192 015 | 181 190 | 10 826 | 15 057 |
| 2011 | 480 861 | 241 579 | 176 532 | 135 457 | 41 075 | 65 047 | 227 593 | 213 937 | 13 656 | 11 688 |
| 2012 | 534 745 | 271 719 | 198 537 | 153 314 | 45 223 | 73 182 | 248 390 | 237 751 | 10 639 | 14 636 |
| 2013 | 589 737 | 301 008 | 219 763 | 170 330 | 49 432 | 81 246 | 274 177 | 263 028 | 11 149 | 14 552 |
| 2014 | 640 697 | 329 451 | 242 927 | 188 353 | 54 574 | 86 523 | 293 783 | 281 639 | 12 144 | 17 463 |
| 2015 | 687 502 | 360 283 | 264 758 | 195 251 | 69 507 | 95 525 | 303 506 | 292 397 | 11 110 | 23 713 |
| | 构成(%) Composition (%) | | | | | | | | | |
| 2001 | 100 | 62.0 | 45.8 | 31.1 | 14.7 | 16.2 | 35.9 | 33.8 | 2.1 | 2.1 |
| 2002 | 100 | 61.0 | 45.3 | 31.3 | 14.0 | 15.7 | 36.4 | 35.4 | 1.1 | 2.5 |
| 2003 | 100 | 57.9 | 43.2 | 30.2 | 12.9 | 14.8 | 39.9 | 38.5 | 1.4 | 2.2 |
| 2004 | 100 | 55.2 | 41.2 | 29.3 | 11.9 | 14.0 | 42.2 | 39.9 | 2.3 | 2.6 |
| 2005 | 100 | 54.1 | 40.1 | 28.9 | 11.1 | 14.0 | 40.5 | 39.5 | 0.9 | 5.4 |
| 2006 | 100 | 52.4 | 38.3 | 28.0 | 10.3 | 14.0 | 40.0 | 38.9 | 1.2 | 7.6 |
| 2007 | 100 | 50.6 | 37.0 | 27.5 | 9.5 | 13.6 | 40.7 | 38.1 | 2.6 | 8.7 |
| 2008 | 100 | 49.7 | 36.4 | 27.3 | 9.1 | 13.4 | 42.6 | 39.4 | 3.2 | 7.6 |
| 2009 | 100 | 50.0 | 36.6 | 27.7 | 8.9 | 13.4 | 45.7 | 44.1 | 1.6 | 4.3 |
| 2010 | 100 | 49.1 | 35.9 | 27.7 | 8.3 | 13.1 | 47.2 | 44.6 | 2.7 | 3.7 |
| 2011 | 100 | 50.2 | 36.7 | 28.2 | 8.5 | 13.5 | 47.3 | 44.5 | 2.8 | 2.4 |
| 2012 | 100 | 50.8 | 37.1 | 28.7 | 8.5 | 13.7 | 46.5 | 44.5 | 2.0 | 2.7 |
| 2013 | 100 | 51.0 | 37.3 | 28.9 | 8.4 | 13.8 | 46.5 | 44.6 | 1.9 | 2.5 |
| 2014 | 100 | 51.4 | 37.9 | 29.4 | 8.5 | 13.5 | 45.9 | 44.0 | 1.9 | 2.7 |
| 2015 | 100 | 52.4 | 38.5 | 28.4 | 10.1 | 13.9 | 44.1 | 42.5 | 1.6 | 3.4 |

注：表中数据根据国家统计局最新数据修订。
Note: Data are revised by National Bureau of Statistics of China.

### 按支出法计算的国内生产总值构成变化
### Changes in the composition of GDP (based on expenditures)

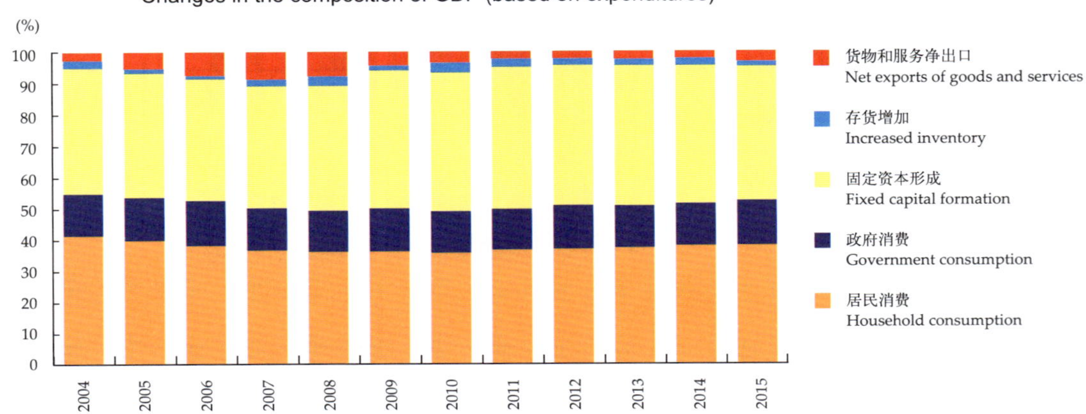

## 投资率和消费率
### Investment ratio and consumption ratio

单位：% Unit: %

| 年 Year | 资本形成率(投资率) Capital formation ratio (investment ratio) | 最终消费率(消费率) Final consumption ratio (consumption ratio) |
|---|---|---|
| 1986 | 37.7 | 64.8 |
| 1987 | 37.3 | 62.6 |
| 1988 | 39.1 | 61.8 |
| 1989 | 37.1 | 63.9 |
| 1990 | 34.0 | 63.3 |
| 1991 | 35.3 | 61.9 |
| 1992 | 39.3 | 59.7 |
| 1993 | 43.6 | 58.3 |
| 1994 | 40.5 | 58.2 |
| 1995 | 39.3 | 59.1 |
| 1996 | 38.0 | 60.0 |
| 1997 | 35.9 | 59.6 |
| 1998 | 35.3 | 60.5 |
| 1999 | 34.5 | 62.7 |
| 2000 | 33.9 | 63.7 |
| 2001 | 35.9 | 62.0 |
| 2002 | 36.4 | 61.0 |
| 2003 | 39.9 | 57.9 |
| 2004 | 42.2 | 55.2 |
| 2005 | 40.5 | 54.1 |
| 2006 | 40.0 | 52.4 |
| 2007 | 40.7 | 50.6 |
| 2008 | 42.6 | 49.7 |
| 2009 | 45.7 | 50.0 |
| 2010 | 47.2 | 49.1 |
| 2011 | 47.3 | 50.2 |
| 2012 | 46.5 | 50.8 |
| 2013 | 46.5 | 51.0 |
| 2014 | 45.9 | 51.4 |
| 2015 | 44.1 | 52.4 |

注：表中数据根据国家统计局最新数据修订。
Note: Data are revised by National Bureau of Statistics of China.

## 生产法现价GDP与支出法现价GDP及其增长率比较
### Comparison between production-based GDP and expenditure-based GDP at current price

| 年 Year | (1)生产法GDP Production-based GDP | | (2)支出法GDP Expenditure-based GDP | | (1)−(2) | |
|---|---|---|---|---|---|---|
| | 绝对量(亿元) Absolute value (RMB100 million) | 现价增速(%) Growth rate at current price(%) | 绝对量(亿元) Absolute value (RMB100 million) | 现价增速(%) Growth rate at current price(%) | 绝对量(亿元) Absolute value (RMB100 million) | 现价增速(%) Growth rate at current price(%) |
| 1991 | 22 006 | 16.6 | 22 124 | 16.0 | -119 | 0.56 |
| 1992 | 27 195 | 23.6 | 27 334 | 23.5 | -140 | 0.03 |
| 1993 | 35 673 | 31.2 | 35 900 | 31.3 | -227 | -0.16 |
| 1994 | 48 638 | 36.3 | 48 823 | 36.0 | -185 | 0.35 |
| 1995 | 61 340 | 26.1 | 61 539 | 26.0 | -199 | 0.07 |
| 1996 | 71 814 | 17.1 | 72 103 | 17.2 | -289 | -0.09 |
| 1997 | 79 715 | 11.0 | 80 025 | 11.0 | -310 | 0.02 |
| 1998 | 85 196 | 6.9 | 85 486 | 6.8 | -291 | 0.05 |
| 1999 | 90 564 | 6.3 | 90 824 | 6.2 | -259 | 0.06 |
| 2000 | 100 280 | 10.7 | 100 577 | 10.7 | -297 | -0.01 |
| 2001 | 110 863 | 10.6 | 111 250 | 10.6 | -387 | -0.06 |
| 2002 | 121 717 | 9.8 | 122 292 | 9.9 | -575 | -0.13 |
| 2003 | 137 422 | 12.9 | 138 315 | 13.1 | -893 | -0.20 |
| 2004 | 161 840 | 17.8 | 162 742 | 17.7 | -902 | 0.11 |
| 2005 | 187 319 | 15.7 | 189 190 | 16.3 | -1 872 | -0.51 |
| 2006 | 219 439 | 17.1 | 221 207 | 16.9 | -1 768 | 0.22 |
| 2007 | 270 232 | 23.1 | 271 699 | 22.8 | -1 467 | 0.32 |
| 2008 | 319 516 | 18.2 | 319 936 | 17.8 | -420 | 0.48 |
| 2009 | 349 081 | 9.3 | 349 883 | 9.4 | -802 | -0.11 |
| 2010 | 413 030 | 18.3 | 410 708 | 17.4 | 2 322 | 0.93 |
| 2011 | 489 301 | 18.5 | 486 038 | 18.3 | 3 263 | 0.12 |
| 2012 | 540 367 | 10.4 | 540 989 | 11.3 | -622 | -0.87 |
| 2013 | 595 244 | 10.2 | 596 963 | 10.3 | -1 719 | -0.19 |
| 2014 | 643 974 | 8.2 | 648 493 | 8.6 | -4 519 | -0.45 |
| 2015 | 685 506 | 6.4 | 687 502 | 6.0 | -1 996 | 0.43 |

注：表中数据根据国家统计局最新数据修订。
Note: Data are revised by National Bureau of Statistics of China.

## 投资率和消费率
### Investment ratio and consumption ratio

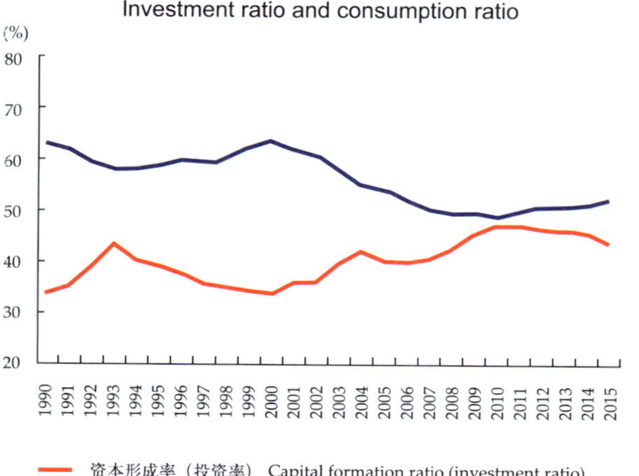


资本形成率（投资率） Capital formation ratio (investment ratio)
最终消费率（消费率） Final consumption ratio (consumption ratio)

## 生产法现价GDP与支出法现价GDP增速比较
### Comparison of growth rate at current prices between production-based GDP and expenditure-based GDP

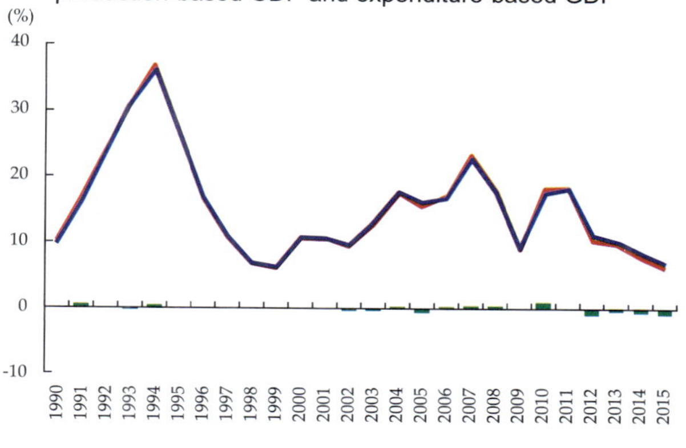


生产法现价GDP增速−支出法现价GDP增速 Gap between the two growth rates
生产法现价GDP增速 Growth rate of production-based GDP at current prices
支出法现价GDP增速 Growth rate of expenditure-based GDP at current prices

## 2.社会消费品零售额

## (2) Retail sales of consumer goods

### 社会消费品零售总额
### Retail sales of consumer goods

单位：亿元
Unit: RMB100 million

| 年/月 Year/Month | 当月社会消费品零售总额 Monthly retail sales of consumer goods | 当月同比增长率(%) Monthly growth rate (YOY)(%) | 社会消费品零售总额累计 Accumulative retail sales of consumer goods | 累计同比增长率(%) Accumulative growth rate (YOY)(%) |
|---|---|---|---|---|
| 2014.01 | — | — | — | — |
| 2014.02 | — | — | 42 281 | 11.8 |
| 2014.03 | 19 801 | 12.2 | 62 081 | 12.0 |
| 2014.04 | 19 701 | 11.9 | 81 782 | 12.0 |
| 2014.05 | 21 250 | 12.5 | 103 032 | 12.1 |
| 2014.06 | 21 166 | 12.4 | 124 199 | 12.1 |
| 2014.07 | 20 776 | 12.2 | 144 974 | 12.1 |
| 2014.08 | 21 134 | 11.9 | 166 108 | 12.1 |
| 2014.09 | 23 042 | 11.6 | 189 151 | 12.0 |
| 2014.10 | 23 967 | 11.5 | 213 118 | 12.0 |
| 2014.11 | 23 475 | 11.7 | 236 593 | 12.0 |
| 2014.12 | 25 801 | 11.9 | 271 896 | 12.0 |
| 2015.01 | — | — | — | — |
| 2015.02 | — | — | 47 993 | 10.7 |
| 2015.03 | 22 723 | 10.2 | 70 715 | 10.6 |
| 2015.04 | 22 387 | 10.0 | 93 102 | 10.4 |
| 2015.05 | 24 195 | 10.1 | 117 297 | 10.4 |
| 2015.06 | 24 280 | 10.6 | 141 577 | 10.4 |
| 2015.07 | 24 339 | 10.5 | 165 916 | 10.4 |
| 2015.08 | 24 893 | 10.8 | 190 809 | 10.5 |
| 2015.09 | 25 271 | 10.9 | 216 080 | 10.5 |
| 2015.10 | 28 279 | 11.0 | 244 359 | 10.6 |
| 2015.11 | 27 937 | 11.2 | 272 296 | 10.6 |
| 2015.12 | 28 635 | 11.1 | 300 931 | 10.7 |
| 2016.01 | — | — | — | — |
| 2016.02 | — | — | 52 910 | 10.2 |
| 2016.03 | 25 114 | 10.5 | 78 024 | 10.3 |
| 2016.04 | 24 646 | 10.1 | 102 670 | 10.3 |
| 2016.05 | 26 611 | 10.0 | 129 281 | 10.2 |
| 2016.06 | 26 857 | 10.6 | 156 138 | 10.3 |

注：为消除春节日期不固定因素带来的影响，增强数据的可比性，按照国家统计制度，历年1～2月数据一起调查、一起发布。
Note: In order to eliminate the impact of the different date of "Spring Festival" of each year,and enhance the comparability of data, in accordance with the national statistical system,the data in January and February was investigated and released together.

### 社会消费品零售总额与最终消费增长率的比较
### Comparison of growth rate at current prices between retail sales of consumer goods and final consumption expenditure

单位：万亿元
Unit: RMB1 trillion

| 年 Year | 社会消费品零售总额 Retail sales of consumer goods | 最终消费 Final consumption | 社会消费品零售总额现价增长率(%) Growth rate at current prices of retail sales of consumer goods(%) | 最终消费现价增长率(%) Growth rate at current prices of final consumption expenditure(%) |
|---|---|---|---|---|
| 1991 | 0.94 | 1.36 | 13.4 | 13.5 |
| 1992 | 1.10 | 1.62 | 16.8 | 19.2 |
| 1993 | 1.43 | 2.08 | 29.8 | 28.2 |
| 1994 | 1.86 | 2.83 | 30.5 | 35.9 |
| 1995 | 2.36 | 3.62 | 26.8 | 28.0 |
| 1996 | 2.84 | 4.31 | 20.1 | 19.0 |
| 1997 | 3.13 | 4.76 | 10.2 | 10.3 |
| 1998 | 3.34 | 5.15 | 6.8 | 8.3 |
| 1999 | 3.56 | 5.67 | 6.8 | 10.0 |
| 2000 | 3.91 | 6.37 | 9.7 | 12.4 |
| 2001 | 4.31 | 6.86 | 10.1 | 7.7 |
| 2002 | 4.81 | 7.42 | 11.8 | 8.1 |
| 2003 | 5.25 | 7.96 | 9.1 | 7.4 |
| 2004 | 5.95 | 8.92 | 13.3 | 12.0 |
| 2005 | 6.84 | 10.16 | 14.9 | 13.9 |
| 2006 | 7.91 | 11.49 | 15.8 | 13.1 |
| 2007 | 9.36 | 13.64 | 18.2 | 18.8 |
| 2008 | 11.48 | 15.77 | 22.7 | 15.6 |
| 2009 | 13.27 | 17.31 | 15.5 | 9.7 |
| 2010 | 15.70 | 19.95 | 18.3 | 15.3 |
| 2011 | 18.39 | 24.16 | 17.1 | 21.1 |
| 2012 | 21.03 | 27.17 | 14.3 | 12.5 |
| 2013 | 24.28 | 30.10 | 15.5 | 10.8 |
| 2014 | 27.19 | 32.95 | 12.0 | 9.4 |
| 2015 | 30.09 | 36.03 | 10.7 | 9.5 |

注：表中数据根据国家统计局最新数据修订。
Note: Data are revised by National Bureau of Statistics of China.

### 累计社会消费品零售总额及其增长率
### Accumulative retail sales and growth rates of consumer goods

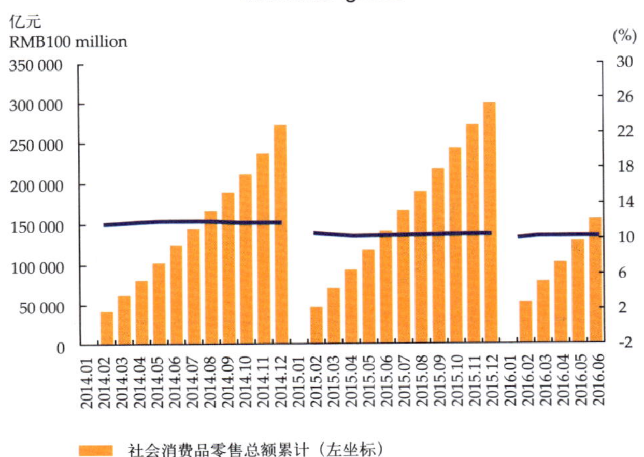


### 社会消费品零售总额及最终消费增长趋势
### Growth trend of retail sales of consumer goods and final consumption expenditure

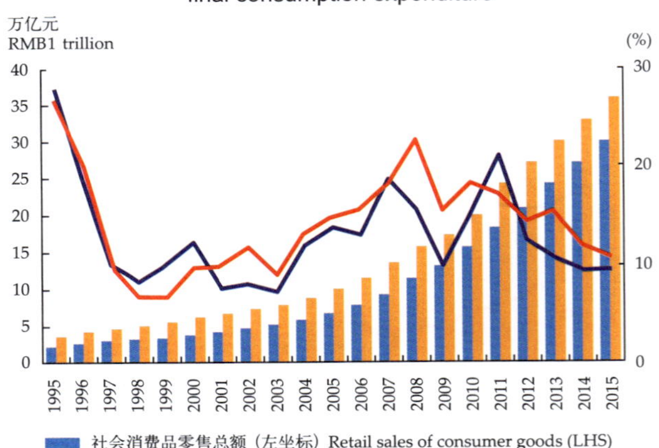

## 3.固定资产投资完成额
## (3) Completed fixed-asset investment

### 固定资产投资（不含农户）完成额
### Completed investment in fixed assets (excluding rural households)

单位：亿元
Unit: RMB100 million

| 年/月 Year/Month | | 投资完成额 Investment completed | 增长率(%) Growth rate (%) |
|---|---|---|---|
| 2014 | 1~2 | 30 283.0 | 17.9 |
| | 1~3 | 68 321.7 | 17.6 |
| | 1~4 | 107 077.8 | 17.3 |
| | 1~5 | 153 716.5 | 17.2 |
| | 1~6 | 212 770.4 | 17.3 |
| | 1~7 | 259 492.9 | 17.0 |
| | 1~8 | 305 786.5 | 16.5 |
| | 1~9 | 357 787.2 | 16.1 |
| | 1~10 | 406 160.6 | 15.9 |
| | 1~11 | 451 067.6 | 15.8 |
| | 1~12 | 502 004.9 | 15.7 |
| 2015 | 1~2 | 34 477.4 | 13.9 |
| | 1~3 | 77 511.3 | 13.5 |
| | 1~4 | 119 978.5 | 12.0 |
| | 1~5 | 171 245.4 | 11.4 |
| | 1~6 | 237 131.9 | 11.4 |
| | 1~7 | 288 468.5 | 11.2 |
| | 1~8 | 338 977.4 | 10.9 |
| | 1~9 | 394 531.0 | 10.3 |
| | 1~10 | 447 424.9 | 10.2 |
| | 1~11 | 497 182.2 | 10.2 |
| | 1~12 | 551 590.0 | 10.0 |
| 2016 | 1~2 | 38 007.8 | 10.2 |
| | 1~3 | 85 842.8 | 10.7 |
| | 1~4 | 132 592.0 | 10.5 |
| | 1~5 | 187 671.0 | 9.6 |
| | 1~6 | 258 360.0 | 9.0 |

注：自2011年起，投资项目统计起点标准由原来的50万元调整为500万元，"固定资产投资（不含农户）"等于原口径的城镇固定资产投资加上农村企事业组织项目投资。
Notes: Since 2011, investment indicators are calculated using new threshold criteria of RMB5 million instead of RMB500 thousand in the past. "Investment in fixed assets (excluding rural households)" equals to "investment in fixed assets in urban area" under the old criteria plus "investment of rural enterprises and institutions".

### 固定资产投资完成额和固定资本形成总额的比较
### Comparison of completed fixed-asset investment and gross capital formation

单位：万亿元
Unit: RMB1 trillion

| 年 Year | 全社会固定资产投资完成额 Total completed fixed-asset investment | 固定资本形成总额 Gross capital formation | 全社会固定资产投资现价增长率(%) Growth rate of total fixed-asset investment at current prices(%) | 固定资本形成总额现价增长率(%) Growth rate of gross capital formation at current prices(%) |
|---|---|---|---|---|
| 1992 | 0.81 | 0.83 | 44.4 | 46.6 |
| 1993 | 1.31 | 1.34 | 61.8 | 61.1 |
| 1994 | 1.70 | 1.70 | 30.4 | 26.7 |
| 1995 | 2.00 | 2.01 | 17.5 | 18.5 |
| 1996 | 2.29 | 2.30 | 14.5 | 14.6 |
| 1997 | 2.49 | 2.50 | 8.8 | 8.6 |
| 1998 | 2.84 | 2.84 | 13.9 | 13.4 |
| 1999 | 2.99 | 2.98 | 5.1 | 5.0 |
| 2000 | 3.29 | 3.30 | 10.3 | 10.6 |
| 2001 | 3.72 | 3.74 | 13.1 | 13.5 |
| 2002 | 4.35 | 4.30 | 16.9 | 14.9 |
| 2003 | 5.56 | 5.30 | 27.7 | 23.3 |
| 2004 | 7.05 | 6.44 | 26.8 | 21.6 |
| 2005 | 8.88 | 7.42 | 26.0 | 15.3 |
| 2006 | 11.00 | 8.53 | 23.9 | 14.9 |
| 2007 | 13.73 | 10.26 | 24.8 | 20.4 |
| 2008 | 17.28 | 12.50 | 25.9 | 21.8 |
| 2009 | 22.46 | 15.29 | 30.0 | 22.4 |
| 2010 | 25.17 | 18.12 | 12.1 | 18.5 |
| 2011 | 31.15 | 21.39 | 23.8 | 18.1 |
| 2012 | 37.47 | 23.78 | 20.3 | 11.1 |
| 2013 | 44.63 | 26.30 | 19.1 | 10.6 |
| 2014 | 51.20 | 28.16 | 14.7 | 7.1 |
| 2015 | 56.20 | 29.24 | 9.8 | 3.8 |

注：表中数据根据国家统计局最新数据修订。
Note: Data are revised by National Bureau of Statistics of China.

### 固定资产投资（不含农户）完成额
### Completed investment in fixed assets (excluding rural households)

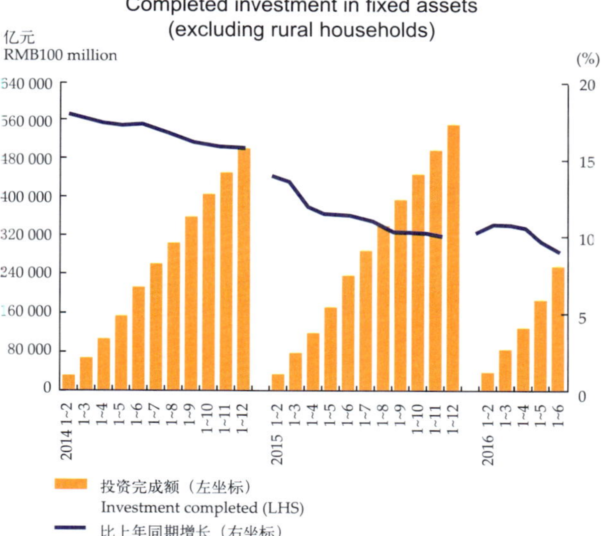


### 固定资产投资完成额和固定资本形成总额
### Completed fixed-asset investment and gross capital formation

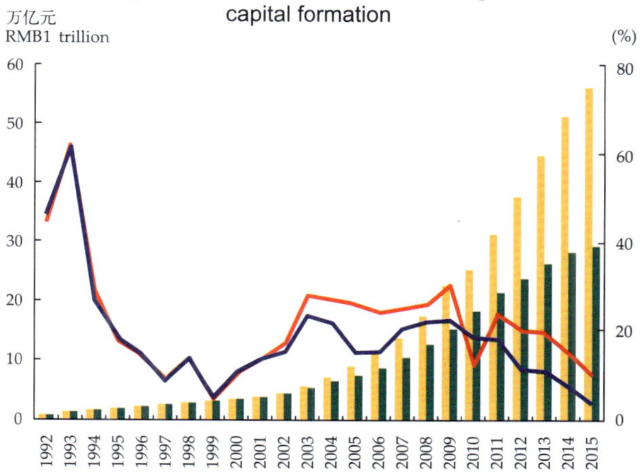

## 按建设性质分固定资产投资（不含农户）累计完成额及增长率

Completed investment in fixed assets (excluding rural households) and growth rate by type of construction

| 年/月 Year/Month | 绝对值(亿元) Absolute value (RMB100 million) | | | 增长率(%) Growth rate (%) | | |
|---|---|---|---|---|---|---|
| | 新建 New construction | 扩建 Expansion | 改建 Transformation | 新建 New construction | 扩建 Expansion | 改建 Transformation |
| 2014 1~2 | 14 361.0 | 3 393.9 | 3 633.5 | 17.8 | 16.5 | 21.4 |
| 1~3 | 33 810.4 | 8 083.7 | 8 836.4 | 20.0 | 15.2 | 16.7 |
| 1~4 | 54 381.7 | 12 762.4 | 13 935.2 | 20.4 | 10.6 | 16.3 |
| 1~5 | 79 119.6 | 18 317.9 | 20 120.4 | 20.3 | 10.3 | 18.0 |
| 1~6 | 110 118.3 | 25 106.5 | 27 812.1 | 21.0 | 10.7 | 16.8 |
| 1~7 | 134 257.8 | 31 194.3 | 34 142.2 | 20.2 | 12.1 | 16.0 |
| 1~8 | 158 385.9 | 36 719.1 | 40 296.7 | 19.8 | 10.5 | 15.1 |
| 1~9 | 186 107.4 | 42 756.9 | 46 976.2 | 19.9 | 9.7 | 14.2 |
| 1~10 | 210 870.7 | 48 593.6 | 54 048.3 | 19.5 | 9.2 | 14.5 |
| 1~11 | 232 460.7 | 53 816.3 | 60 821.1 | 19.3 | 9.8 | 14.3 |
| 1~12 | 256 425.1 | 60 224.1 | 69 164.5 | 18.7 | 12.0 | 11.5 |
| 2015 1~2 | 16 509.1 | 4 018.9 | 4 125.8 | 15.0 | 18.4 | 13.5 |
| 1~3 | 38 420.7 | 9 391.7 | 10 293.9 | 13.6 | 16.2 | 16.5 |
| 1~4 | 60 978.6 | 14 883.0 | 16 164.1 | 12.1 | 16.6 | 16.0 |
| 1~5 | 88 238.9 | 21 069.3 | 23 410.4 | 11.5 | 15.0 | 16.4 |
| 1~6 | 122 724.1 | 28 590.1 | 32 748.8 | 11.4 | 13.9 | 17.8 |
| 1~7 | 149 126.3 | 35 020.0 | 40 375.3 | 11.1 | 12.3 | 18.3 |
| 1~8 | 175 884.9 | 41 044.4 | 47 643.5 | 11.0 | 11.8 | 18.2 |
| 1~9 | 205 175.5 | 47 484.0 | 55 712.1 | 10.2 | 11.1 | 18.6 |
| 1~10 | 232 238.7 | 54 267.9 | 64 135.1 | 10.1 | 11.7 | 18.7 |
| 1~11 | 257 213.7 | 60 334.3 | 71 821.9 | 10.6 | 12.1 | 18.1 |
| 1~12 | 284 980.1 | 67 268.8 | 80 583.0 | 11.4 | 11.4 | 13.4 |
| 2016 1~2 | 19 225.6 | 3 947.0 | 4 583.9 | 16.5 | -1.8 | 11.1 |
| 1~3 | 44 455.8 | 9 561.0 | 11 331.0 | 15.7 | 1.8 | 10.1 |
| 1~4 | 69 917.3 | 15 024.8 | 17 957.5 | 14.7 | 1.0 | 11.1 |
| 1~5 | 99 886.4 | 21 616.4 | 25 486.5 | 13.2 | 2.6 | 8.9 |
| 1~6 | 138 324.3 | 29 653.7 | 35 033.4 | 12.7 | 3.7 | 7.0 |

注：按建设性质分组的投资不含房地产投资。
Note: Investment grouped by type of construction does not include real estate investment.

### 按建筑性质分固定资产投资（不含农户）完成额构成变化

Completed investment in fixed assets (excluding rural households) by type of construction

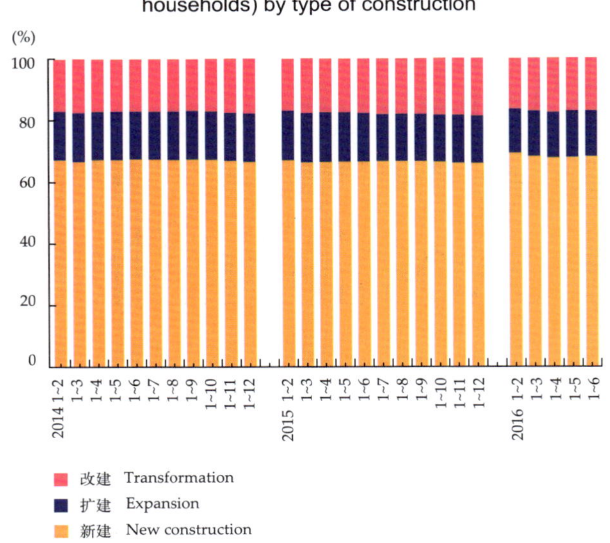


### 按建筑性质分固定资产投资（不含农户）完成额增长趋势

Growth of monthly accumulated completed investment in fixed assets (excluding rural households) by type of construction

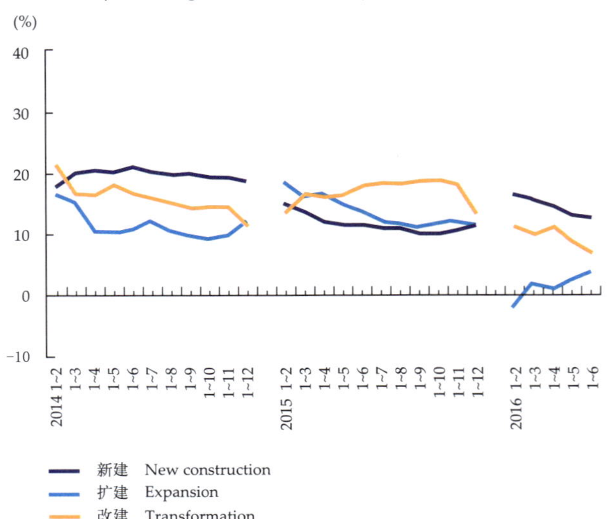

## 按隶属关系分固定资产投资（不含农户）累计完成额及增长率

Composition of monthly accumulated completed investment in fixed assets (excluding rural households) and growth rate by administrative relationship

| 年/月 Year/Month | 绝对值(亿元) Absolute value (RMB100 million) | | 增长率(%) Growth rate (%) | |
|---|---|---|---|---|
| | 中央项目 Central government projects | 地方项目 Local government projects | 中央项目 Central government projects | 地方项目 Local government projects |
| 2014 1~2 | 1 489 | 28 794 | 11.9 | 18.3 |
| 1~3 | 2 989 | 65 332 | 11.3 | 17.9 |
| 1~4 | 4 623 | 102 454 | 5.7 | 17.8 |
| 1~5 | 6 641 | 147 076 | 8.7 | 17.6 |
| 1~6 | 9 554 | 203 217 | 14.6 | 17.5 |
| 1~7 | 11 689 | 247 804 | 10.8 | 17.3 |
| 1~8 | 14 054 | 291 732 | 11.3 | 16.7 |
| 1~9 | 16 773 | 341 014 | 12.2 | 16.2 |
| 1~10 | 19 406 | 386 755 | 10.4 | 16.2 |
| 1~11 | 22 054 | 429 013 | 7.3 | 16.2 |
| 1~12 | 25 371 | 476 634 | 10.8 | 15.9 |
| 2015 1~2 | 1 579 | 32 899 | 6.0 | 14.3 |
| 1~3 | 3 371 | 74 141 | 12.8 | 13.5 |
| 1~4 | 4 996 | 114 982 | 8.1 | 12.2 |
| 1~5 | 7 097 | 164 149 | 6.9 | 11.6 |
| 1~6 | 9 653 | 227 478 | 1.0 | 11.9 |
| 1~7 | 12 144 | 276 325 | 3.9 | 11.5 |
| 1~8 | 14 429 | 324 549 | 2.7 | 11.2 |
| 1~9 | 17 046 | 377 485 | 1.6 | 10.7 |
| 1~10 | 19 631 | 427 794 | 1.2 | 10.6 |
| 1~11 | 22 107 | 475 076 | 0.2 | 10.7 |
| 1~12 | 26 224 | 525 366 | 6.4 | 10.2 |
| 2016 1~2 | 1 509 | 36 499 | -4.4 | 10.9 |
| 1~3 | 3 464 | 82 379 | 2.8 | 11.1 |
| 1~4 | 5 497 | 127 095 | 10.0 | 10.5 |
| 1~5 | 7 833 | 179 838 | 10.4 | 9.6 |
| 1~6 | 10 821 | 247 539 | 12.1 | 8.8 |

### 按隶属关系分固定资产投资（不含农户）完成额

Completed investment in fixed assets (excluding rural households) by administrative relationship

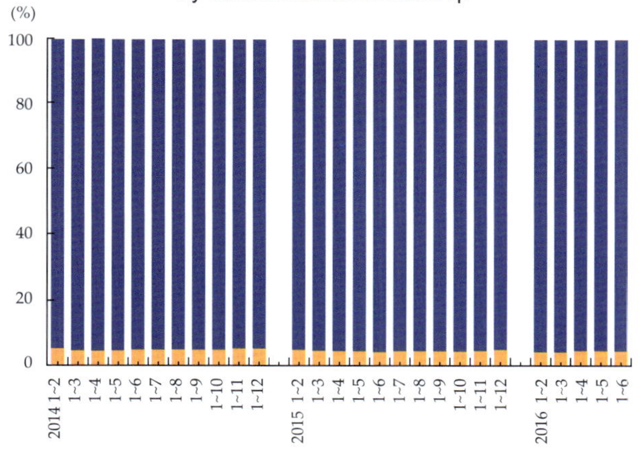


### 按隶属关系分固定资产投资（不含农户）完成额增长趋势

Growth of monthly accumulated completed investment in fixed assets (excluding rural households) by administrative relationship

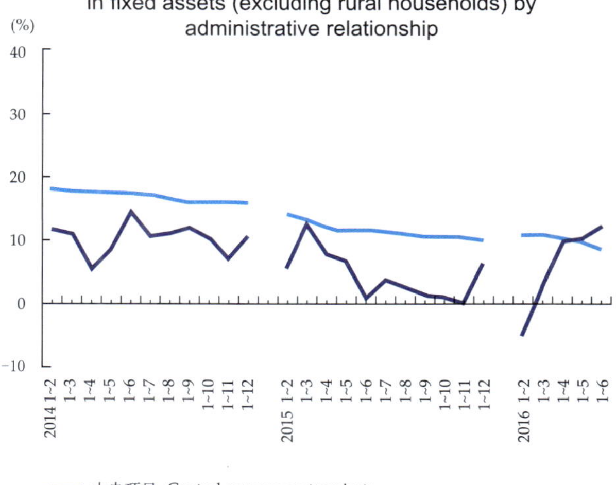

### 固定资产投资月度累计新开工项目数
Number of monthly accumulated urban newly started projects of fixed-asset investment

单位：万个 Unit: 10 000

| | | 2012 | 2013 | 2014 | 2015 | 2016 |
|---|---|---|---|---|---|---|
| 1月 | Jan. | — | — | — | — | — |
| 2月 | Feb. | 2.16 | 2.43 | 2.69 | 2.77 | 4.28 |
| 3月 | Mar. | 6.18 | 6.77 | 7.09 | 7.69 | 10.73 |
| 4月 | Apr. | 9.87 | 10.74 | 10.97 | 12.01 | 16.33 |
| 5月 | May | 13.93 | 15.24 | 15.45 | 17.10 | 22.67 |
| 6月 | Jun. | 17.47 | 19.98 | 21.03 | 23.18 | 30.16 |
| 7月 | Jul. | 20.46 | 23.03 | 24.34 | 27.53 | |
| 8月 | Aug. | 24.32 | 26.29 | 28.22 | 31.88 | |
| 9月 | Sept. | 27.63 | 30.15 | 32.11 | 36.84 | |
| 10月 | Oct. | 30.49 | 33.51 | 35.76 | 41.60 | |
| 11月 | Nov. | 33.12 | 36.50 | 38.89 | 45.54 | |
| 12月 | Dec. | 35.63 | 38.93 | 41.55 | 48.61 | |

注：自2011年起，固定资产投资等于原口径的城镇固定资产投资加上农村企事业组织项目投资（不含农户）。
Note: Since 2011, "investment in fixed assets" equals to "investment in fixed assets in urban area" under the old criteria plus "investment of rural enterprises and institutions(excluding rural households)".

### 固定资产投资月度累计施工项目数
Number of monthly accumulated urban under-construction projects of fixed-asset investment

单位：万个 Unit: 10 000

| | | 2012 | 2013 | 2014 | 2015 | 2016 |
|---|---|---|---|---|---|---|
| 1月 | Jan. | — | — | — | — | — |
| 2月 | Feb. | 10.88 | 12.12 | 13.43 | 13.11 | 15.41 |
| 3月 | Mar. | 17.29 | 19.11 | 20.58 | 20.77 | 24.17 |
| 4月 | Apr. | 22.20 | 24.55 | 25.84 | 26.39 | 30.97 |
| 5月 | May | 27.08 | 29.89 | 31.15 | 32.33 | 37.99 |
| 6月 | Jun. | 31.26 | 35.27 | 37.48 | 38.95 | 46.06 |
| 7月 | Jul. | 34.55 | 38.58 | 41.09 | 43.61 | |
| 8月 | Aug. | 38.38 | 42.05 | 45.66 | 48.21 | |
| 9月 | Sept. | 41.95 | 46.15 | 49.93 | 53.39 | |
| 10月 | Oct. | 45.03 | 49.65 | 53.80 | 58.37 | |
| 11月 | Nov. | 47.79 | 52.76 | 57.11 | 62.48 | |
| 12月 | Dec. | 50.54 | 55.47 | 61.60 | 65.82 | |

### 固定资产投资月度累计新开工项目数
Number of monthly accumulated newly started projects of fixed-asset investment

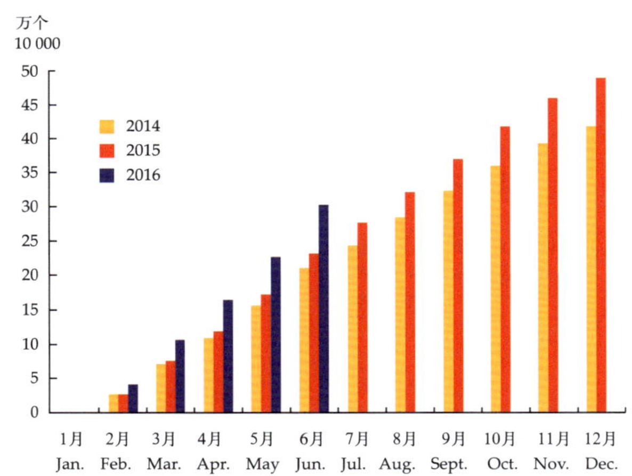


### 固定资产投资月度累计施工项目数
Number of monthly accumulated under-construction projects of fixed-asset investment

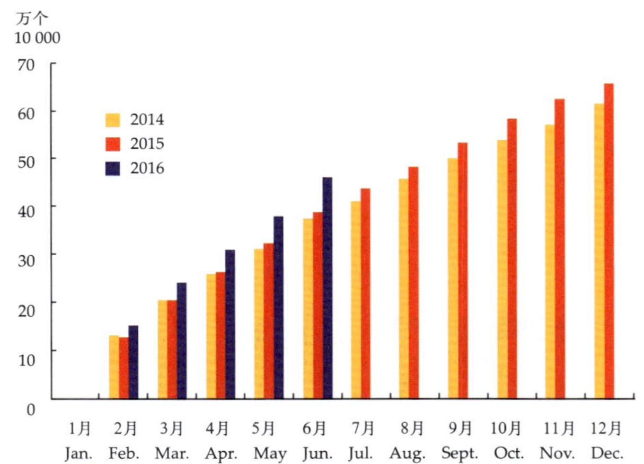

## 2016年上半年分省固定资产投资完成额（不含农户）及增长率
Accumulated completed investment in fixed assets (excluding rural households) and growth rate by province in the first half of 2016

单位：亿元 Unit: RMB100 million

| | 固定资产投资（不含农户）累计完成额 Accumulated completed investment in fixed assets (excluding rural households) | 增长率(%) Growth rate (%) |
|---|---|---|
| Guizhou 贵　州 | 4 723.0 | 21.5 |
| Tibet 西　藏 | 524.2 | 19.2 |
| Yunnan 云　南 | 6 417.0 | 18.3 |
| Ningxia 宁　夏 | 1 429.3 | 15.7 |
| Jiangxi 江　西 | 8 787.3 | 14.1 |
| Hunan 湖　南 | 11 014.1 | 14.1 |
| Inner Mongolia 内蒙古 | 6 123.3 | 13.8 |
| Guangxi 广　西 | 8 351.9 | 13.7 |
| Guangdong 广　东 | 13 504.2 | 13.5 |
| Hubei 湖　北 | 14 135.4 | 13.3 |
| Gansu 甘　肃 | 4 416.8 | 13.3 |
| Sichuan 四　川 | 14 013.1 | 12.9 |
| Henan 河　南 | 17 137.4 | 12.6 |
| Zhejiang 浙　江 | 13 659.0 | 12.6 |
| Chongqing 重　庆 | 6 161.8 | 12.5 |
| Fujian 福　建 | 10 925.0 | 11.5 |
| Anhui 安　徽 | 12 042.6 | 11.5 |
| Qinghai 青　海 | 1 386.2 | 11.5 |
| Hebei 河　北 | 13 784.5 | 11.1 |
| Tianjin 天　津 | 7 074.1 | 10.7 |
| Shandong 山　东 | 22 311.3 | 10.6 |
| Shanxi 山　西 | 4 658.1 | 10.6 |
| Jilin 吉　林 | 5 137.5 | 10.3 |
| Jiangsu 江　苏 | 22 452.3 | 9.7 |
| Shaanxi 陕　西 | 8 156.6 | 9.3 |
| Hainan 海　南 | 1 583.2 | 9.1 |
| Shanghai 上　海 | 2 810.5 | 7.9 |
| Xinjiang 新　疆 | 3 635.2 | 7.4 |
| Beijing 北　京 | 3 030.9 | 6.4 |
| Heilongjiang 黑龙江 | 2 456.9 | 6.0 |
| Liaoning 辽　宁 | 4 600.7 | -58.1 |

## 2016年上半年分省固定资产投资完成额（不含农户）及增长率
Accumulated completed investment in fixed assets (excluding rural households) and growth rate by province in the first half of 2016

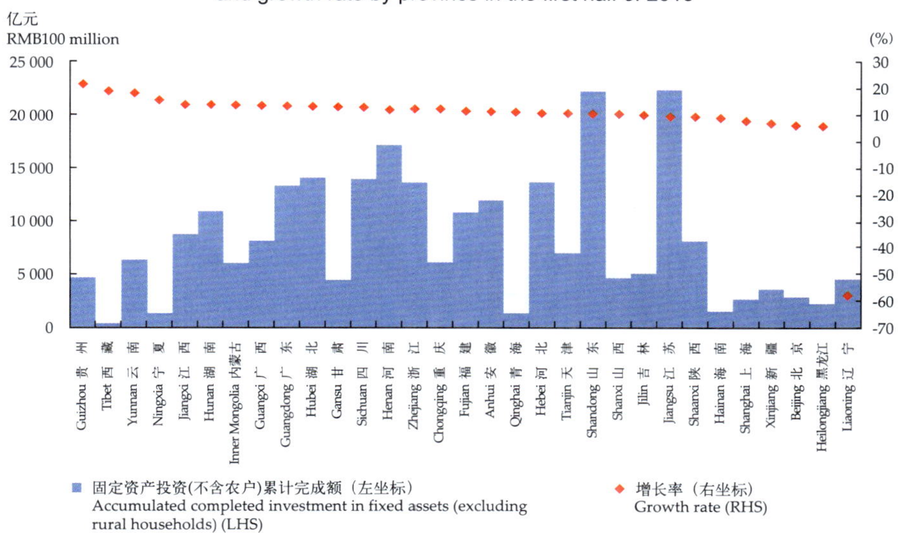

## 4.房地产
## (4) Real estate development

### 房地产开发投资按工程用途分的完成额及增长率
### Real estate development investment completed and growth rate by purpose of engineering

单位：亿元 Unit: RMB100 million

| 年/月 Year/Month | 房地产开发投资完成额 Real estate development investment completed | | 按工程用途分 By purpose of engineering: 住宅投资 Residential building investment | | 办公楼投资 Office building investment | | 商业用房投资 Commercial and business building investment | | 其他投资 Other investment | |
|---|---|---|---|---|---|---|---|---|---|---|
| | 绝对值 Absolute value | 增长率(%) Growth rate (%) | 绝对值 Absolute value | 增长率(%) Growth rate (%) | 绝对值 Absolute value | 增长率(%) Growth rate (%) | 绝对值 Absolute value | 增长率(%) Growth rate (%) | 绝对值 Absolute value | 增长率(%) Growth rate (%) |
| 2014 1~2 | 7 956 | 19.3 | 5 426 | 18.4 | 494 | 27.1 | 1 117 | 26.4 | 919 | 12.8 |
| 1~3 | 15 339 | 16.8 | 10 530 | 16.8 | 902 | 20.8 | 2 160 | 25.5 | 1 746 | 5.7 |
| 1~4 | 22 322 | 16.4 | 15 299 | 16.6 | 1 309 | 18.9 | 3 194 | 25.4 | 2 519 | 4.5 |
| 1~5 | 30 739 | 14.7 | 21 043 | 14.6 | 1 773 | 16.2 | 4 427 | 23.6 | 3 496 | 5.1 |
| 1~6 | 42 019 | 14.1 | 28 689 | 13.7 | 2 394 | 19.0 | 6 172 | 23.2 | 4 763 | 4.0 |
| 1~7 | 50 381 | 13.7 | 34 365 | 13.3 | 2 876 | 19.3 | 7 453 | 22.3 | 5 686 | 3.8 |
| 1~8 | 58 975 | 13.2 | 40 159 | 12.4 | 3 384 | 18.7 | 8 813 | 22.9 | 6 619 | 4.0 |
| 1~9 | 68 751 | 12.5 | 46 725 | 11.3 | 4 008 | 22.8 | 10 342 | 22.8 | 7 677 | 3.0 |
| 1~10 | 77 220 | 12.4 | 52 464 | 11.1 | 4 517 | 23.8 | 11 687 | 23.4 | 8 553 | 2.4 |
| 1~11 | 86 601 | 11.9 | 58 676 | 10.5 | 5 124 | 24.6 | 13 100 | 22.0 | 9 702 | 2.7 |
| 1~12 | 95 036 | 10.5 | 64 352 | 9.2 | 5 641 | 21.3 | 14 346 | 20.1 | 10 696 | 2.2 |
| 2015 1~2 | 8 786 | 10.4 | 5 922 | 9.1 | 567 | 14.9 | 1 321 | 18.2 | 976 | 6.3 |
| 1~3 | 16 651 | 8.5 | 11 156 | 5.9 | 1 088 | 20.6 | 2 532 | 17.2 | 1 875 | 7.4 |
| 1~4 | 23 669 | 6.0 | 15 870 | 3.7 | 1 488 | 13.6 | 3 638 | 13.9 | 2 673 | 6.1 |
| 1~5 | 32 292 | 5.1 | 21 645 | 2.9 | 1 999 | 12.8 | 4 955 | 11.9 | 3 693 | 5.6 |
| 1~6 | 43 955 | 4.6 | 29 506 | 2.8 | 2 739 | 14.4 | 6 705 | 8.6 | 5 005 | 5.1 |
| 1~7 | 52 562 | 4.3 | 35 380 | 3.0 | 3 264 | 13.5 | 8 021 | 7.6 | 5 897 | 3.7 |
| 1~8 | 61 063 | 3.5 | 41 098 | 2.3 | 3 865 | 14.2 | 9 291 | 5.4 | 6 809 | 2.9 |
| 1~9 | 70 535 | 2.6 | 47 505 | 1.7 | 4 453 | 11.1 | 10 752 | 4.0 | 7 824 | 1.9 |
| 1~10 | 78 801 | 2.0 | 53 150 | 1.3 | 5 000 | 10.7 | 12 010 | 2.8 | 8 641 | 1.0 |
| 1~11 | 87 702 | 1.3 | 59 069 | 0.7 | 5 652 | 10.3 | 13 354 | 1.9 | 9 627 | -0.8 |
| 1~12 | 95 979 | 1.0 | 64 595 | 0.4 | 6 210 | 10.1 | 14 607 | 1.8 | 10 566 | -1.2 |
| 2016 1~2 | 9 052 | 3.0 | 6 028 | 1.8 | 658 | 16.1 | 1 356 | 2.7 | 1 010 | 3.4 |
| 1~3 | 17 677 | 6.2 | 11 670 | 4.6 | 1 242 | 14.2 | 2 712 | 7.1 | 2 053 | 9.5 |
| 1~4 | 25 376 | 7.2 | 16 887 | 6.4 | 1 717 | 15.4 | 3 915 | 7.6 | 2 857 | 6.9 |
| 1~5 | 34 564 | 7.0 | 23 118 | 6.8 | 2 256 | 12.8 | 5 361 | 8.2 | 3 828 | 3.7 |
| 1~6 | 46 631 | 6.1 | 31 149 | 5.6 | 3 016 | 10.1 | 7 229 | 7.8 | 5 236 | 4.6 |

### 房地产开发投资按工程用途分的构成变化
### Change in composition of real estate development investment by purpose of engineering

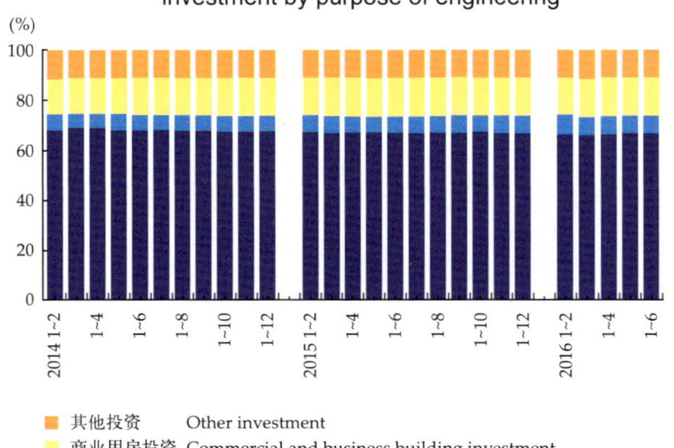


其他投资 Other investment
商业用房投资 Commercial and business building investment
办公楼投资 Office building investment
住宅投资 Residential building investment

### 房地产开发投资按工程用途分的增长趋势
### Growth of composition of real estate development investment by purpose of engineering

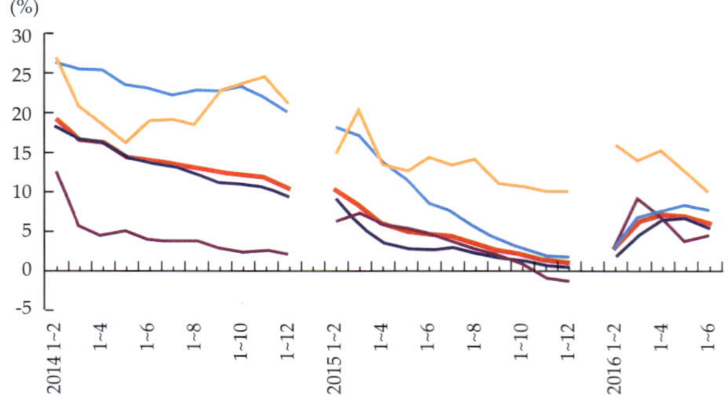


房地产开发投资完成额 Real estate development investment completed
住宅投资 Residential building investment
办公楼投资 Office building investment
商业用房投资 Commercial and business building investment
其他投资 Other investment

## 房地产开发投资按地区分的完成额及增长率
Real estate development investment completed and growth rate by region

单位：亿元 Unit: RMB100 million

| 年／月 Year/Month | 东部地区投资 Investment in eastern area | | 中部地区投资 Investment in central area | | 西部地区投资 Investment in western area | |
|---|---|---|---|---|---|---|
| | 绝对值 Absolute value | 增长率(%) Growth rate (%) | 绝对值 Absolute value | 增长率(%) Growth rate (%) | 绝对值 Absolute value | 增长率(%) Growth rate (%) |
| 2014 1~2 | 4 792 | 19.1 | 1 508 | 21.5 | 1 656 | 17.9 |
| 1~3 | 9 139 | 17.7 | 2 916 | 15.6 | 3 285 | 15.5 |
| 1~4 | 13 230 | 17.7 | 4 268 | 12.2 | 4 823 | 16.6 |
| 1~5 | 17 995 | 16.0 | 6 013 | 10.4 | 6 731 | 15.4 |
| 1~6 | 24 223 | 14.6 | 8 558 | 11.9 | 9 237 | 14.8 |
| 1~7 | 28 833 | 14.1 | 10 380 | 11.6 | 11 168 | 14.7 |
| 1~8 | 33 525 | 13.6 | 12 289 | 10.6 | 13 160 | 14.4 |
| 1~9 | 38 737 | 12.6 | 14 536 | 10.7 | 15 479 | 14.0 |
| 1~10 | 43 195 | 12.4 | 16 523 | 11.0 | 17 503 | 14.0 |
| 1~11 | 48 238 | 12.0 | 18 650 | 9.2 | 19 713 | 14.2 |
| 1~12 | 52 941 | 10.4 | 20 662 | 8.5 | 21 433 | 12.8 |
| 2015 1~2 | 5 338 | 11.4 | 1 609 | 6.7 | 1 840 | 11.1 |
| 1~3 | 10 003 | 9.5 | 3 116 | 6.9 | 3 531 | 7.5 |
| 1~4 | 14 109 | 6.6 | 4 517 | 5.8 | 5 043 | 4.6 |
| 1~5 | 18 984 | 5.5 | 6 309 | 4.9 | 6 999 | 4.0 |
| 1~6 | 25 421 | 4.9 | 8 864 | 3.6 | 9 670 | 4.7 |
| 1~7 | 30 186 | 4.7 | 10 781 | 3.9 | 11 596 | 3.8 |
| 1~8 | 34 754 | 3.7 | 12 717 | 3.5 | 13 591 | 3.3 |
| 1~9 | 39 865 | 2.9 | 14 871 | 2.3 | 15 799 | 2.1 |
| 1~10 | 44 193 | 2.3 | 16 851 | 2.0 | 17 757 | 1.5 |
| 1~11 | 48 789 | 1.1 | 18 988 | 1.8 | 19 926 | 1.1 |
| 1~12 | 53 231 | 0.5 | 21 038 | 1.8 | 21 709 | 1.3 |
| 2016 1~2 | 5 536 | 3.7 | 1 678 | 4.3 | 1 838 | -0.1 |
| 1~3 | 10 539 | 5.4 | 3 411 | 9.5 | 3 726 | 5.5 |
| 1~4 | 14 927 | 5.8 | 5 071 | 12.3 | 5 378 | 6.6 |
| 1~5 | 20 118 | 6.0 | 7 044 | 11.6 | 7 402 | 5.8 |
| 1~6 | 26 589 | 4.6 | 9 747 | 10.0 | 10 294 | 6.5 |

### 房地产开发投资按地区分的构成变化
Change in composition of real estate development investment by region

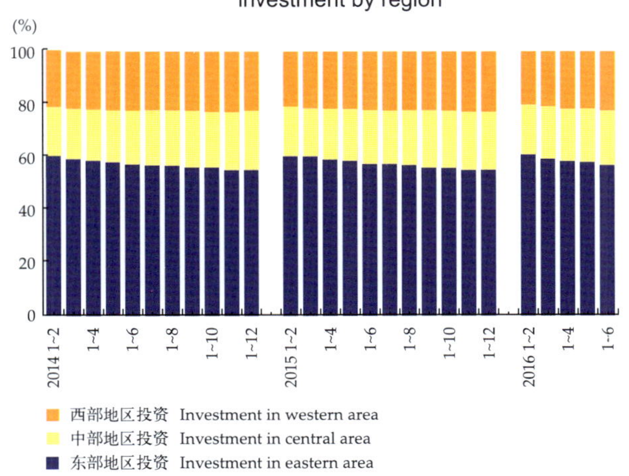


### 房地产开发投资按地区分的增长趋势
Growth of composition of real estate development investment by region

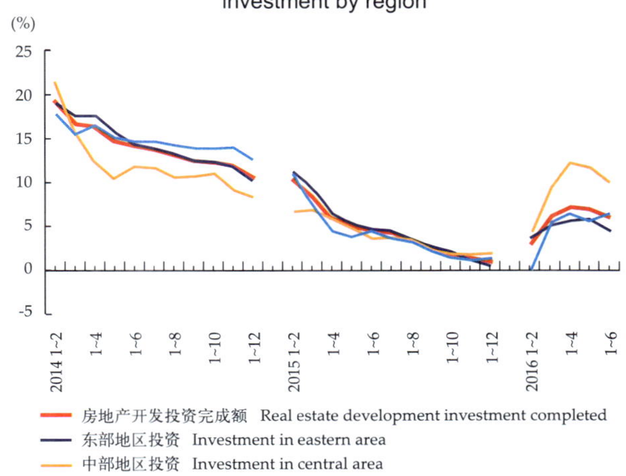

## 商品房建筑与销售
Construction and sales of commercial buildings

单位：亿平方米、亿元
Unit: 100 million square meters, RMB100 million

| 年/月 Year/Month | 施工面积 Area under construction | 同比增长(%) YOY growth(%) | 竣工面积 Area completed | 同比增长(%) YOY growth(%) | 销售面积 Area sold | 同比增长(%) YOY growth(%) | 销售面积与竣工面积之比(%) Ratio of sold to completed areas(%) | 月度累计销售额 Monthly accumulated sales volume | 增长率(%) Growth rate (%) |
|---|---|---|---|---|---|---|---|---|---|
| 2014 1~2 | 53.0 | 16.3 | 1.2 | -8.2 | 1.0 | -0.1 | 84 | 7 090 | -3.7 |
| 1~3 | 54.7 | 14.2 | 1.9 | -4.9 | 2.0 | -3.8 | 109 | 13 263 | -5.2 |
| 1~4 | 56.5 | 12.8 | 2.4 | -0.3 | 2.8 | -6.9 | 117 | 18 307 | -7.8 |
| 1~5 | 58.6 | 12.0 | 3.1 | 6.8 | 3.6 | -7.8 | 117 | 23 674 | -8.5 |
| 1~6 | 61.1 | 11.3 | 3.8 | 8.1 | 4.8 | -6.0 | 127 | 31 133 | -6.7 |
| 1~7 | 63.3 | 11.3 | 4.4 | 4.5 | 5.6 | -7.6 | 130 | 36 315 | -8.2 |
| 1~8 | 65.3 | 11.5 | 5.0 | 6.7 | 6.5 | -8.3 | 131 | 41 661 | -8.9 |
| 1~9 | 67.3 | 11.5 | 5.7 | 7.2 | 7.7 | -8.6 | 137 | 49 227 | -8.9 |
| 1~10 | 69.2 | 12.3 | 6.4 | 7.6 | 8.8 | -7.8 | 139 | 56 385 | -7.9 |
| 1~11 | 71.1 | 10.1 | 7.5 | 8.1 | 10.2 | -8.2 | 136 | 64 481 | -7.8 |
| 1~12 | 72.6 | 9.2 | 10.7 | 5.9 | 12.1 | -7.6 | 112 | 76 292 | -6.3 |
| 2015 1~2 | 57.0 | 7.6 | 1.1 | -12.9 | 0.9 | -16.3 | 81 | 5 972 | -15.8 |
| 1~3 | 58.4 | 6.8 | 1.7 | -8.2 | 1.8 | -9.2 | 107 | 12 023 | -9.3 |
| 1~4 | 60.0 | 6.2 | 2.1 | -10.5 | 2.6 | -4.8 | 124 | 17 739 | -3.1 |
| 1~5 | 61.7 | 5.3 | 2.7 | -13.3 | 3.6 | -0.2 | 135 | 24 409 | 3.1 |
| 1~6 | 63.8 | 4.3 | 3.3 | -13.8 | 5.0 | 3.9 | 153 | 34 259 | 10.0 |
| 1~7 | 65.4 | 3.4 | 3.8 | -13.1 | 6.0 | 6.1 | 158 | 41 171 | 13.4 |
| 1~8 | 66.9 | 2.5 | 4.2 | -14.6 | 7.0 | 7.2 | 164 | 48 042 | 15.3 |
| 1~9 | 69.4 | 3.0 | 5.1 | -9.8 | 8.3 | 7.5 | 163 | 56 745 | 15.3 |
| 1~10 | 70.8 | 2.3 | 6.1 | -4.2 | 9.5 | 7.2 | 155 | 64 790 | 14.9 |
| 1~11 | 72.4 | 1.8 | 7.2 | -3.5 | 10.9 | 7.4 | 151 | 74 522 | 15.6 |
| 1~12 | 73.6 | 1.3 | 10.0 | -6.9 | 12.8 | 6.5 | 128 | 87 281 | 14.4 |
| 2016 1~2 | 60.4 | 5.9 | 1.4 | 28.9 | 1.1 | 28.2 | 81 | 8 577 | 43.6 |
| 1~3 | 61.8 | 5.8 | 2.0 | 17.7 | 2.4 | 33.1 | 121 | 18 524 | 54.1 |
| 1~4 | 63.4 | 5.8 | 2.5 | 20.1 | 3.6 | 36.5 | 141 | 27 656 | 55.9 |
| 1~5 | 65.1 | 5.6 | 3.2 | 20.4 | 4.8 | 33.2 | 150 | 36 775 | 50.7 |
| 1~6 | 67.0 | 5.0 | 4.0 | 20.0 | 6.4 | 27.9 | 163 | 48 682 | 42.1 |

### 商品房施工面积、竣工面积与销售面积
Area of commercial housing under construction, completed, and sold

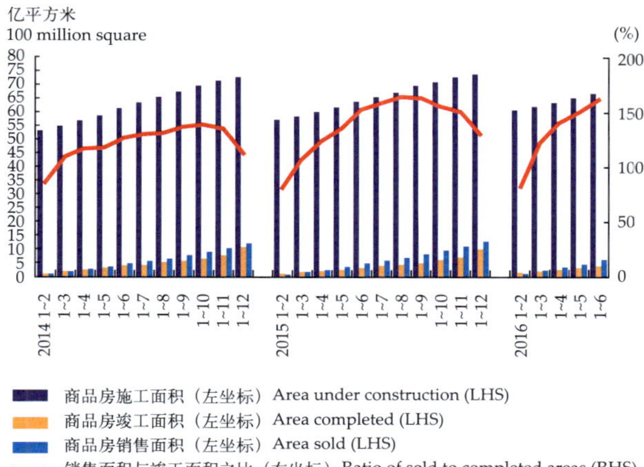


### 商品房施工面积、竣工面积与销售面积增长趋势
Growth of area of commercial housing under construction, completed, and sold

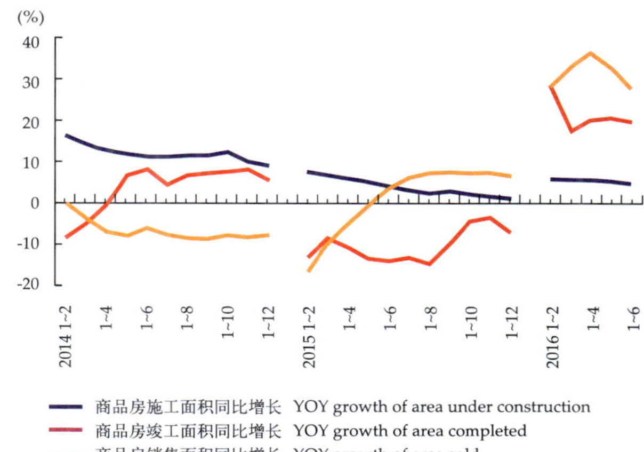


### 商品房销售额及其增长率
Sales volume of commercial housing and its growth rate

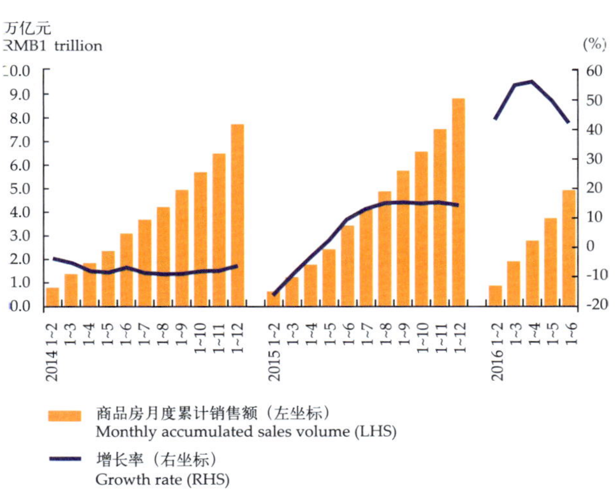


### 住宅在商品房施工面积、竣工面积与销售面积中所占的比重
Share of residences in commercial housing under construction, completed, and sold

## 主要经济指标环比增速
MOM growth rates of main economic indicators

| 年/季 Year/Quarter | | 国内生产总值 Gross domestic product (%) | 年/月 Year/Month | | 规模以上工业增加值 Value added of industry (%) | 固定资产投资（不含农户） Completed investment in fixed assets (excluding rural households) (%) | 社会消费品零售总额 Retail sales of consumer goods (%) |
|---|---|---|---|---|---|---|---|
| 2013 | | | 2013 | 1 | 0.61 | 1.69 | 0.14 |
| | | | | 2 | 0.78 | 1.50 | 0.87 |
| | I | 1.8 | | 3 | 0.72 | 1.48 | 1.50 |
| | | | | 4 | 0.80 | 1.57 | 0.99 |
| | | | | 5 | 0.74 | 1.32 | 0.95 |
| | II | 1.7 | | 6 | 0.62 | 1.28 | 1.09 |
| | | | | 7 | 0.90 | 1.60 | 1.08 |
| | | | | 8 | 1.09 | 1.54 | 0.92 |
| | III | 2.2 | | 9 | 0.54 | 1.15 | 1.02 |
| | | | | 10 | 0.85 | 0.59 | 0.96 |
| | | | | 11 | 0.73 | 1.50 | 1.00 |
| | IV | 1.6 | | 12 | 0.51 | 1.45 | 0.94 |
| 2014 | | | 2014 | 1 | 0.55 | 1.49 | 0.85 |
| | | | | 2 | 0.58 | 1.22 | 0.91 |
| | I | 1.6 | | 3 | 0.92 | 1.09 | 1.10 |
| | | | | 4 | 0.57 | 1.16 | 0.81 |
| | | | | 5 | 0.58 | 0.97 | 1.01 |
| | II | 1.8 | | 6 | 0.55 | 1.04 | 0.79 |
| | | | | 7 | 0.76 | 0.91 | 0.94 |
| | | | | 8 | 0.13 | 0.92 | 0.80 |
| | III | 1.8 | | 9 | 0.90 | 1.01 | 0.79 |
| | | | | 10 | 0.43 | 0.95 | 0.91 |
| | | | | 11 | 0.35 | 0.94 | 0.87 |
| | IV | 1.7 | | 12 | 0.74 | 0.94 | 0.96 |
| 2015 | | | 2015 | 1 | 0.45 | 0.88 | 0.80 |
| | | | | 2 | 0.42 | 0.76 | 0.84 |
| | I | 1.3 | | 3 | 0.28 | 0.85 | 0.82 |
| | | | | 4 | 0.59 | 0.65 | 0.83 |
| | | | | 5 | 0.51 | 0.95 | 0.80 |
| | II | 1.9 | | 6 | 0.60 | 0.98 | 0.83 |
| | | | | 7 | 0.31 | 0.63 | 0.76 |
| | | | | 8 | 0.52 | 0.62 | 0.85 |
| | III | 1.8 | | 9 | 0.38 | 0.74 | 0.83 |
| | | | | 10 | 0.46 | 0.99 | 0.79 |
| | | | | 11 | 0.56 | 0.92 | 0.84 |
| | IV | 1.6 | | 12 | 0.40 | 0.78 | 0.80 |
| 2016 | | | 2016 | 1 | 0.45 | 0.81 | 0.84 |
| | | | | 2 | 0.43 | 0.71 | 0.77 |
| | I | 1.1 | | 3 | 0.64 | 0.65 | 0.82 |
| | | | | 4 | 0.45 | 0.60 | 0.85 |
| | | | | 5 | 0.46 | 0.62 | 0.81 |
| | II | 1.8 | | 6 | 0.50 | 0.52 | 0.91 |

注：1. 自2011年4月起，国家统计局对外公布国内生产总值、规模以上工业增加值、固定资产投资（不含农户）、社会消费品零售总额四项统计指标的经季节调整的环比数据。
2. 表中数据根据国家统计局最新数据修订。

Notes:1. From April 2011, National Bureau of Statistics began to publish four seasonally-adjusted MOM indices, namely: gross domestic product, value added of industry, completed investment in fixed assets (excluding rural households), retail sales of consumer goods.
2. Data are revised by National Bureau of Statistics of China.

# 五、对外部门
# 5. External Sector

## 1.外贸
## (1)Foreign trade

据世界贸易组织统计，2015年，中国货物贸易出口总值为2.28万亿美元，占世界货物贸易出口总值16.48万亿美元的13.8%，比2014年提高1.4个百分点，在全球货物贸易出口排名中位居第一。2015年，中国货物贸易进口总值为1.68万亿美元，占世界货物贸易进口总值16.73万亿美元的10.1%，比2014年降低0.2个百分点，在全球货物贸易进口中排名第二，位于美国之后。

According to WTO statistics, in 2015, China's export volume of goods totaled USD2.28 trillion, accounting for 13.8 percent of the world total of USD16.48 trillion, 1.4 percentage points higher than that in 2014. China's goods export ranked 1st in the world. China's import volume of goods reached USD1.68 trillion, accounting for 10.1 percent of the world total of USD16.73 trillion, 0.2 percentage points lower than that in 2014. China ranked 2nd in the world after the U.S. in terms of goods imports.

**2015年世界货物贸易出口前十位排名**
Top ten economies in the world in terms of goods exported in 2015

| | 出口(10亿美元) Exports (USD1 billion) | 比重(%) Share (%) |
|---|---|---|
| **世界　World total** | **16 482** | **100.0** |
| 1 **中　国　China** | **2 275** | **13.8** |
| 2 美　国　U.S. | 1 505 | 9.1 |
| 3 德　国　Germany | 1 329 | 8.1 |
| 4 日　本　Japan | 625 | 3.8 |
| 5 荷　兰　Netherlands | 567 | 3.4 |
| 6 韩　国　Korea | 527 | 3.2 |
| 7 中国香港　HK SAR of China | 511 | 3.1 |
| 8 法　国　France | 506 | 3.1 |
| 9 英　国　U.K. | 460 | 2.8 |
| 10 意大利　Italy | 459 | 2.8 |

**2015年世界货物贸易进口前十位排名**
Top ten economies in the world in terms of goods imported in 2015

| | 进口(10亿美元) Imports (USD1 billion) | 比重(%) Share (%) |
|---|---|---|
| **世界　World total** | **16 725** | **100.0** |
| 1 美　国　U.S. | 2 308 | 13.8 |
| 2 **中　国　China** | **1 682** | **10.1** |
| 3 德　国　Germany | 1 050 | 6.3 |
| 4 日　本　Japan | 648 | 3.9 |
| 5 英　国　U.K. | 626 | 3.7 |
| 6 法　国　France | 573 | 3.4 |
| 7 中国香港　HK SAR of China | 559 | 3.3 |
| 8 荷　兰　Netherlands | 506 | 3.0 |
| 9 韩　国　Korea | 436 | 2.6 |
| 10 加拿大　Canada | 436 | 2.6 |

## 年度进出口额及其增长率
## Annual imports & exports and growth rates

单位：亿美元
Unit: USD100 million

| 年 Year | 进出口 Imports & Exports | | 出口 Exports | | 进口 Imports | | 进出口差额 Trade balance |
|---|---|---|---|---|---|---|---|
| | 总额 Total value | 增长率(%) Growth rate (%) | 总额 Total value | 增长率(%) Growth rate (%) | 总额 Total value | 增长率(%) Growth rate (%) | |
| 1991 | 1 357 | 17.6 | 719 | 15.8 | 638 | 19.6 | 81 |
| 1992 | 1 655 | 22.0 | 849 | 18.1 | 806 | 26.3 | 44 |
| 1993 | 1 957 | 18.2 | 917 | 8.0 | 1 040 | 29.0 | -122 |
| 1994 | 2 366 | 20.9 | 1 210 | 31.9 | 1 156 | 11.2 | 54 |
| 1995 | 2 809 | 18.7 | 1 488 | 23.0 | 1 321 | 14.2 | 167 |
| 1996 | 2 899 | 3.2 | 1 510 | 1.5 | 1 388 | 5.1 | 122 |
| 1997 | 3 252 | 12.2 | 1 828 | 21.0 | 1 424 | 2.5 | 404 |
| 1998 | 3 239 | -0.4 | 1 837 | 0.5 | 1 402 | -1.5 | 435 |
| 1999 | 3 606 | 11.3 | 1 949 | 6.1 | 1 657 | 18.2 | 292 |
| 2000 | 4 743 | 31.5 | 2 492 | 27.8 | 2 251 | 35.8 | 241 |
| 2001 | 5 097 | 7.5 | 2 661 | 6.8 | 2 436 | 8.2 | 225 |
| 2002 | 6 208 | 21.8 | 3 256 | 22.4 | 2 952 | 21.2 | 304 |
| 2003 | 8 510 | 37.1 | 4 382 | 34.6 | 4 128 | 39.8 | 255 |
| 2004 | 11 546 | 35.7 | 5 933 | 35.4 | 5 612 | 36.0 | 321 |
| 2005 | 14 219 | 23.2 | 7 620 | 28.4 | 6 600 | 17.6 | 1 020 |
| 2006 | 17 604 | 23.8 | 9 689 | 27.2 | 7 915 | 19.9 | 1 775 |
| 2007 | 21 766 | 23.6 | 12 205 | 25.9 | 9 561 | 20.8 | 2 643 |
| 2008 | 25 633 | 17.8 | 14 307 | 17.2 | 11 326 | 18.5 | 2 981 |
| 2009 | 22 075 | -13.9 | 12 016 | -16.0 | 10 059 | -11.2 | 1 957 |
| 2010 | 29 740 | 34.7 | 15 778 | 31.3 | 13 962 | 38.8 | 1 815 |
| 2011 | 36 419 | 22.5 | 18 986 | 20.3 | 17 433 | 24.9 | 1 549 |
| 2012 | 38 671 | 6.2 | 20 487 | 7.9 | 18 184 | 4.3 | 2 303 |
| 2013 | 41 590 | 7.5 | 22 090 | 7.8 | 19 500 | 7.2 | 2 590 |
| 2014 | 43 015 | 3.4 | 23 423 | 6.0 | 19 592 | 0.4 | 3 831 |
| 2015 | 39 565 | -8.0 | 22 748 | -2.9 | 16 816 | -14.2 | 5 932 |

注：表中数据根据海关总署最新数据修订。
Note: Data are revised by General Administration of Customs of the People's Republic of China.

## 贸易总额及其增长趋势
## Total trade volume and growth rates

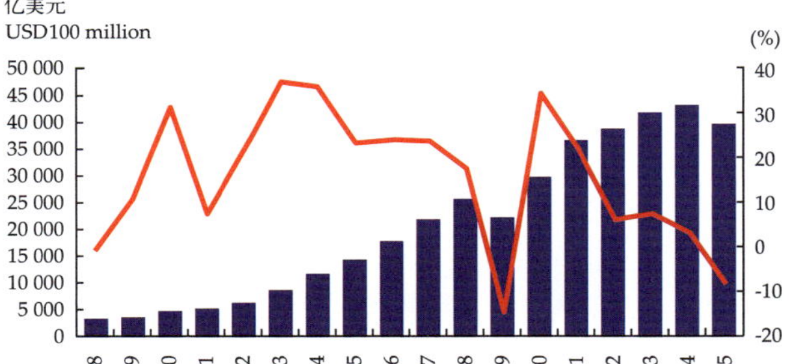


## 出口总值与GDP之比
## Total exports over GDP

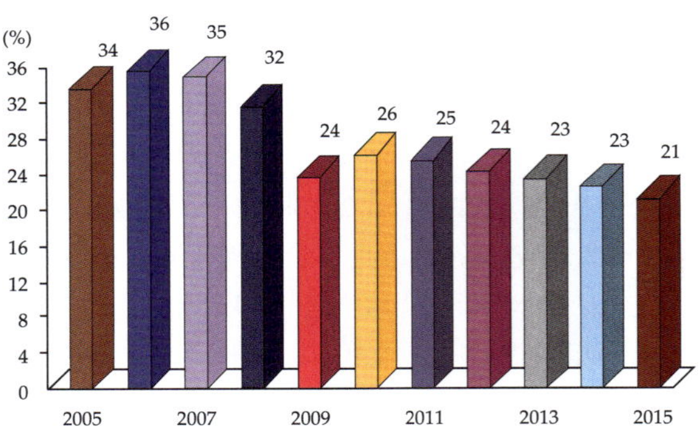


注：图中数据根据国家统计局最新数据修订。
Note: Data are revised by National Bureau of Statistics of China.

## 贸易差额
## Trade balance

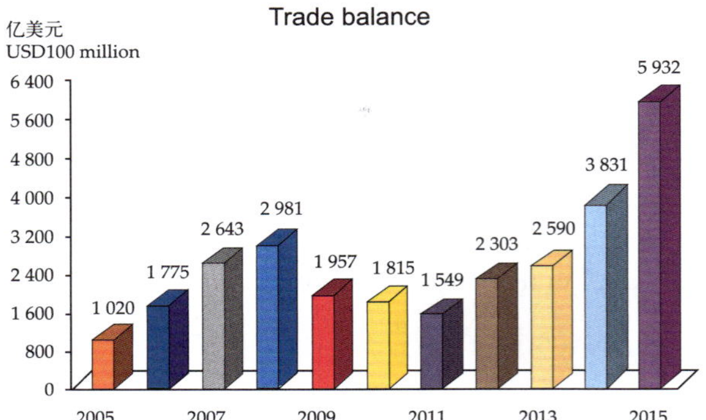


## 贸易总额与GDP之比
## Total trade volume over GDP

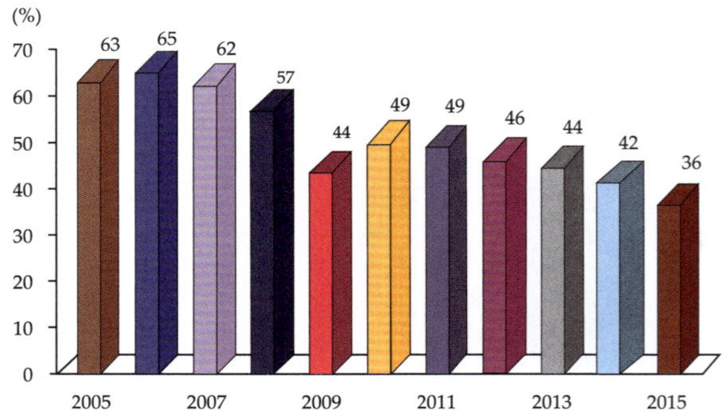


注：图中数据根据国家统计局最新数据修订。
Note: Data are revised by National Bureau of Statistics of China.

## 当月进出口总值及其增长率
## Total monthly imports, exports, and growth rates

单位：亿美元
Unit: USD100 million

| 年／月 Year/Month | 出口总值 Total exports | 进口总值 Total imports | 出口同比增长率(%) Growth rate of exports (YOY)(%) | 进口同比增长率(%) Growth rate of imports (YOY)(%) | 当月差额 Monthly trade balance |
|---|---|---|---|---|---|
| 2014.01 | 2 070 | 1 750 | 10.5 | 9.9 | 320 |
| 2014.02 | 1 141 | 1 366 | -18.1 | 9.8 | -226 |
| 2014.03 | 1 700 | 1 620 | -6.6 | -11.5 | 80 |
| 2014.04 | 1 884 | 1 698 | 0.8 | 0.7 | 187 |
| 2014.05 | 1 956 | 1 594 | 7.1 | -1.6 | 362 |
| 2014.06 | 1 868 | 1 549 | 7.2 | 5.4 | 319 |
| 2014.07 | 2 127 | 1 654 | 14.4 | -1.6 | 474 |
| 2014.08 | 2 083 | 1 585 | 9.4 | -2.4 | 499 |
| 2014.09 | 2 136 | 1 823 | 15.2 | 6.9 | 312 |
| 2014.10 | 2 068 | 1 611 | 11.6 | 4.4 | 457 |
| 2014.11 | 2 116 | 1 568 | 4.7 | -6.9 | 548 |
| 2014.12 | 2 274 | 1 775 | 9.7 | -2.5 | 499 |
| 2015.01 | 1 999 | 1 406 | -3.5 | -19.7 | 593 |
| 2015.02 | 1 690 | 1 086 | 48.2 | -20.5 | 604 |
| 2015.03 | 1 443 | 1 417 | -15.1 | -12.5 | 25 |
| 2015.04 | 1 759 | 1 427 | -6.6 | -16.0 | 333 |
| 2015.05 | 1 889 | 1 318 | -3.5 | -17.3 | 571 |
| 2015.06 | 1 896 | 1 444 | 1.5 | -6.7 | 452 |
| 2015.07 | 1 932 | 1 514 | -9.2 | -8.4 | 418 |
| 2015.08 | 1 962 | 1 366 | -5.8 | -13.8 | 596 |
| 2015.09 | 2 051 | 1 455 | -3.9 | -20.2 | 597 |
| 2015.10 | 1 924 | 1 310 | -7.0 | -18.6 | 613 |
| 2015.11 | 1 967 | 1 429 | -7.0 | -8.8 | 538 |
| 2015.12 | 2 236 | 1 642 | -1.7 | -7.5 | 594 |
| 2016.01 | 1 729 | 1 131 | -13.5 | -19.5 | 597 |
| 2016.02 | 1 236 | 937 | -26.8 | -13.7 | 300 |
| 2016.03 | 1 572 | 1 306 | 9.0 | -7.9 | 267 |
| 2016.04 | 1 694 | 1 270 | -3.7 | -11.0 | 424 |
| 2016.05 | 1 781 | 1 312 | -5.7 | -0.3 | 469 |
| 2016.06 | 1 789 | 1 317 | -5.6 | -8.7 | 471 |

## 月度累计进出口总值及其增长率
## Total accumulated monthly imports,exports, and growth rates

单位：亿美元
Unit: USD100 million

| 年／月 Year/Month | 累计出口总值 Accumulated total exports | 累计进口总值 Accumulated total imports | 累计出口同比增长率(%) Growth rate of accumulated exports (YOY) (%) | 累计进口同比增长率(%) Growth rate of accumulated imports (YOY) (%) | 累计贸易差额 Accumulated trade balance |
|---|---|---|---|---|---|
| 2014.01 | 2 070 | 1 750 | 10.5 | 9.9 | 320 |
| 2014.02 | 3 211 | 3 116 | -1.7 | 9.9 | 95 |
| 2014.03 | 4 911 | 4 737 | -3.5 | 1.5 | 174 |
| 2014.04 | 6 795 | 6 434 | -2.3 | 1.3 | 361 |
| 2014.05 | 8 751 | 8 028 | -0.4 | 0.7 | 723 |
| 2014.06 | 10 619 | 9 577 | 0.9 | 1.4 | 1 042 |
| 2014.07 | 12 746 | 11 230 | 2.9 | 1.0 | 1 516 |
| 2014.08 | 14 830 | 12 815 | 3.8 | 0.5 | 2 015 |
| 2014.09 | 16 965 | 14 639 | 5.1 | 1.3 | 2 327 |
| 2014.10 | 19 033 | 16 249 | 5.8 | 1.6 | 2 784 |
| 2014.11 | 21 149 | 17 817 | 5.7 | 0.8 | 3 331 |
| 2014.12 | 23 423 | 19 592 | 6.0 | 0.5 | 3 831 |
| 2015.01 | 1 999 | 1 406 | -3.5 | -19.7 | 593 |
| 2015.02 | 3 689 | 2 492 | 14.9 | -20.0 | 1 197 |
| 2015.03 | 5 132 | 3 910 | 4.5 | -17.5 | 1 222 |
| 2015.04 | 6 892 | 5 337 | 1.4 | -17.1 | 1 555 |
| 2015.05 | 8 780 | 6 654 | 0.3 | -17.1 | 2 126 |
| 2015.06 | 10 676 | 8 099 | 0.5 | -15.4 | 2 578 |
| 2015.07 | 12 608 | 9 613 | -1.1 | -14.4 | 2 995 |
| 2015.08 | 14 570 | 10 979 | -1.8 | -14.3 | 3 591 |
| 2015.09 | 16 622 | 12 434 | -2.0 | -15.1 | 4 188 |
| 2015.10 | 18 545 | 13 744 | -2.6 | -15.4 | 4 801 |
| 2015.11 | 20 512 | 15 174 | -3.0 | -14.8 | 5 338 |
| 2015.12 | 22 748 | 16 816 | -2.9 | -14.2 | 5 932 |
| 2016.01 | 1 729 | 1 131 | -13.5 | -19.5 | 597 |
| 2016.02 | 2 965 | 2 068 | -19.6 | -17.0 | 897 |
| 2016.03 | 4 537 | 3 374 | -11.6 | -13.7 | 1 164 |
| 2016.04 | 6 231 | 4 643 | -9.6 | -13.0 | 1 588 |
| 2016.05 | 8 012 | 5 995 | -8.7 | -10.5 | 2 057 |
| 2016.06 | 9 800 | 7 272 | -8.2 | -10.2 | 2 528 |

注：表中数据根据海关总署最新数据修订。
Note: Data are revised by General Administration of Customs of the People's Republic of China.

### 当月进出口总值及其增长率
### Total monthly imports, exports, and growth rates

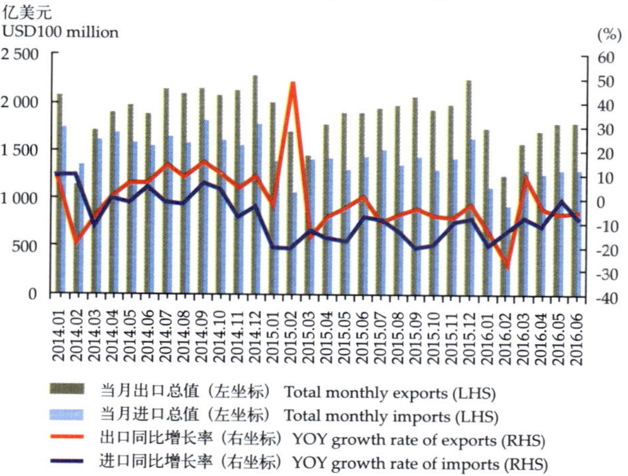


### 月度累计进出口总值及其增长率
### Total accumulated monthly imports, exports, and growth rates

## 贸易差额月度变动趋势
## Movement of monthly trade balance

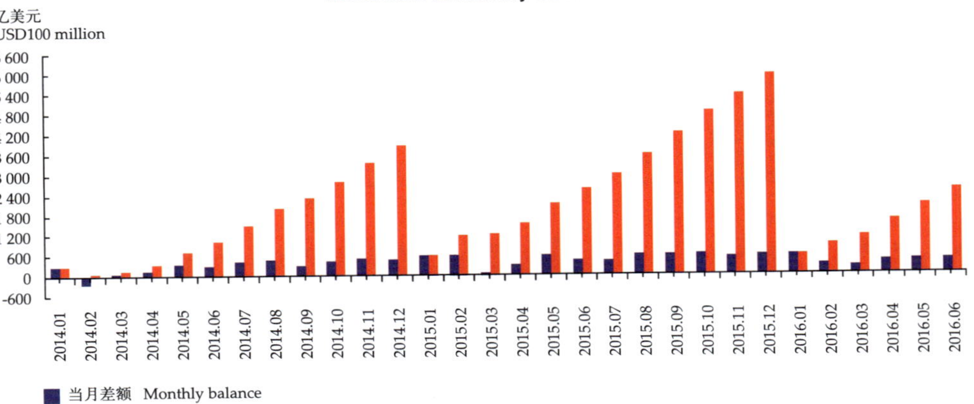


## 贸易差额构成
## Composition of trade balance

单位：亿美元
Unit: USD100 million

| 年 Year | 贸易差额总计 Total trade balance | 一般贸易 General trade | 加工贸易 Processing trade | 其他贸易 Other trade |
|---|---|---|---|---|
| 1998 | 435 | 306 | 359 | -229 |
| 1999 | 292 | 121 | 373 | -202 |
| 2000 | 241 | 51 | 451 | -261 |
| 2001 | 225 | -16 | 535 | -293 |
| 2002 | 304 | 71 | 577 | -344 |
| 2003 | 255 | -57 | 789 | -478 |
| 2004 | 321 | -45 | 1 063 | -696 |
| 2005 | 1 020 | 354 | 1 425 | -759 |
| 2006 | 1 775 | 832 | 1 889 | -945 |
| 2007 | 2 643 | 1 107 | 2 491 | -955 |
| 2008 | 2 981 | 908 | 2 967 | -894 |
| 2009 | 1 957 | -47 | 2 646 | -642 |
| 2010 | 1 815 | -487 | 3 228 | -926 |
| 2011 | 1 549 | -906 | 3 655 | -1 200 |
| 2012 | 2 303 | -345 | 3 814 | -1 166 |
| 2013 | 2 590 | -225 | 3 634 | -818 |
| 2014 | 3 831 | 942 | 3 600 | -710 |
| 2015 | 5 932 | 2 928 | 3 508 | -503 |

注：“贸易差额总计”根据《海关统计》月报修订。
Note: "Total trade balance" are revised by *China Monthly Exports and Imports*.

## 月度累计贸易差额按企业性质分
## Accumulated monthly trade balance by enterprise

单位：亿美元
Unit: USD100 million

| 年/月 Year/Month | 国有企业 State-owned enterprises | 外资企业 Foreign-funded enterprises | 其他企业 Other enterprises |
|---|---|---|---|
| 2014.01 | -247 | 157 | 411 |
| 2014.02 | -486 | 169 | 412 |
| 2014.03 | -713 | 284 | 603 |
| 2014.04 | -966 | 383 | 944 |
| 2014.05 | -1 148 | 540 | 1 332 |
| 2014.06 | -1 314 | 646 | 1 710 |
| 2014.07 | -1 493 | 802 | 2 206 |
| 2014.08 | -1 668 | 948 | 2 735 |
| 2014.09 | -1 864 | 1 036 | 3 155 |
| 2014.10 | -2 022 | 1 213 | 3 593 |
| 2014.11 | -2 162 | 1 475 | 4 019 |
| 2014.12 | -2 346 | 1 654 | 4 522 |
| 2015.01 | -145 | 162 | 577 |
| 2015.02 | -234 | 333 | 1 098 |
| 2015.03 | -435 | 386 | 1 272 |
| 2015.04 | -601 | 490 | 1 666 |
| 2015.05 | -705 | 658 | 2 174 |
| 2015.06 | -865 | 769 | 2 674 |
| 2015.07 | -1 041 | 853 | 3 183 |
| 2015.08 | -1 156 | 1 013 | 3 735 |
| 2015.09 | -1 285 | 1 203 | 4 270 |
| 2015.10 | -1 393 | 1 418 | 4 775 |
| 2015.11 | -1 504 | 1 568 | 5 274 |
| 2015.12 | -1 654 | 1 748 | 5 838 |
| 2016.01 | -79 | 163 | 513 |
| 2016.02 | -151 | 245 | 803 |
| 2016.03 | -261 | 330 | 1 095 |
| 2016.04 | -351 | 435 | 1 505 |
| 2016.05 | -472 | 545 | 1 983 |
| 2016.06 | -585 | 660 | 2 453 |

### 贸易差额构成
Composition of trade balance

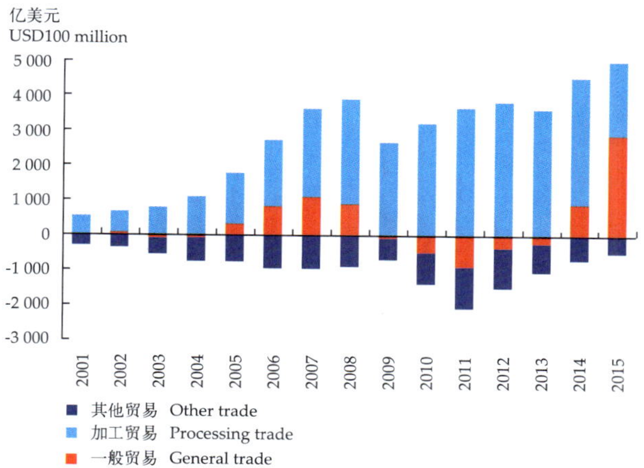


### 月度累计贸易差额按企业性质分
Accumulated monthly trade balance by enterprise

### 一般贸易累计进出口及其增长率
Accumulated imports and exports under general trade and growth rates

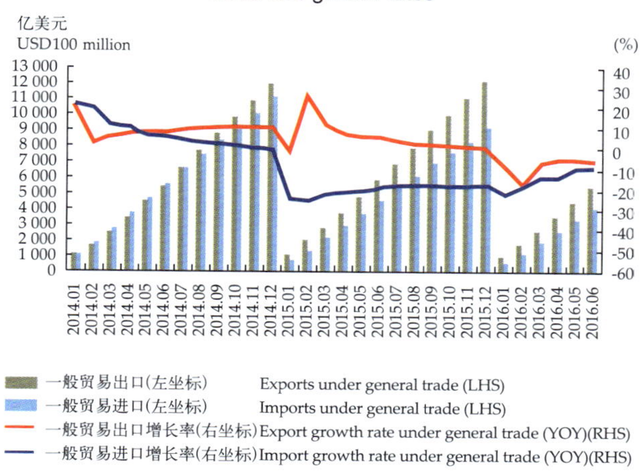


### 加工贸易累计进出口及其增长率
Accumulated imports and exports under processing trade and growth rates

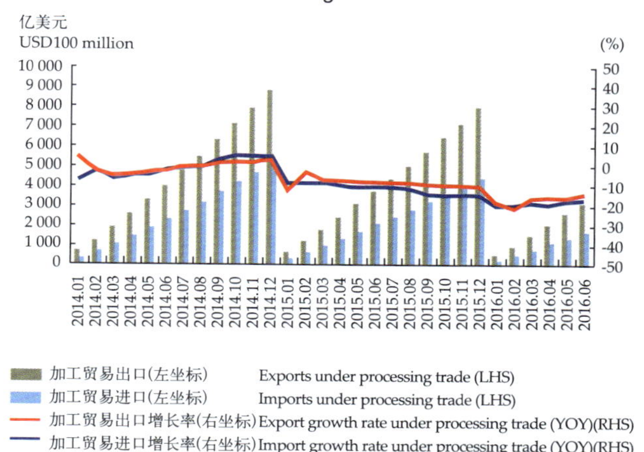

**中国大陆对美国进出口及其增长趋势**
Mainland China's imports from and exports to the U.S. and their growth

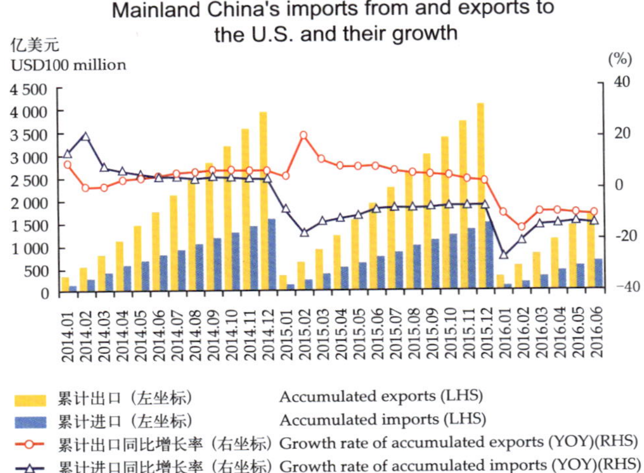


**中国大陆对美国贸易总额和贸易差额**
Mainland China's trade volume and trade balance with the U.S.

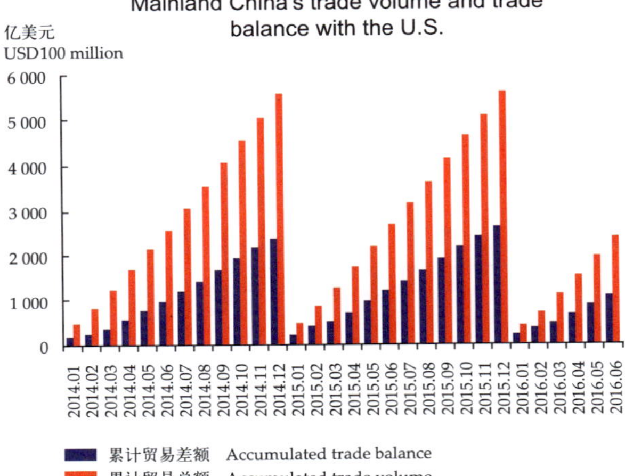


**中国大陆对欧盟进出口及其增长趋势**
Mainland China's imports from and exports to the EU and their growth

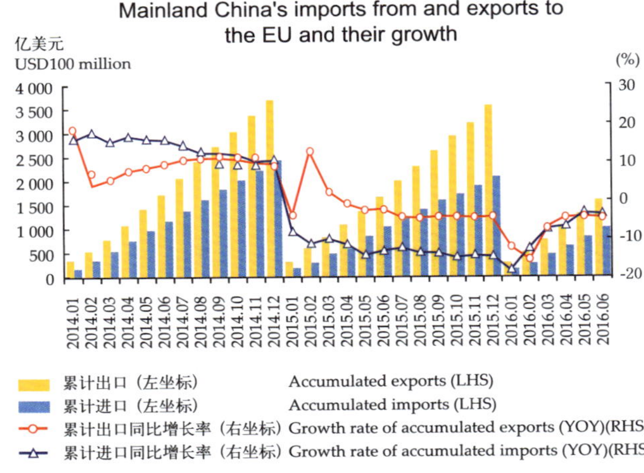


**中国大陆对欧盟贸易总额和贸易差额**
Mainland China's trade volume and trade balance with the EU

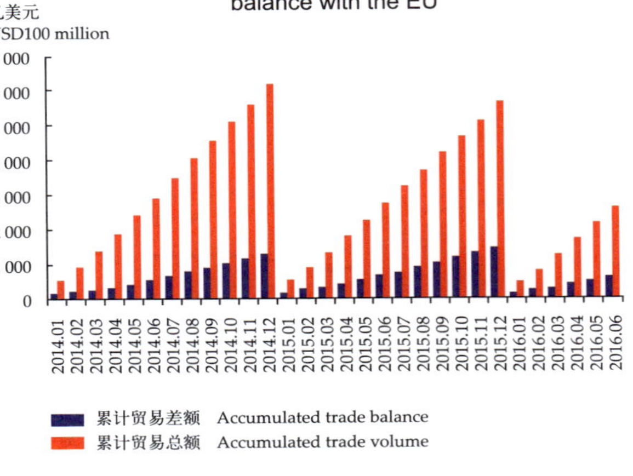


**中国大陆对日本进出口及其增长趋势**
Mainland China's imports from and exports to Japan and their growth

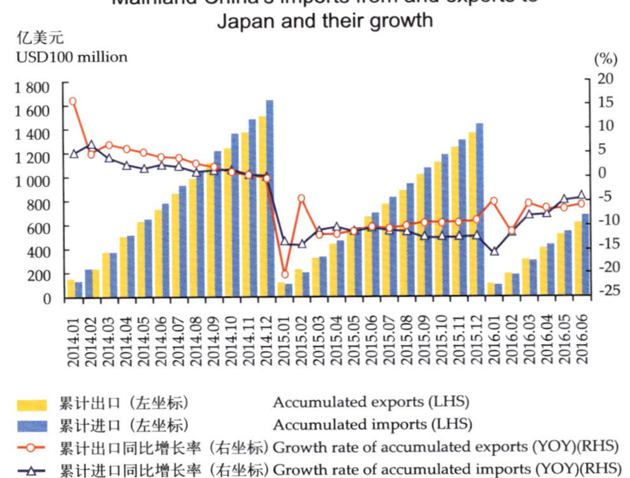


**中国大陆对日本贸易总额和贸易差额**
Mainland China's trade volume and trade balance with Japan

亿美元
USD100 million

累计贸易差额 Accumulated trade balance
累计贸易总额 Accumulated trade volume

### 中国大陆对东盟进出口及其增长趋势
Mainland China's imports from and exports to ASEAN and their growth

### 中国大陆对东盟贸易总额和贸易差额
Mainland China's trade volume and trade balance with ASEAN

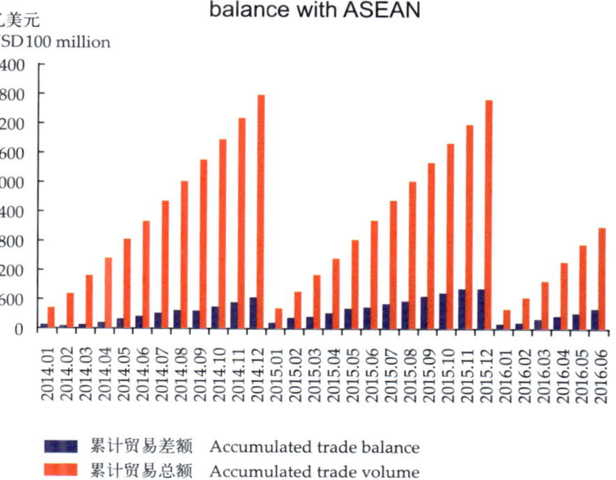


### 中国大陆对中国香港地区进出口及其增长趋势
Mainland China's imports from and exports to Hong Kong SAR of China and their growth

### 中国大陆对中国香港地区贸易总额和贸易差额
Mainland China's trade volume and trade balance with Hong Kong SAR of China

### 中国大陆对中国台湾地区进出口及其增长趋势
Mainland China's imports from and exports to China Taiwan and their growth

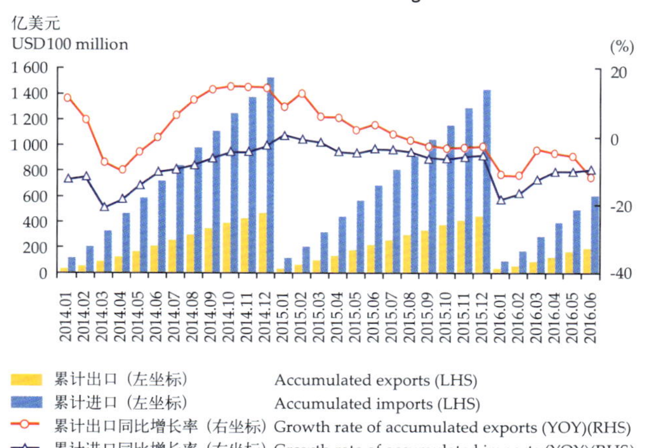


### 中国大陆对中国台湾地区贸易总额和贸易差额
Mainland China's trade volume and trade balance with China Taiwan

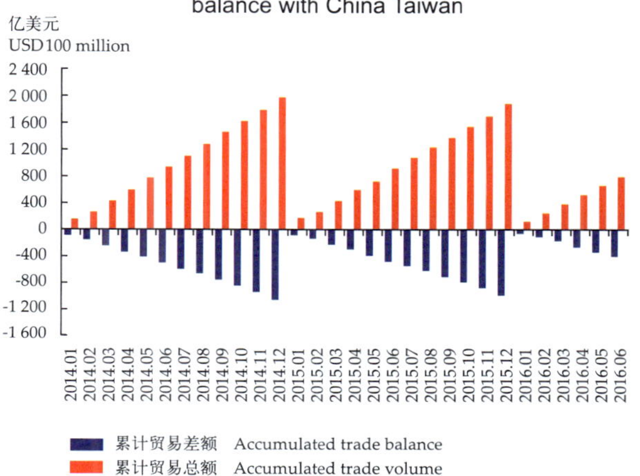

## 2.外资

## (2) Foreign investment

据联合国贸易与发展会议2016年6月发布的《2016年世界投资报告》，2015年中国吸收外资全球排名第三，资本流入量为1 356亿美元，报告指出：2015年全球外国直接投资流入量为1.76亿美元，较上年增长38%。

另据商务部统计，2015年，新批设立外商投资企业26 575家，实际使用外资金额1 262.7亿美元。

According to the UNCTAD's *World Investment Report 2016* published in June, 2016, China ranked world's No.3 recipient of foreign direct investment (FDI) in 2015, with capital inflows of USD135.6 billion. It is pointed out in the report that global FDI inflows increased by 38% to USD1.76 trillion in 2015.

According to statistics of the Ministry of Commerce, in 2015, 26,575 foreign-invested enterprises were approved for incorporation in China, with actual utilized FDI reaching USD126.27 billion.

**实际利用外商直接投资及其增长趋势**

**Actual utilized foreign direct investments and growth rates**

单位：亿美元
Unit: USD100 million

| 年 Year | 绝对值 Absolute value | 增长率(%) Growth rates(%) |
|---|---|---|
| 1991 | 43.7 | 25.2 |
| 1992 | 110.1 | 152.1 |
| 1993 | 275.2 | 150.0 |
| 1994 | 337.7 | 22.7 |
| 1995 | 375.2 | 11.1 |
| 1996 | 417.3 | 11.2 |
| 1997 | 452.6 | 8.5 |
| 1998 | 454.6 | 0.5 |
| 1999 | 403.2 | -11.3 |
| 2000 | 407.2 | 1.0 |
| 2001 | 468.8 | 15.1 |
| 2002 | 527.4 | 12.5 |
| 2003 | 535.1 | 1.4 |
| 2004 | 606.3 | 13.3 |
| 2005 | 603.3 | -0.5 |
| 2006 | 630.2 | 4.5 |
| 2007 | 747.7 | 18.6 |
| 2008 | 924.0 | 23.6 |
| 2009 | 900.3 | -2.6 |
| 2010 | 1 057.4 | 17.4 |
| 2011 | 1 160.1 | 9.7 |
| 2012 | 1 117.2 | -3.7 |
| 2013 | 1 175.9 | 5.3 |
| 2014 | 1 195.6 | 1.7 |
| 2015 | 1 262.7 | 5.6 |

**实际利用外商直接投资及其增长率**

**Actual utilized foreign direct investments and growth rates**

## 月度累计实际外商直接投资
Accumulated utilized FDI on a monthly basis

单位：亿美元
Unit: USD100 million

| 年/月 Year/Month | 实际外商直接投资累计金额 Accumulated utilized FDI | 实际外商直接投资累计同比增长率(%) Growth rate of accumulated utilized FDI (%) |
|---|---|---|
| 2014.01 | 108 | 16.1 |
| 2014.02 | 193 | 10.4 |
| 2014.03 | 315 | 5.5 |
| 2014.04 | 403 | 5.0 |
| 2014.05 | 489 | 2.8 |
| 2014.06 | 633 | 2.2 |
| 2014.07 | 711 | -0.4 |
| 2014.08 | 783 | -1.8 |
| 2014.09 | 874 | -1.4 |
| 2014.10 | 959 | -1.2 |
| 2014.11 | 1 062 | 0.7 |
| 2014.12 | 1 196 | 1.7 |
| 2015.01 | 139 | 29.4 |
| 2015.02 | 225 | 17.0 |
| 2015.03 | 349 | 11.3 |
| 2015.04 | 445 | 11.1 |
| 2015.05 | 538 | 10.5 |
| 2015.06 | 684 | 8.3 |
| 2015.07 | 766 | 7.9 |
| 2015.08 | 853 | 9.2 |
| 2015.09 | 949 | 9.0 |
| 2015.10 | 1 037 | 8.6 |
| 2015.11 | 1 140 | 7.9 |
| 2015.12 | 1 263 | 6.4 |
| 2016.01 | 141 | 1.1 |
| 2016.02 | 225 | 0.2 |
| 2016.03 | 354 | 4.5 |
| 2016.04 | 453 | 4.8 |
| 2016.05 | 542 | 3.8 |
| 2016.06 | 694 | 5.1 |

## 月度累计实际外商直接投资
Accumulated utilized FDI on a monthly basis

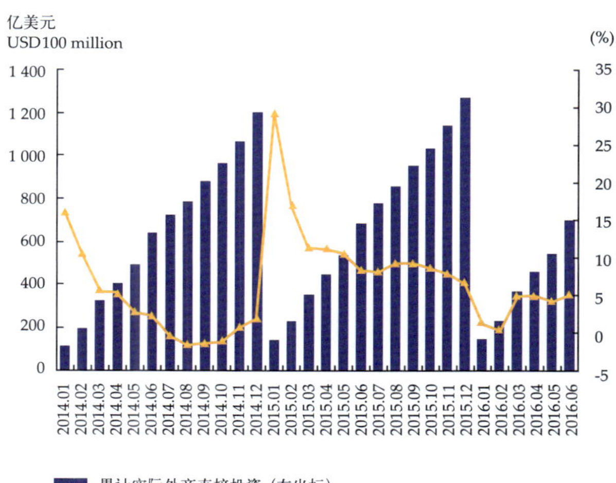

## 3.国际收支
## (3) Balance of payments (BOP)

**中国国际收支变化趋势**
Movement of China's balance of payments

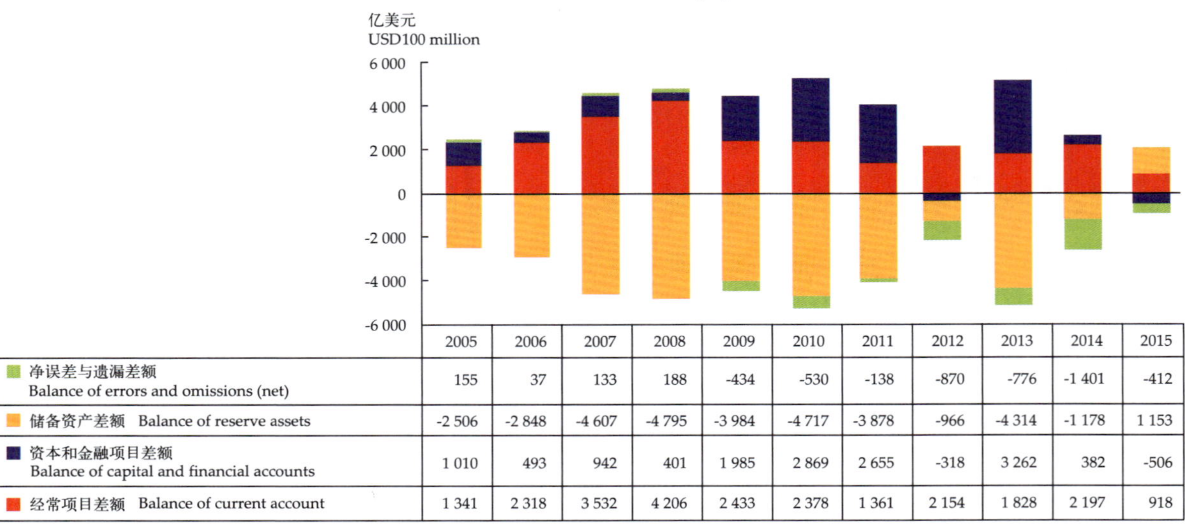


| | 2005 | 2006 | 2007 | 2008 | 2009 | 2010 | 2011 | 2012 | 2013 | 2014 | 2015 |
|---|---|---|---|---|---|---|---|---|---|---|---|
| 净误差与遗漏差额 Balance of errors and omissions (net) | 155 | 37 | 133 | 188 | -434 | -530 | -138 | -870 | -776 | -1 401 | -412 |
| 储备资产差额 Balance of reserve assets | -2 506 | -2 848 | -4 607 | -4 795 | -3 984 | -4 717 | -3 878 | -966 | -4 314 | -1 178 | 1 153 |
| 资本和金融项目差额 Balance of capital and financial accounts | 1 010 | 493 | 942 | 401 | 1 985 | 2 869 | 2 655 | -318 | 3 262 | 382 | -506 |
| 经常项目差额 Balance of current account | 1 341 | 2 318 | 3 532 | 4 206 | 2 433 | 2 378 | 1 361 | 2 154 | 1 828 | 2 197 | 918 |

注：1. 储备资产的增加用负值表示，储备资产的减少用正值表示。
2. 图中数据根据国家外汇管理局最新数据修订。

Notes: 1. The increase in the reserve assets is expressed in a negative figure and the decrease in the reserve assets is expressed in a positive figure.
2. Data are revised by State Administration of Foreign Exchange.

## 2016年上半年国际收支平衡表简表
## BOP sheet in the first half of 2016

单位：亿美元
Unit: USD100 million

| 项 目<br>Items | | 金 额<br>Amounts |
|---|---|---|
| 一、经常账户 Current account | | 1 035 |
| | 贷方 credit | 11 798 |
| | 借方 debit | -10 763 |
| 1.1 货物和服务 Goods and Services | | 1 163 |
| | 贷方 credit | 10 549 |
| | 借方 debit | -9 386 |
| 1.1.1 货物 Goods | | 2 298 |
| | 贷方 credit | 9 204 |
| | 借方 debit | -6 906 |
| 1.1.2 服务 Services | | -1 135 |
| | 贷方 credit | 1 345 |
| | 借方 debit | -2 480 |
| 1.2 初次收入 Primary income | | -96 |
| | 贷方 credit | 1 087 |
| | 借方 debit | -1 182 |
| 1.3 二次收入 Secondary income | | -33 |
| | 贷方 credit | 162 |
| | 借方 debit | -194 |
| 二、资本和金融账户 Capital and financial account | | -145 |
| 2.1 资本账户 Capital account | | -1 |
| | 贷方 credit | 2 |
| | 借方 debit | -4 |
| 2.2 金融账户 Financial account | | -143 |
| 资产 Assets | | -780 |
| 负债 Liabilities | | 636 |
| 2.2.1 非储备性质的金融账户 Financial account excluding reserve assets | | -1 721 |
| 2.2.1.1 直接投资 Direct investment | | -466 |
| 资产 Assets | | -1 214 |
| 负债 Liabilities | | 748 |
| 2.2.1.2 证券投资 Portfolio investment | | -331 |
| 资产 Assets | | -377 |
| 负债 Liabilities | | 46 |
| 2.2.1.3 金融衍生工具 Financial derivatives | | -24 |
| 资产 Assets | | -46 |
| 负债 Liabilities | | 22 |
| 2.2.1.4 其他投资 Other investment | | -900 |
| 资产 Assets | | -720 |
| 负债 Liabilities | | -179 |
| 2.2.2 储备资产 Reserve assets | | 1 578 |
| 三、净误差与遗漏 Net errors and omissions | | -890 |

注：根据《国际收支和国际投资头寸手册》（第六版）编制。
Note: Compiled in accordance with the sixth edition of *Balance of Payments and International Investment Position Manual* (BPM6).

## 4.外汇储备
## (4) Foreign exchange reserves

**外汇储备及其增长率**
**Foreign exchange reserves and growth rates**

单位：亿美元
Unit: USD100 million

| 年/月 Year/Month | 外汇储备 Foreign exchange reserves | 同比增长(%) Growth rate (YOY)(%) |
|---|---|---|
| 2014.01 | 38 666 | 13.4 |
| 2014.02 | 39 137 | 15.3 |
| 2014.03 | 39 481 | 14.7 |
| 2014.04 | 39 788 | 12.6 |
| 2014.05 | 39 839 | 13.3 |
| 2014.06 | 39 932 | 14.2 |
| 2014.07 | 39 663 | 11.8 |
| 2014.08 | 39 688 | 11.7 |
| 2014.09 | 38 877 | 6.1 |
| 2014.10 | 38 529 | 3.1 |
| 2014.11 | 38 474 | 1.5 |
| 2014.12 | 38 430 | 0.6 |
| 2015.01 | 38 134 | -1.4 |
| 2015.02 | 38 015 | -2.9 |
| 2015.03 | 37 300 | -5.5 |
| 2015.04 | 37 481 | -5.8 |
| 2015.05 | 37 111 | -6.8 |
| 2015.06 | 36 938 | -7.5 |
| 2015.07 | 36 513 | -7.9 |
| 2015.08 | 35 574 | -10.4 |
| 2015.09 | 35 141 | -9.6 |
| 2015.10 | 35 255 | -8.5 |
| 2015.11 | 34 383 | -10.6 |
| 2015.12 | 33 304 | -13.3 |
| 2016.01 | 32 309 | -15.3 |
| 2016.02 | 32 023 | -15.8 |
| 2016.03 | 32 126 | -13.9 |
| 2016.04 | 32 197 | -14.1 |
| 2016.05 | 31 917 | -14.0 |
| 2016.06 | 32 052 | -13.2 |

**外汇储备及其增长率**
**Foreign exchange reserves and growth rates**

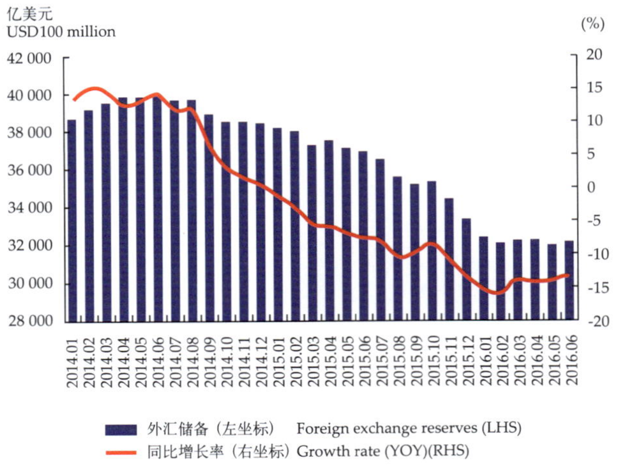


## 5.外债
## (5) External debt

**外债余额与外债债务率**
**Balance and ratio of external debt to foreign exchange income**

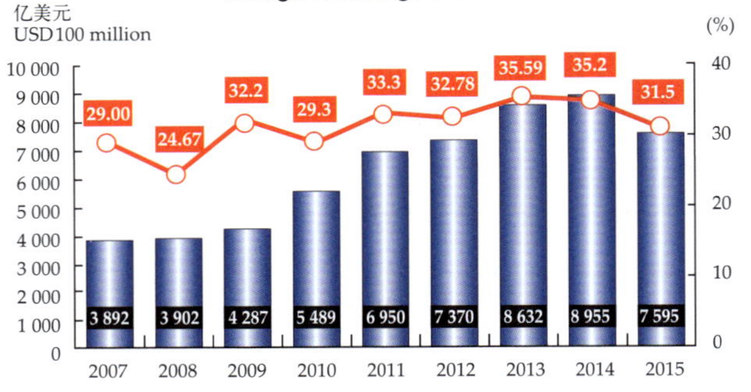


**外债余额与外债负债率**
**Balance and ratio of external debt to GDP**

注：图中数据根据国家外汇管理局最新数据修订。
Note: Data are revised by State Administration of Foreign Exchange.

## 2016年6月末外债数据

External debt balance at the end of June, 2016

单位：亿美元
Unit: USD100 million

| | 外债余额 Outstanding external debt | 广义政府债务 General government debt | 中央银行债务 Monetary authority debt | 银行债务 Bank debt | 其他部门债务 Other sectors debt | 直接投资：公司间贷款 Direct investment intercompany lending |
|---|---|---|---|---|---|---|
| 债务余额 Debt balance | 13 893 | 1 131 | 802 | 5 787 | 3 812 | 2 361 |
| 比重(%) Share (%) | 100 | 8.14 | 5.77 | 41.65 | 27.44 | 16.99 |

注：2014年年末，国家外汇管理局按照国际货币基金组织“数据公布特殊标准”（SDDS）的分类标准公布我国外币外债数据，机构部门的分类相应进行了调整。
Note：At the end of 2014, State Administration of Foreign Exchange (SAFE) started to publish the data of China's external debts denominated in foreign currencies according to IMF's SDDS classification standards. The classification of sectors and departments were also adjusted accordingly.

## 2016年6月末外债结构

External debt structure at the end of June 2016

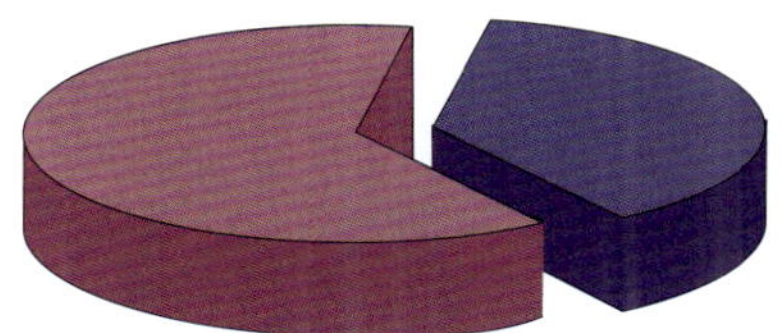


2016年6月末，中国外债余额为13 893亿美元，其中，中长期外债余额为5 220亿美元，占外债余额的37.57%；短期外债余额为8 673亿美元，占外债余额的62.43%。
China's outstanding balance of external debt was USD1,389.3 billion at the end of June of 2016, among which USD522.0 billion or 35.57 percent was medium and long-term debt, and USD867.3 billion or 62.43 percent was short-term debt.

# 六、财政收支与债务
# 6. Fiscal Revenue, Expenditure and Debt

### 年度财政收入、财政支出及其增长趋势
### Annual budgetary revenue, budgetary expenditure, and their growth

单位：亿元
Unit: RMB100 million

| 年<br>Year | 财政收入<br>Budgetary revenue | 财政支出<br>Budgetary expenditure | 财政收入同比增长率(%)<br>Growth rate of budgetary revenue (YOY) (%) | 财政支出同比增长率(%)<br>Growth rate of budgetary expenditure (YOY)(%) |
|---|---|---|---|---|
| 1994 | 5 218 | 5 793 | 20.0 | 24.8 |
| 1995 | 6 242 | 6 824 | 19.6 | 17.8 |
| 1996 | 7 408 | 7 938 | 18.7 | 16.3 |
| 1997 | 8 651 | 9 234 | 16.8 | 16.3 |
| 1998 | 9 876 | 10 798 | 14.2 | 16.9 |
| 1999 | 11 444 | 13 188 | 15.9 | 22.1 |
| 2000 | 13 395 | 15 887 | 17.0 | 20.5 |
| 2001 | 16 386 | 18 903 | 22.3 | 19.0 |
| 2002 | 18 904 | 22 053 | 15.4 | 16.7 |
| 2003 | 21 715 | 24 650 | 14.9 | 11.8 |
| 2004 | 26 396 | 28 487 | 21.6 | 15.6 |
| 2005 | 31 649 | 33 930 | 19.9 | 19.1 |
| 2006 | 38 760 | 40 423 | 22.5 | 19.1 |
| 2007 | 51 322 | 49 781 | 32.4 | 23.2 |
| 2008 | 61 330 | 62 593 | 19.5 | 25.4 |
| 2009 | 68 518 | 76 300 | 11.7 | 21.9 |
| 2010 | 83 080 | 89 575 | 21.3 | 17.4 |
| 2011 | 103 740 | 108 930 | 24.8 | 21.2 |
| 2012 | 117 210 | 125 712 | 12.8 | 15.1 |
| 2013 | 129 143 | 139 744 | 10.2 | 11.2 |
| 2014 | 140 350 | 151 662 | 8.6 | 8.2 |
| 2015 | 152 217 | 175 768 | 8.4 | 15.8 |

注：表中数据根据财政部最新数据修订。
Note: Data are revised by the Ministry of Finance.

### 月度累计财政收支增长率与收支差额
### Monthly growth rate and balance of accumulated fiscal revenue and expenditure

单位：亿元
Unit: RMB100 million

| 年/月<br>Year/Month | 财政收入累计同比增长率(%)<br>Growth rate of accumulated fiscal revenue(YOY)(%) | 财政支出累计同比增长率(%)<br>Growth rate of accumulated fiscal expenditure(YOY)(%) | 累计财政收支总量差额<br>Balance of accumulated fiscal revenue and expenditure |
|---|---|---|---|
| 2014.01 | 13.0 | 21.4 | 5 281 |
| 2014.02 | 11.1 | 6.0 | 7 856 |
| 2014.03 | 9.3 | 12.6 | 4 593 |
| 2014.04 | 9.3 | 9.6 | 7 665 |
| 2014.05 | 8.8 | 12.9 | 8 545 |
| 2014.06 | 8.8 | 15.8 | 5 484 |
| 2014.07 | 8.5 | 15.0 | 7 889 |
| 2014.08 | 8.3 | 13.9 | 6 795 |
| 2014.09 | 8.1 | 13.2 | 2 722 |
| 2014.10 | 8.2 | 11.3 | 6 093 |
| 2014.11 | 8.3 | 10.1 | 3 287 |
| 2014.12 | 8.6 | 8.2 | -11 312 |
| 2015.01 | 5.0 | -19.9 | 8 067 |
| 2015.02 | 3.2 | 10.5 | 6 851 |
| 2015.03 | 3.9 | 7.8 | 3 592 |
| 2015.04 | 5.1 | 13.8 | 4 559 |
| 2015.05 | 5.0 | 11.1 | 5 791 |
| 2015.06 | 6.6 | 11.8 | 2 312 |
| 2015.07 | 7.5 | 13.4 | 3 829 |
| 2015.08 | 7.4 | 14.8 | 657 |
| 2015.09 | 7.6 | 16.4 | -6 250 |
| 2015.10 | 7.7 | 18.1 | -5 306 |
| 2015.11 | 8.0 | 18.9 | -10 288 |
| 2015.12 | 8.4 | 15.8 | -23 551 |
| 2016.01 | 5.8 | 24.3 | 7 032 |
| 2016.02 | 6.3 | 12.0 | 6 215 |
| 2016.03 | 6.5 | 15.4 | 938 |
| 2016.04 | 8.6 | 12.4 | 3 351 |
| 2016.05 | 8.3 | 13.6 | 3 352 |
| 2016.06 | 7.1 | 15.1 | -3 651 |

注：表中数据根据财政部最新数据修订。
Note: Data are revised by the Ministry of Finance.

### 年度财政收入、财政支出及其增长趋势
### Annual budgetary revenue, budgetary expenditure, and their growth

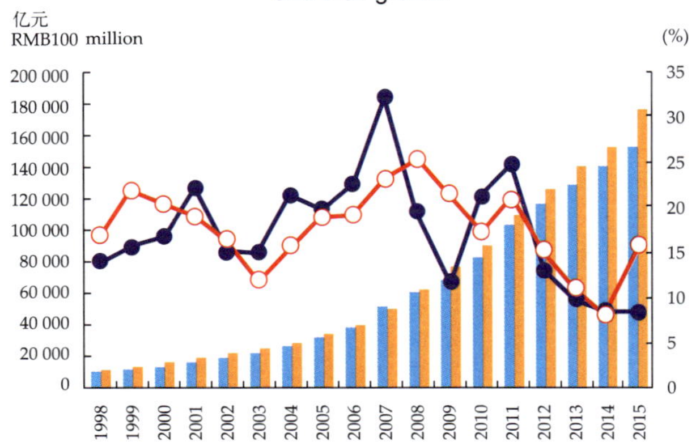


财政收入(左坐标) Budgetary revenue (LHS)
财政支出(左坐标) Budgetary expenditure (LHS)
财政收入同比增长率(右坐标) Growth rate of budgetary revenue (YOY)(RHS)
财政支出同比增长率(右坐标) Growth rate of budgetary expenditure (YOY)(RHS)

### 月度累计财政收支增长率与收支差额
### Monthly growth rate and balance of accumulated fiscal revenue and expenditure

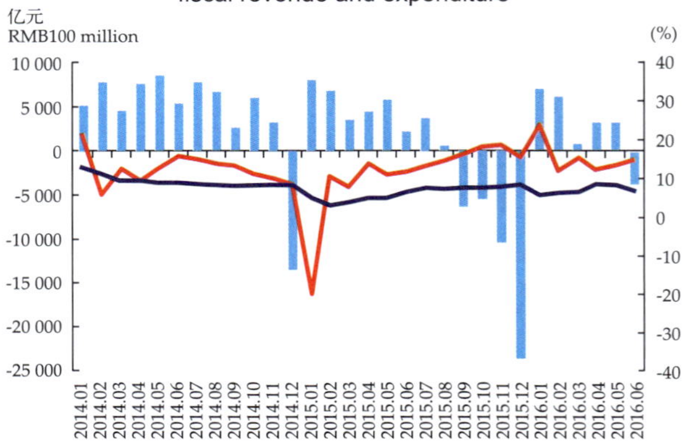


累计财政收支差额（左坐标）
Balance of accumulated fiscal revenue and expenditure (LHS)
财政收入累计同比增长率（右坐标）
Growth rate of accumulated fiscal revenue (YOY)(RHS)
财政支出累计同比增长率（右坐标）
Growth rate of accumulated fiscal expenditure (YOY)(RHS)

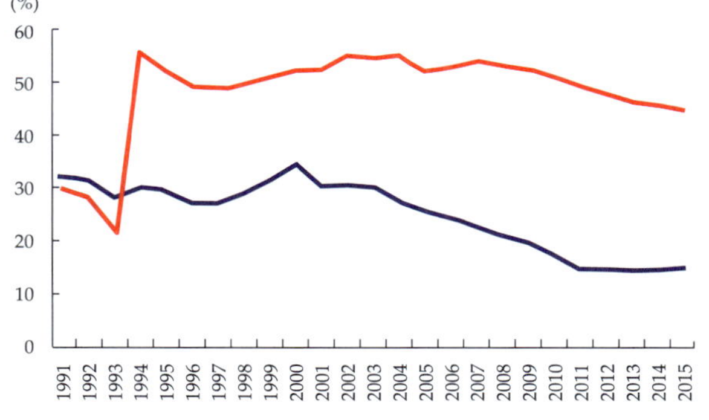


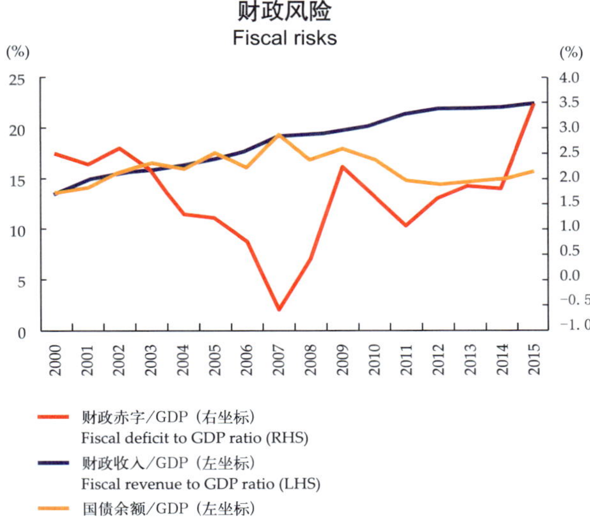


**2016年主要预算指标：**

2016年，中央财政预算收入为70 570亿元，比2015年执行数（下同）增长2.2%。从中央预算稳定调节基金调入1 000亿元，从中央政府性基金预算、中央国有资本经营预算调入315亿元，合计收入总量为71 885亿元。中央一般公共预算支出85 885亿元，增长6.3%（加上使用以前年度结转资金1 725亿元，同口径增长6.7%）。中央财政收支总量相抵，赤字为14 000亿元，比上年预算数增加2 800亿元。中央财政国债余额限额为125 908.35亿元。

汇总中央预算和地方预算安排，全国一般公共预算收入157 200亿元，增长3%。加上调入资金1 715亿元，可安排的收入总量为158 915亿元。全国一般公共预算支出180 715亿元，剔除地方上年使用结转结余及调入资金后同口径增长6.7%。赤字21 800亿元，比2015年增加5 600亿元。

**Budgetary targets for 2016:**

In 2016, revenue in the central government's general public budget is expected to reach RMB7.057 trillion, an increase of 2.2% over the actual figure for 2015. Adding in the RMB100 billion from the Central Budget Stabilization Fund and the RMB31.5 billion from the budgets of central government-managed funds and central government state capital operations, total revenue in 2016 should amount to RMB7.1885 trillion. Expenditures from the central government's general public budget are projected to reach RMB8.5885 trillion, an increase of 6.3% (or an increase of 6.7%, if the use of the RMB172.5 billion carried over from previous years is included). Total expenditures are projected to exceed total revenue leaving a deficit of RMB1.4 trillion, an increase of RMB280 billion over last year. The celling for the outstanding balance of central government bonds will be RMB12.590835 trillion.

Combining the general public budgets of the central and local governments, it is projected that nationwide revenue will amount to RMB15.72 trillion, up 3% from last year. Adding in the RMB171.5 billion transferred from other sources, total revenue available is expected to reach RMB15.8915 trillion. Nationwide expenditures are budgeted at RMB18.0715 trillion, which after deducting local governments' utilized carryover and surplus funds from last year and funds transferred from other sources is an increase of 6.7%. This will produce a national deficit of RMB2.18 trillion, an increase of RMB560 billion over 2015.

# 七、货币银行
# 7. Money and Banking

## 1.货币供应量
## (1) Money supply

### 年度M0、M1、M2及其变化趋势
Annual M0, M1 and M2 and their changes

单位：万亿元 Unit: RMB1 trillion

| 年 Year | M0 | M1 | M2 | M0同比增长率(%) Growth rate of M0 (YOY) (%) | M1同比增长率(%) Growth rate of M1 (YOY) (%) | M2同比增长率(%) Growth rate of M2 (YOY) (%) |
|---|---|---|---|---|---|---|
| 1999 | 1.3 | 4.6 | 12.0 | 20.1 | 17.7 | 14.7 |
| 2000 | 1.5 | 5.3 | 13.8 | 8.9 | 16.0 | 14.0 |
| 2001 | 1.6 | 6.0 | 15.8 | 7.1 | 12.7 | 14.4 |
| 2002 | 1.7 | 7.1 | 18.5 | 10.1 | 16.8 | 16.8 |
| 2003 | 2.0 | 8.4 | 22.1 | 14.3 | 18.7 | 19.6 |
| 2004 | 2.1 | 9.6 | 25.3 | 8.7 | 13.6 | 14.6 |
| 2005 | 2.4 | 10.7 | 29.9 | 11.9 | 11.8 | 17.6 |
| 2006 | 2.7 | 12.6 | 34.6 | 12.7 | 17.5 | 16.9 |
| 2007 | 3.0 | 15.3 | 40.3 | 12.1 | 21.0 | 16.7 |
| 2008 | 3.4 | 16.6 | 47.5 | 12.7 | 9.1 | 17.8 |
| 2009 | 3.8 | 22.1 | 61.0 | 11.8 | 32.4 | 27.7 |
| 2010 | 4.5 | 26.7 | 72.6 | 16.7 | 21.2 | 19.7 |
| 2011 | 5.1 | 29.0 | 85.2 | 13.8 | 7.9 | 13.6 |
| 2012 | 5.5 | 30.9 | 97.4 | 7.7 | 6.5 | 13.8 |
| 2013 | 5.9 | 33.7 | 110.7 | 7.1 | 9.3 | 13.6 |
| 2014 | 6.0 | 34.8 | 122.8 | 2.9 | 3.2 | 12.2 |
| 2015 | 6.3 | 40.1 | 139.2 | 4.9 | 15.2 | 13.3 |

### 月度M0、M1、M2及其变化趋势
Monthly M0, M1 and M2 and their changes

单位：万亿元 Unit: RMB1 trillion

| 年/月 Year/Month | M0 | M1 | M2 | M0同比增长率(%) Growth rate of M0 (YOY) (%) | M1同比增长率(%) Growth rate of M1 (YOY) (%) | M2同比增长率(%) Growth rate of M2 (YOY) (%) |
|---|---|---|---|---|---|---|
| 2014.01 | 7.6 | 31.5 | 112.4 | 22.5 | 1.2 | 13.2 |
| 2014.02 | 6.2 | 31.7 | 113.2 | 3.3 | 6.9 | 13.3 |
| 2014.03 | 5.8 | 32.8 | 116.1 | 5.2 | 5.4 | 12.1 |
| 2014.04 | 5.9 | 32.4 | 116.9 | 5.4 | 5.5 | 13.2 |
| 2014.05 | 5.8 | 32.8 | 118.2 | 6.7 | 5.7 | 13.4 |
| 2014.06 | 5.7 | 34.1 | 121.0 | 5.3 | 8.9 | 14.7 |
| 2014.07 | 5.7 | 33.1 | 119.4 | 5.4 | 6.7 | 13.5 |
| 2014.08 | 5.8 | 33.2 | 119.7 | 5.6 | 5.7 | 12.8 |
| 2014.09 | 5.9 | 32.7 | 120.2 | 4.2 | 4.8 | 12.9 |
| 2014.10 | 5.8 | 33.0 | 119.9 | 3.8 | 3.2 | 12.6 |
| 2014.11 | 5.8 | 33.5 | 120.9 | 3.5 | 3.2 | 12.3 |
| 2014.12 | 6.0 | 34.8 | 122.8 | 2.9 | 3.2 | 12.2 |
| 2015.01 | 6.3 | 34.8 | 124.3 | -17.6 | 10.6 | 10.8 |
| 2015.02 | 7.3 | 33.4 | 125.7 | 17.0 | 5.6 | 12.5 |
| 2015.03 | 6.2 | 33.7 | 127.5 | 6.2 | 2.9 | 11.6 |
| 2015.04 | 6.1 | 33.6 | 128.1 | 3.7 | 3.7 | 10.1 |
| 2015.05 | 5.9 | 34.3 | 130.7 | 1.8 | 4.7 | 10.8 |
| 2015.06 | 5.9 | 35.6 | 133.3 | 2.9 | 4.3 | 11.8 |
| 2015.07 | 5.9 | 35.3 | 135.3 | 2.9 | 6.6 | 13.3 |
| 2015.08 | 5.9 | 36.3 | 135.7 | 1.8 | 9.3 | 13.3 |
| 2015.09 | 6.1 | 36.4 | 136.0 | 3.7 | 11.4 | 13.1 |
| 2015.10 | 6.0 | 37.6 | 136.1 | 3.8 | 14.0 | 13.5 |
| 2015.11 | 6.0 | 38.8 | 137.4 | 3.2 | 15.7 | 13.7 |
| 2015.12 | 6.3 | 40.1 | 139.2 | 4.9 | 15.2 | 13.3 |
| 2016.01 | 7.3 | 41.3 | 141.6 | 15.1 | 18.6 | 14.0 |
| 2016.02 | 6.9 | 39.3 | 142.5 | -4.8 | 17.4 | 13.3 |
| 2016.03 | 6.5 | 41.2 | 144.6 | 4.4 | 22.1 | 13.4 |
| 2016.04 | 6.4 | 41.4 | 144.5 | 6.0 | 22.9 | 12.8 |
| 2016.05 | 6.3 | 42.4 | 146.2 | 6.3 | 23.7 | 11.8 |
| 2016.06 | 6.3 | 44.4 | 149.0 | 7.2 | 24.6 | 11.8 |

### 货币供应量与货币流动性
Money supply and monetary liquidity

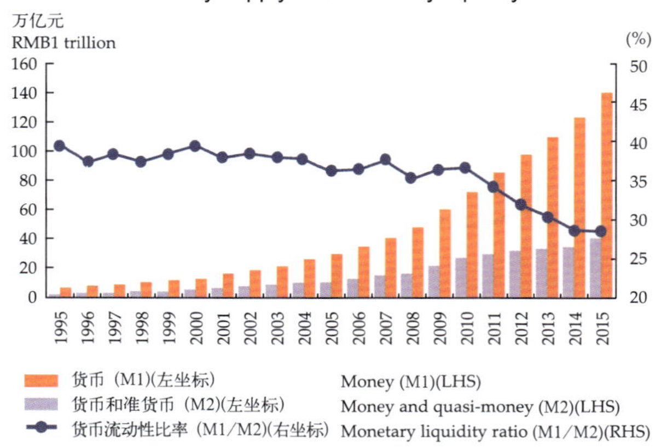


### 年度M0、M1、M2及其变化趋势
Annual M0, M1 and M2 and their changes

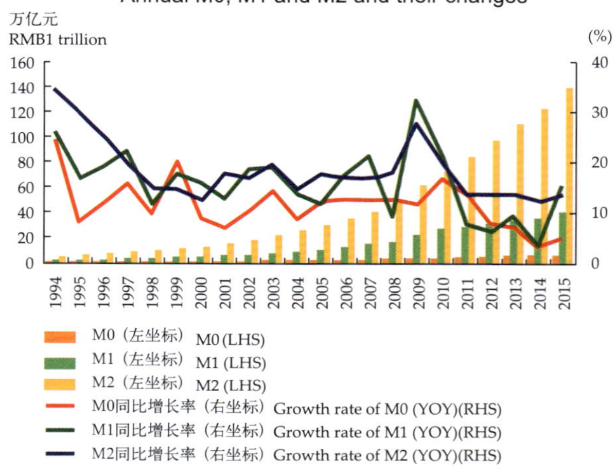


### 月度M0、M1、M2及其变化趋势
Monthly M0, M1 and M2 and their changes

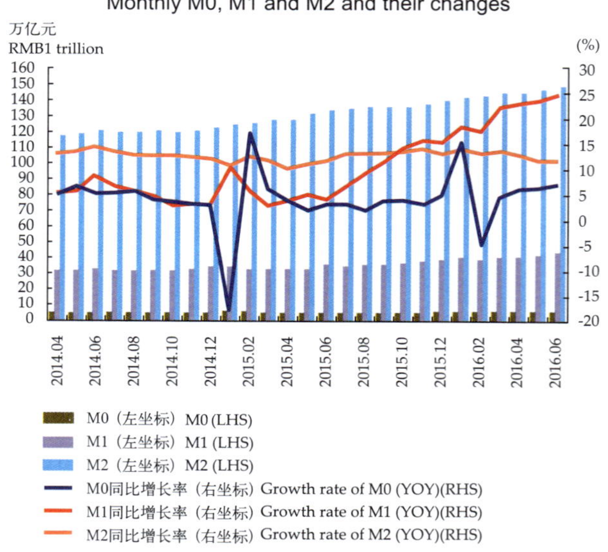

## 货币供应量构成
Composition of money supply

单位：亿元
Unit: RMB100 million

| 年/月 Year/Month | 货币和准货币 Money & quasi-money (M2) | 货币 Money (M1) | 流通中货币 Currency in circulation (M0) | 单位活期存款 Corporate demand deposits | 准货币 Quasi-money | 单位定期存款 Corporate time deposits | 个人存款 Personal deposits | 其他存款 Other deposits |
|---|---|---|---|---|---|---|---|---|
| 2015.01 | 1 242 710 | 348 106 | 63 041 | 285 066 | 894 603 | 271 426 | 513 091 | 110 087 |
| 2015.02 | 1 257 384 | 334 439 | 72 896 | 261 543 | 922 945 | 273 553 | 538 482 | 110 911 |
| 2015.03 | 1 275 333 | 337 211 | 61 950 | 275 261 | 938 122 | 275 189 | 544 694 | 118 239 |
| 2015.04 | 1 280 779 | 336 388 | 60 772 | 275 616 | 944 391 | 281 462 | 534 068 | 128 861 |
| 2015.05 | 1 307 358 | 343 086 | 59 076 | 284 010 | 964 272 | 286 887 | 529 595 | 147 790 |
| 2015.06 | 1 333 375 | 356 083 | 58 604 | 297 479 | 977 293 | 289 329 | 539 127 | 148 836 |
| 2015.07 | 1 353 211 | 353 122 | 59 011 | 294 111 | 1 000 089 | 292 949 | 538 406 | 168 734 |
| 2015.08 | 1 356 908 | 362 794 | 59 062 | 303 732 | 994 114 | 292 912 | 540 222 | 160 980 |
| 2015.09 | 1 359 824 | 364 417 | 61 023 | 303 394 | 995 407 | 298 571 | 547 874 | 148 962 |
| 2015.10 | 1 361 021 | 375 806 | 59 900 | 315 906 | 985 214 | 288 758 | 541 958 | 154 498 |
| 2015.11 | 1 373 956 | 387 618 | 60 328 | 327 290 | 986 338 | 287 033 | 542 834 | 156 471 |
| 2015.12 | 1 392 278 | 400 953 | 63 217 | 337 737 | 991 325 | 288 241 | 552 073 | 151 011 |
| 2016.01 | 1 416 320 | 412 686 | 72 527 | 340 159 | 1 003 634 | 294 289 | 560 968 | 148 377 |
| 2016.02 | 1 424 619 | 392 505 | 69 422 | 323 083 | 1 032 114 | 294 043 | 581 012 | 157 059 |
| 2016.03 | 1 446 198 | 411 581 | 64 651 | 346 930 | 1 034 617 | 300 623 | 586 856 | 147 138 |
| 2016.04 | 1 445 210 | 413 505 | 64 403 | 349 102 | 1 031 705 | 303 424 | 577 490 | 150 791 |
| 2016.05 | 1 461 695 | 424 251 | 62 781 | 361 470 | 1 037 444 | 302 474 | 577 996 | 156 974 |
| 2016.06 | 1 490 492 | 443 644 | 62 819 | 380 825 | 1 046 848 | 301 674 | 587 549 | 157 625 |

### 广义货币供应量M2变动
Changes in the composition of broad money M2

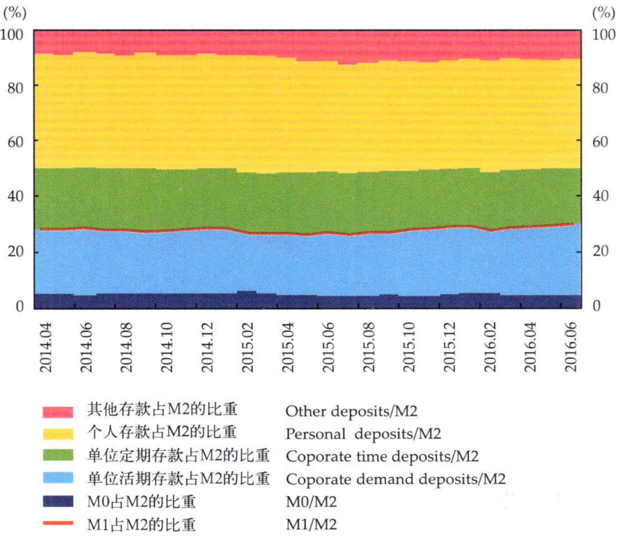


### 2016年6月末货币供应量构成
Composition of money supply at the end of June, 2016

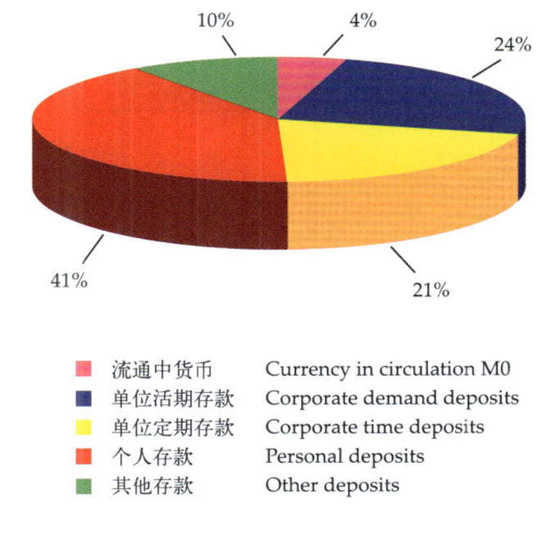

## 存款性公司概览
Depository corporations survey

单位：万亿元
Unit: RMB1 trillion

| 年/月 Year/Month | 国外净资产 Net foreign assets | 国内信贷 Domestic credit | 对政府债权(净) Claims on government (net) | 对非金融部门债权 Claims on non-financial sectors | 对其他金融部门债权 Claims on other financial sectors | 其他 Others | 货币和准货币 Money & quasi-money M2 |
|---|---|---|---|---|---|---|---|
| 2014.01 | 28.31 | 94.12 | 4.92 | 81.06 | 8.13 | -10.08 | 112.35 |
| 2014.02 | 28.36 | 94.80 | 4.52 | 81.77 | 8.51 | -9.98 | 113.18 |
| 2014.03 | 28.40 | 97.23 | 4.84 | 83.11 | 9.28 | -9.57 | 116.07 |
| 2014.04 | 28.56 | 97.95 | 4.33 | 83.80 | 9.82 | -9.62 | 116.88 |
| 2014.05 | 28.75 | 99.12 | 4.32 | 84.65 | 10.16 | -9.64 | 118.23 |
| 2014.06 | 28.90 | 101.69 | 4.67 | 85.82 | 11.20 | -9.63 | 120.96 |
| 2014.07 | 28.87 | 100.81 | 4.29 | 86.16 | 10.36 | -10.25 | 119.42 |
| 2014.08 | 28.87 | 101.95 | 4.34 | 86.89 | 10.72 | -11.07 | 119.75 |
| 2014.09 | 28.89 | 103.29 | 4.71 | 87.84 | 10.74 | -11.97 | 120.21 |
| 2014.10 | 28.94 | 103.26 | 4.04 | 88.38 | 10.84 | -12.27 | 119.92 |
| 2014.11 | 28.95 | 104.59 | 4.03 | 89.34 | 11.22 | -12.68 | 120.86 |
| 2014.12 | 28.84 | 107.70 | 5.50 | 90.25 | 11.94 | -13.70 | 122.84 |
| 2015.01 | 29.11 | 109.36 | 4.82 | 91.90 | 12.64 | -14.20 | 124.27 |
| 2015.02 | 29.36 | 111.24 | 5.34 | 93.16 | 12.74 | -14.86 | 125.74 |
| 2015.03 | 29.46 | 113.66 | 5.62 | 94.33 | 13.70 | -15.59 | 127.53 |
| 2015.04 | 29.25 | 114.78 | 5.57 | 95.15 | 14.05 | -15.95 | 128.08 |
| 2015.05 | 29.30 | 117.20 | 5.54 | 96.30 | 15.36 | -15.77 | 130.74 |
| 2015.06 | 29.47 | 119.98 | 6.15 | 97.83 | 16.01 | -16.11 | 133.34 |
| 2015.07 | 29.38 | 122.54 | 6.25 | 98.77 | 17.52 | -17.17 | 135.32 |
| 2015.08 | 29.14 | 123.92 | 6.83 | 99.83 | 17.25 | -17.37 | 135.69 |
| 2015.09 | 28.72 | 125.57 | 7.49 | 101.14 | 16.95 | -18.31 | 135.98 |
| 2015.10 | 28.72 | 128.04 | 7.31 | 103.48 | 17.25 | -20.66 | 136.10 |
| 2015.11 | 28.51 | 130.20 | 7.64 | 104.75 | 17.81 | -21.32 | 137.40 |
| 2015.12 | 28.06 | 133.27 | 9.83 | 105.12 | 18.32 | -22.11 | 139.23 |
| 2016.01 | 27.64 | 137.42 | 9.48 | 106.39 | 21.56 | -23.43 | 141.63 |
| 2016.02 | 27.44 | 139.17 | 9.65 | 107.39 | 22.13 | -24.15 | 142.46 |
| 2016.03 | 27.19 | 142.52 | 10.53 | 108.92 | 23.07 | -25.09 | 144.62 |
| 2016.04 | 27.16 | 143.51 | 11.05 | 109.31 | 23.15 | -26.15 | 144.52 |
| 2016.05 | 27.17 | 145.98 | 11.54 | 110.55 | 23.89 | -26.97 | 146.17 |
| 2016.06 | 27.08 | 149.61 | 12.89 | 111.81 | 24.92 | -27.64 | 149.05 |

## 国外净资产及国内信贷对广义货币的影响
The impact of net foreign assets and domestic credit on broad money M2

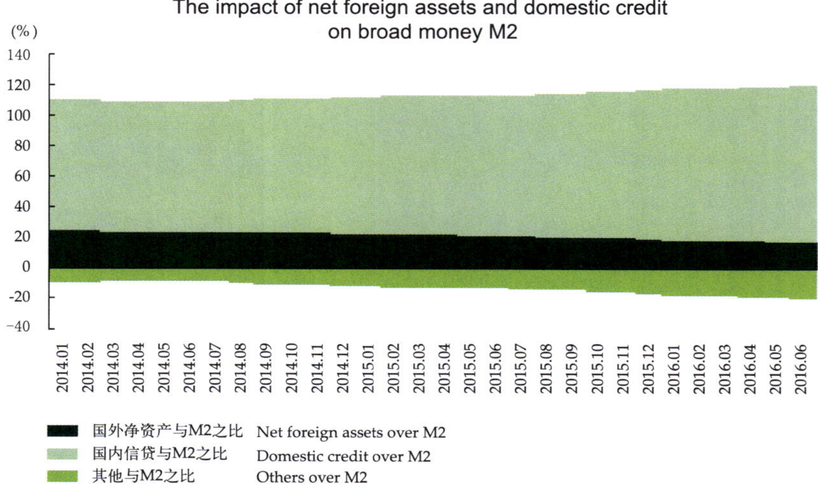

## 2.存贷款

## (2) Deposits and loans

### 金融机构人民币各项存贷款余额及其增长趋势
Outstanding amounts of total deposits & loans and their growth in financial institutions

单位：万亿元
Unit: RMB1 trillion

| 年/月 Year/Month | 各项存款 Total deposits | 各项贷款 Total loans | 各项存款同比增长率(%) Growth rate of deposits (YOY)(%) | 各项贷款同比增长率(%) Growth rate of loans (YOY)(%) |
|---|---|---|---|---|
| 2014.01 | 103.4 | 73.2 | 11.3 | 14.3 |
| 2014.02 | 105.4 | 73.9 | 12.5 | 14.2 |
| 2014.03 | 109.1 | 74.9 | 11.4 | 13.9 |
| 2014.04 | 108.4 | 75.7 | 10.9 | 13.7 |
| 2014.05 | 109.8 | 76.6 | 10.6 | 13.9 |
| 2014.06 | 113.6 | 77.6 | 12.6 | 14.0 |
| 2014.07 | 111.6 | 78.0 | 10.9 | 13.4 |
| 2014.08 | 111.7 | 78.7 | 10.1 | 13.3 |
| 2014.09 | 112.7 | 79.6 | 9.3 | 13.2 |
| 2014.10 | 112.5 | 80.1 | 9.5 | 13.2 |
| 2014.11 | 113.1 | 81.0 | 9.6 | 13.4 |
| 2014.12 | 113.9 | 81.7 | 9.1 | 13.6 |
| 2015.01 | 122.4 | 83.7 | 13.7 | 13.9 |
| 2015.02 | 122.3 | 84.7 | 10.9 | 14.3 |
| 2015.03 | 124.9 | 85.9 | 10.1 | 14.0 |
| 2015.04 | 125.8 | 86.6 | 9.7 | 14.1 |
| 2015.05 | 129.0 | 87.5 | 10.9 | 14.0 |
| 2015.06 | 131.8 | 88.8 | 10.7 | 13.4 |
| 2015.07 | 134.0 | 90.3 | 13.4 | 15.5 |
| 2015.08 | 134.1 | 91.1 | 13.0 | 15.4 |
| 2015.09 | 133.7 | 92.1 | 12.6 | 15.4 |
| 2015.10 | 134.3 | 92.6 | 12.7 | 15.4 |
| 2015.11 | 135.7 | 93.4 | 13.1 | 14.9 |
| 2015.12 | 135.7 | 94.0 | 12.4 | 14.3 |
| 2016.01 | 137.8 | 96.5 | 12.5 | 15.3 |
| 2016.02 | 138.6 | 97.2 | 13.3 | 14.7 |
| 2016.03 | 141.1 | 98.6 | 13.0 | 14.7 |
| 2016.04 | 142.0 | 99.1 | 12.9 | 14.4 |
| 2016.05 | 143.8 | 100.1 | 11.5 | 14.4 |
| 2016.06 | 146.2 | 101.5 | 10.9 | 14.3 |

注：自2015年起，"各项存款"含非银行业金融机构存放款项，"各项贷款"含拆放给非银行业金融机构的款项。
Note: Beginning in 2015, total deposits include deposits of non-banking financial institutions, and total loans include loans to non-banking financial institutions.

### 金融机构当年累计新增人民币存款
Accumulated new RMB deposits in financial institutions

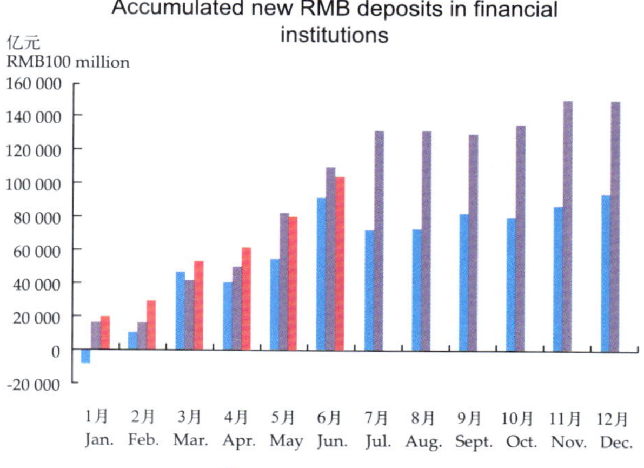


### 金融机构当月新增人民币存款
New RMB deposits in financial institutions by month

亿元
RMB100 million
50 000
40 000
30 000
20 000
10 000
0
-10 000
-20 000
-30 000
1月 Jan.
2月 Feb.
3月 Mar.
4月 Apr.
5月 May
6月 Jun.
7月 Jul.
8月 Aug.
9月 Sept.
10月 Oct.
11月 Nov.
12月 Dec.
2014
2015
2016

### 金融机构人民币各项存贷款余额及其增长趋势
Outstanding amounts of total deposits & loans and their growth in financial institutions

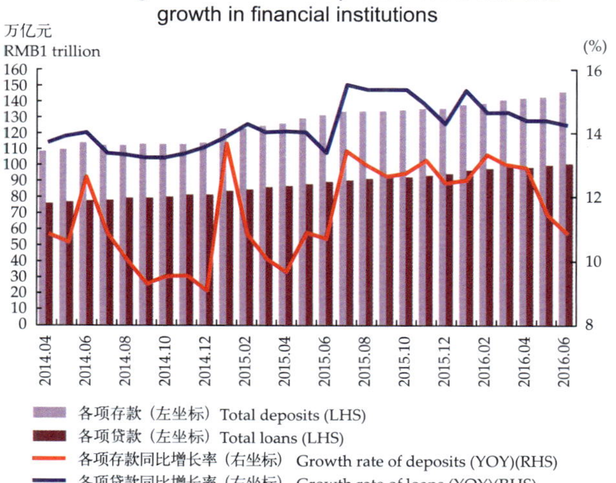


### 2016年6月末人民币存款余额
Outstanding amounts of RMB deposits at the end of June, 2016

单位：亿元
Unit: RMB100 million

| | 余额 Outstanding amount |
|---|---|
| **各项存款 Total deposits** | **1 462 397** |
| 境内存款 Domestic deposits | 1 450 753 |
| 住户存款 Deposits of households | 581 521 |
| 非金融企业存款 Deposits of non-financial enterprises | 465 346 |
| 政府存款 Deposits of government | 271 954 |
| 非银行业金融机构存款 Deposits of non-banking financial institutions | 131 932 |
| 境外存款 Overseas deposits | 11 644 |

## 住户存款和非金融企业存款余额
## Outstanding amounts of household deposits and non-financial corporate deposits

单位：亿元
Unit: RMB100 million

| 年/月 Year/Month | 住户存款 Deposits of households | 活期及临时性存款 Demand & temporary deposits | 定期及保证性存款 Time & marginal deposits | 非金融企业存款 Deposits of non-financial enterprises | 活期及临时性存款 Demand & temporary deposits | 定期及保证性存款 Time & marginal deposits |
|---|---|---|---|---|---|---|
| 2015.01 | 506 890 | 181 577 | 325 314 | 380 697 | 140 356 | 240 340 |
| 2015.02 | 532 341 | 192 473 | 339 868 | 363 335 | 126 935 | 236 400 |
| 2015.03 | 538 399 | 189 934 | 348 465 | 373 435 | 132 701 | 240 734 |
| 2015.04 | 527 889 | 181 744 | 346 145 | 377 404 | 132 923 | 244 481 |
| 2015.05 | 523 476 | 179 167 | 344 308 | 387 721 | 136 796 | 250 924 |
| 2015.06 | 532 829 | 187 645 | 345 184 | 398 245 | 144 245 | 254 000 |
| 2015.07 | 532 232 | 187 484 | 344 748 | 396 110 | 141 809 | 254 301 |
| 2015.08 | 534 098 | 188 832 | 345 266 | 402 782 | 147 069 | 255 713 |
| 2015.09 | 541 749 | 194 150 | 347 599 | 404 797 | 147 153 | 257 643 |
| 2015.10 | 535 828 | 191 211 | 344 617 | 405 072 | 154 347 | 250 725 |
| 2015.11 | 536 766 | 193 467 | 343 299 | 415 443 | 162 091 | 253 353 |
| 2015.12 | 546 078 | 202 869 | 343 209 | 430 247 | 174 586 | 255 661 |
| 2016.01 | 555 011 | 207 962 | 347 050 | 436 746 | 172 961 | 263 785 |
| 2016.02 | 575 047 | 214 816 | 360 231 | 421 940 | 161 459 | 260 481 |
| 2016.03 | 580 800 | 217 001 | 363 799 | 445 248 | 175 269 | 269 980 |
| 2016.04 | 571 504 | 210 862 | 360 642 | 447 421 | 175 498 | 271 923 |
| 2016.05 | 572 047 | 210 949 | 361 098 | 452 836 | 180 098 | 272 737 |
| 2016.06 | 581 521 | 216 945 | 364 576 | 465 346 | 191 138 | 274 208 |

**住户存款和非金融企业存款余额**
Outstanding amounts of household deposits and non-financial enterprise deposits

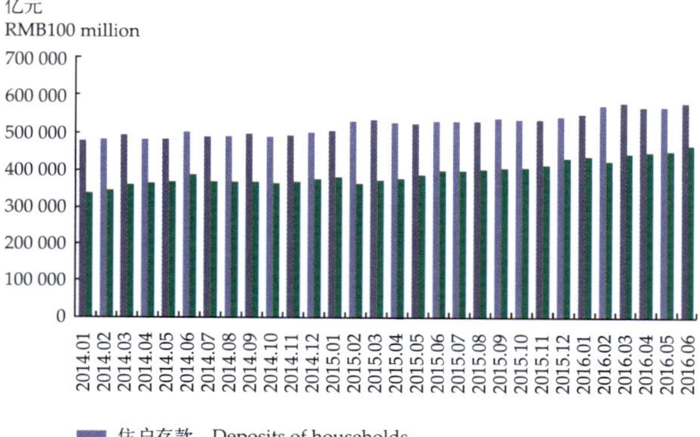


**住户存款构成**
Composition of household deposits

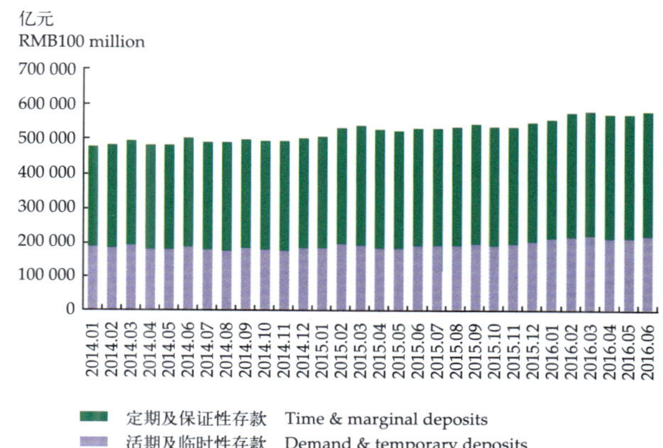


**非金融企业存款构成**
Composition of non-financial enterprise deposits

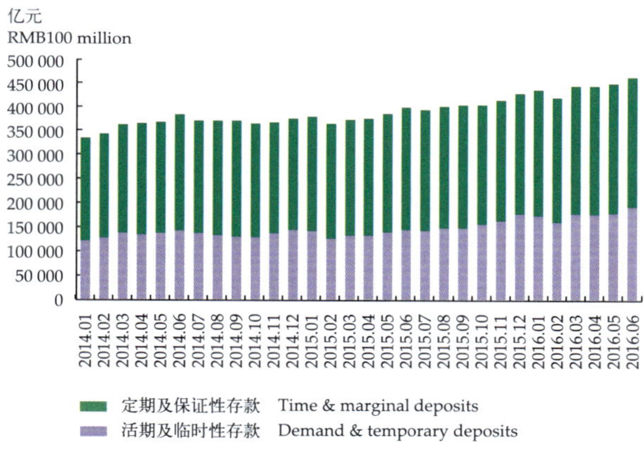


**2016年6月末人民币存款余额**
Outstanding amounts of RMB deposits at the end of June, 2016

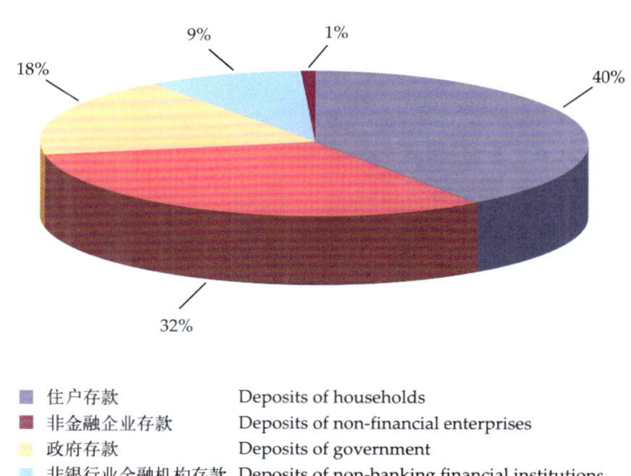

## 2016年6月末人民币贷款余额
## RMB loans issued by the end of June 2016 by sectors

单位：亿元
Unit: RMB100 million

| | 余额<br>Outstanding amounts | 比年初增加<br>Increase over the beginning of the year |
|---|---|---|
| **各项贷款<br>Total loans** | **1 014 859** | **75 316** |
| 境内贷款<br>Domestic loans | 1 011 385 | 75 000 |
| 住户贷款<br>Loans to households | 299 767 | 29 459 |
| 短期贷款<br>Short-term loans | 92 287 | 3 260 |
| 中长期贷款<br>Mid & long-term loans | 207 480 | 26 199 |
| 非金融性企业及机关团体贷款<br>Loans to non-financial enterprises and government departments & organizations | 702 833 | 45 295 |
| 短期贷款及票据融资<br>Short-term loans and paper financing | 316 497 | 17 118 |
| 中长期贷款<br>Mid & long-term loans | 369 996 | 26 162 |
| 其他贷款<br>Other loans | 16 340 | 2 015 |
| 非银行业金融机构贷款<br>Loans to non-banking financial institutions | 8 785 | 246 |
| 境外贷款<br>Overseas loans | 3 474 | 316 |

## 金融机构当年累计新增人民币贷款
## Accumulated new RMB loans in financial institutions

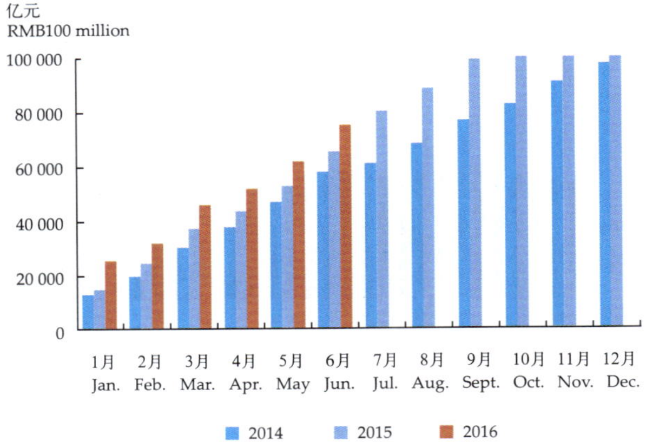


## 金融机构当月新增人民币贷款
## New RMB loans in financial institutions by month

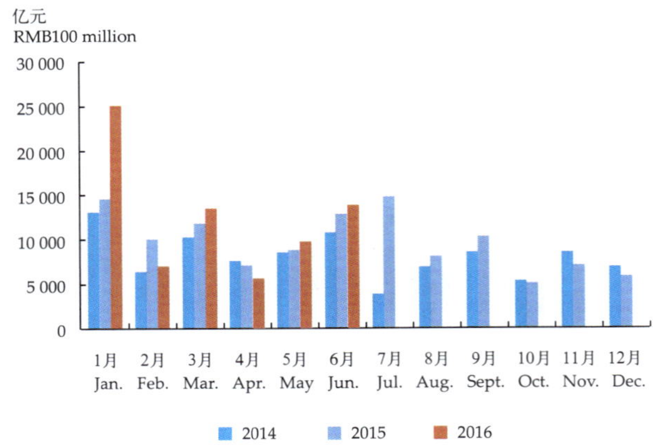


## 当年累计新增住户贷款
## Accumulated new loans to households

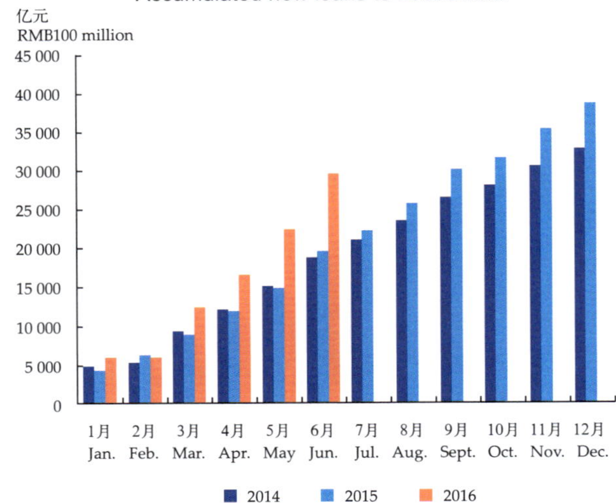


## 当月新增住户贷款
## New loans to households by month

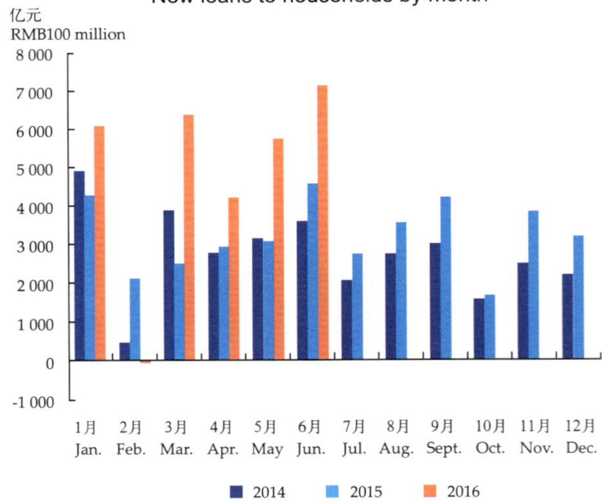

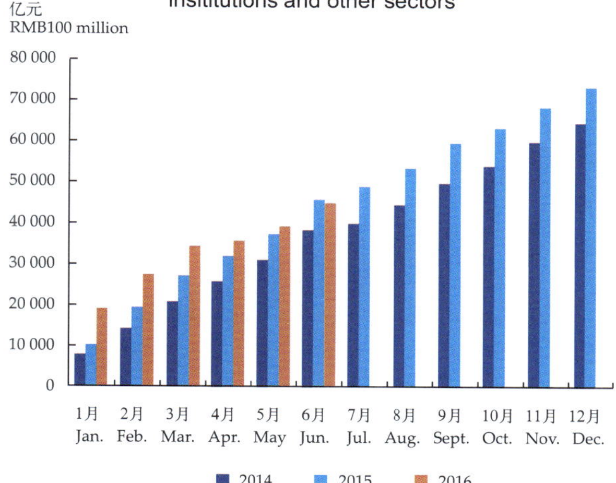


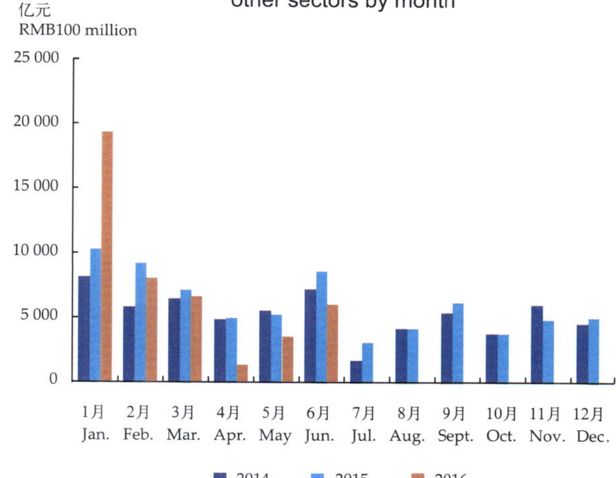


## 2016年6月末个人消费贷款构成
Composition of consumer loans at the end of June, 2016

单位：亿元
Unit: RMB100 million

| | 余额 Outstanding amounts | 同比增长率(%) Growth rate (YOY)(%) | 比年初增加 Increase over the beginning of the year | 比上年同期 Change compared with the same period of last year |
|---|---|---|---|---|
| **个人消费贷款 Consumer loans** | **216 974** | **27.9** | **27 500** | **11 470** |
| 个人住房贷款 Individual housing mortgage loans | 153 706 | 32.3 | 22 860 | 12 261 |
| 个人汽车消费贷款 Individual auto loans | 5 813 | 26.3 | 577 | 205 |
| 助学贷款 Student loans | 656 | 13.7 | - 41 | - 5 |
| 其他贷款 Other loans | 56 799 | 17.6 | 4 104 | - 991 |

## 2016年6月末个人消费贷款构成
Composition of consumer loans at the end of June, 2016

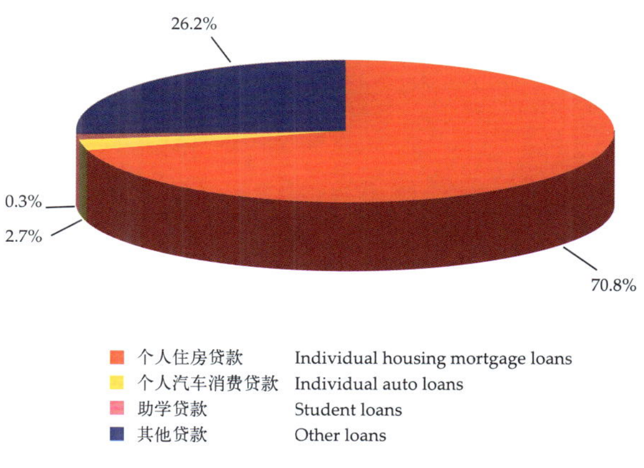

**当年累计新增个人消费贷款**
**Accumulated new consumer loans**

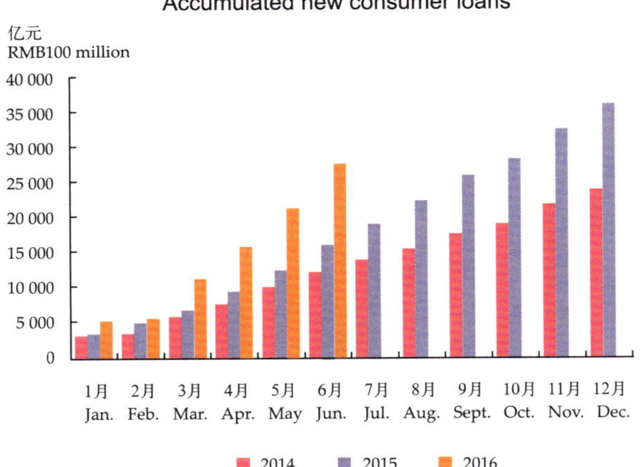


**当月新增个人消费贷款**
**New consumer loans by month**

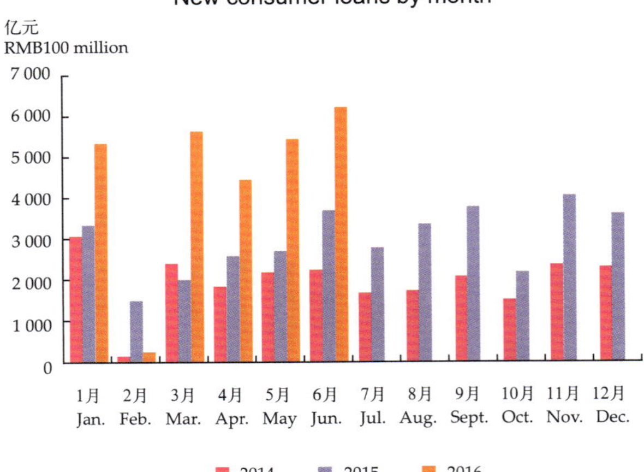


**个人消费贷款余额及其增长趋势**

**Consumer loans and their growth**

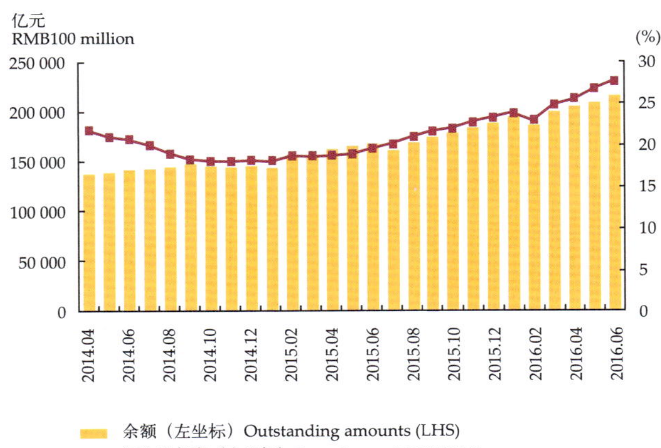


**当年累计新增个人住房贷款**

**Accumulated new housing mortgage loans**

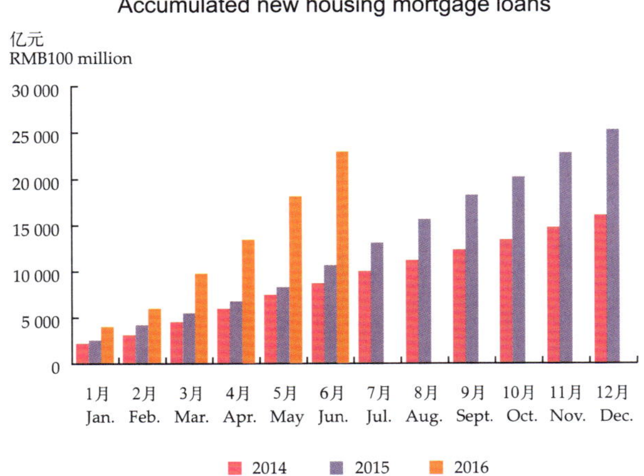


**当月新增个人住房贷款**
**New housing mortgage loans by month**

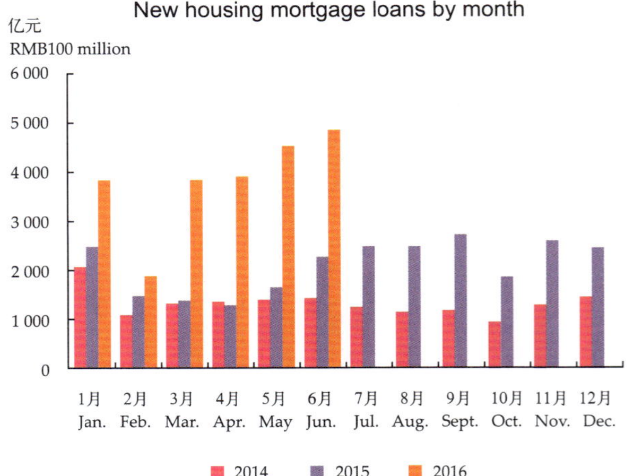

个人住房贷款余额及其增长趋势
Individual housing mortgage loans and their growth

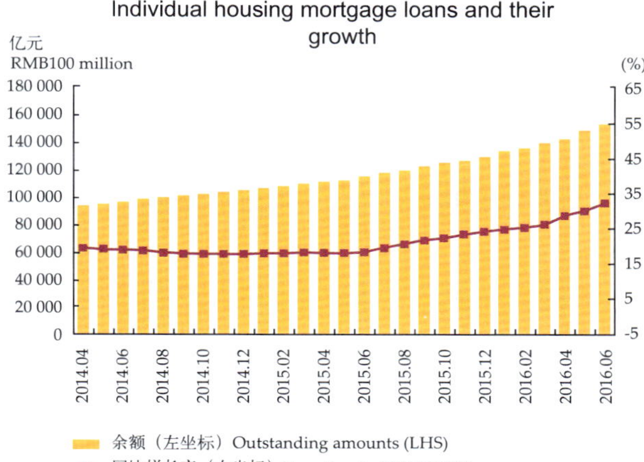


个人汽车消费贷款余额及其增长趋势
Individual auto loans and their growth

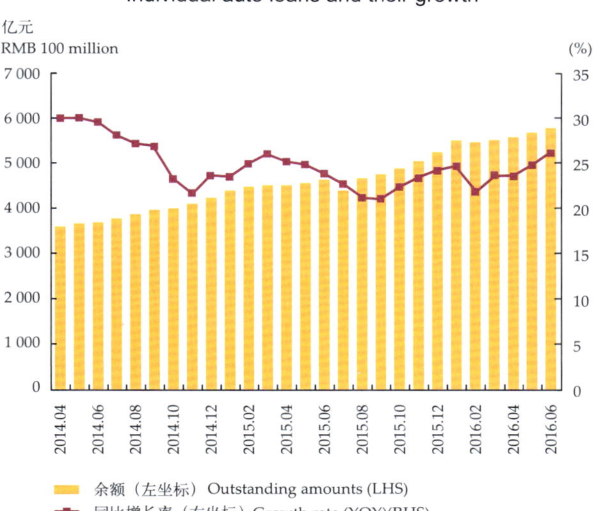


助学贷款余额及其增长趋势
Student loans and their growth

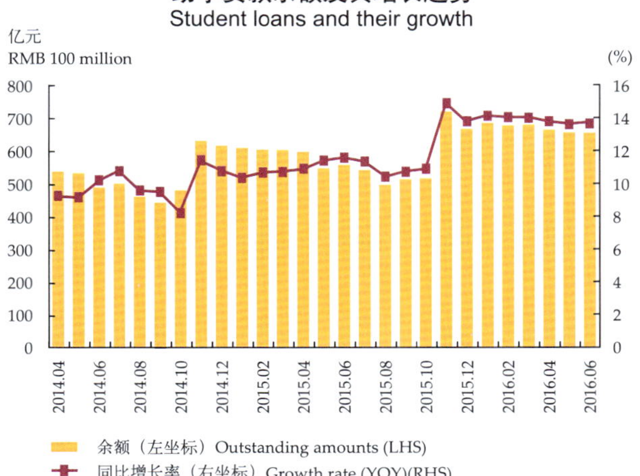


## 3.基础货币
## (3) Monetary base

基础货币余额及其增长趋势
Monetary base and its growth

单位：万亿元
Unit: RMB1 trillion

| 年/月<br>Year/Month | 余额<br>Outstanding amounts | 同比增长率(%)<br>Growth rate (YOY)(%) |
|---|---|---|
| 2014.01 | 28.77 | 13.8 |
| 2014.02 | 27.40 | 8.7 |
| 2014.03 | 27.47 | 8.3 |
| 2014.04 | 27.30 | 8.5 |
| 2014.05 | 27.39 | 9.8 |
| 2014.06 | 27.99 | 8.6 |
| 2014.07 | 27.67 | 8.7 |
| 2014.08 | 27.80 | 8.0 |
| 2014.09 | 28.53 | 8.4 |
| 2014.10 | 27.94 | 8.1 |
| 2014.11 | 28.00 | 7.7 |
| 2014.12 | 29.41 | 8.5 |
| 2015.01 | 28.83 | 0.2 |
| 2015.02 | 29.87 | 9.0 |
| 2015.03 | 29.58 | 7.7 |
| 2015.04 | 29.31 | 7.4 |
| 2015.05 | 28.78 | 5.1 |
| 2015.06 | 28.88 | 3.2 |
| 2015.07 | 28.32 | 2.4 |
| 2015.08 | 28.39 | 2.1 |
| 2015.09 | 27.97 | -2.0 |
| 2015.10 | 27.58 | -1.3 |
| 2015.11 | 27.16 | -3.0 |
| 2015.12 | 27.64 | -6.0 |
| 2016.01 | 29.04 | -1.3 |
| 2016.02 | 29.05 | -4.4 |
| 2016.03 | 28.34 | -5.7 |
| 2016.04 | 27.95 | -4.6 |
| 2016.05 | 27.92 | -3.0 |
| 2016.06 | 28.91 | -1.3 |

基础货币余额及其增长趋势
Monetary base and its growth

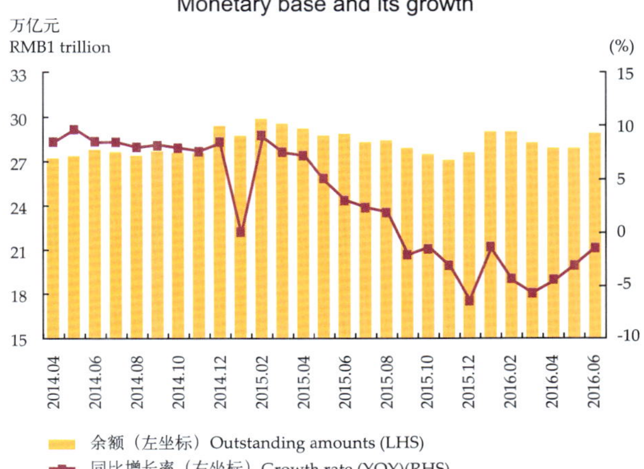

## 基础货币构成
## Composition of monetary base

单位：亿元
Unit: RMB100 million

| 年/季<br>Year/Quarter | 货币发行<br>Currency issue | 其他存款性公司存款<br>Deposits of other depository corporations |
|---|---|---|
| 2012Q1 | 54 379 | 172 306 |
| 2012Q2 | 54 294 | 173 757 |
| 2012Q3 | 59 178 | 176 855 |
| 2012Q4 | 60 646 | 191 699 |
| 2013Q1 | 61 331 | 192 319 |
| 2013Q2 | 59 831 | 197 945 |
| 2013Q3 | 63 041 | 200 097 |
| 2013Q4 | 64 981 | 206 042 |
| 2014Q1 | 64 816 | 209 925 |
| 2014Q2 | 63 260 | 216 638 |
| 2014Q3 | 65 545 | 219 754 |
| 2014Q4 | 67 151 | 226 942 |
| 2015Q1 | 69 078 | 226 675 |
| 2015Q2 | 65 112 | 223 668 |
| 2015Q3 | 68 455 | 211 222 |
| 2015Q4 | 69 886 | 206 492 |
| 2016Q1 | 71 353 | 212 024 |
| 2016Q2 | 69 031 | 220 040 |

### 基础货币构成
### Composition of monetary base

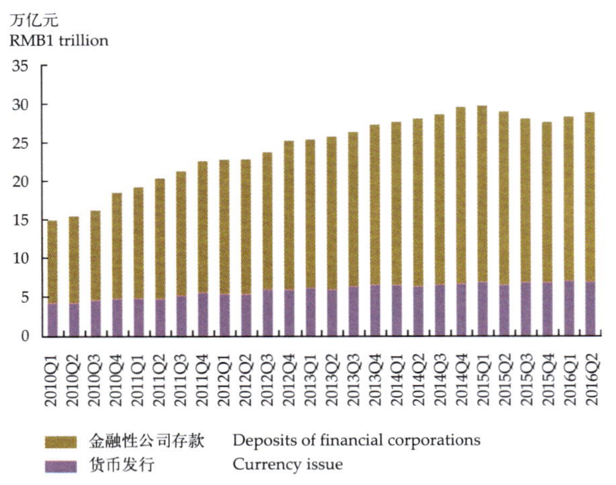


### 金融机构准备金和超额准备金率
### Reserves and excess reserve ratio of financial institutions

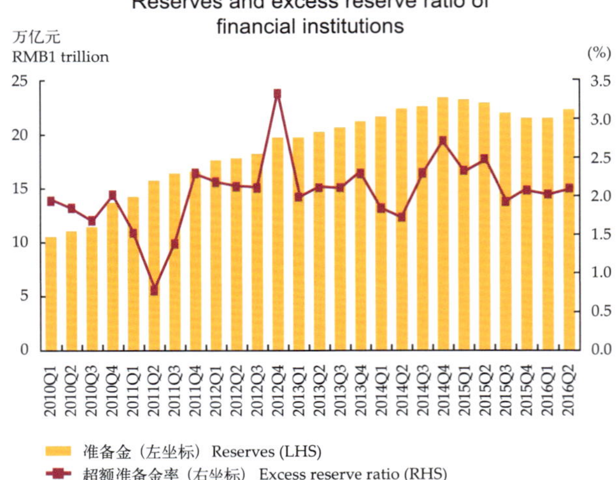

## 金融机构法定人民币存款准备金率
Official RMB reserve requirement ratios of financial institutions

单位：%
Unit: %

| 日期 Date | 中资全国性大型银行① Chinese-funded large banks operating nationwide[1] | 中小金融机构② Medium- and small-sized financial institutions[2] | 农村合作银行 Rural cooperative banks | 农村信用社和村镇银行 Rural credit cooperatives and township and village banks |
|---|---|---|---|---|
| 2003.09.21 | 7.0 | 7.0 | — | 6.0 |
| 2004.04.25 | 7.5 | 7.5 | 7.5 | 6.0 |
| 2006.07.05 | 8.0 | 8.0 | 7.5 | 6.0 |
| 2006.08.15 | 8.5 | 8.5 | 7.5 | 6.0 |
| 2006.11.15 | 9.0 | 9.0 | 8.0 | 6.5 |
| 2007.01.15 | 9.5 | 9.5 | 8.5 | 7.0 |
| 2007.02.25 | 10.0 | 10.0 | 9.0 | 7.5 |
| 2007.04.16 | 10.5 | 10.5 | 9.5 | 8.0 |
| 2007.05.15 | 11.0 | 11.0 | 10.0 | 8.5 |
| 2007.06.05 | 11.5 | 11.5 | 10.5 | 9.0 |
| 2007.08.15 | 12.0 | 12.0 | 11.0 | 9.5 |
| 2007.09.25 | 12.5 | 12.5 | 11.5 | 10.0 |
| 2007.10.25 | 13.0 | 13.0 | 12.0 | 10.5 |
| 2007.11.26 | 13.5 | 13.5 | 12.5 | 11.0 |
| 2007.12.25 | 14.5 | 14.5 | 13.5 | 12.0 |
| 2008.01.25 | 15.0 | 15.0 | 14.0 | 12.5 |
| 2008.03.25 | 15.5 | 15.5 | 14.5 | 13.0 |
| 2008.04.25 | 16.0 | 16.0 | 15.0 | 13.5 |
| 2008.05.20 | 16.5 | 16.5 | 15.5 | 14.0 |
| 2008.06.15 | 17.0 | 17.0 | 16.0 | 14.5 |
| 2008.06.25 | 17.5 | 17.5 | 16.5 | 15.0 |
| 2008.09.25 | 17.5 | 16.5 | 15.5 | 14.0 |
| 2008.10.15 | 17.0 | 16.0 | 15.0 | 13.5 |
| 2008.12.05 | 16.0 | 14.0 | 13.0 | 11.5 |
| 2008.12.25 | 15.5 | 13.5 | 11.0 | 11.0 |
| 2010.01.18 | 16.0 | 14.0 | 11.0 | 11.0 |
| 2010.02.25 | 16.5 | 14.5 | 11.0 | 11.0 |
| 2010.05.10 | 17.0 | 15.0 | 11.5 | 11.0 |
| 2010.11.16 | 17.5 | 15.5 | 12.0 | 11.5 |
| 2010.11.29 | 18.0 | 16.0 | 12.5 | 12.0 |
| 2010.12.20 | 18.5 | 16.5 | 13.0 | 12.5 |
| 2011.01.20 | 19.0 | 17.0 | 13.5 | 13.0 |
| 2011.02.24 | 19.5 | 17.5 | 14.0 | 13.5 |
| 2011.03.25 | 20.0 | 18.0 | 14.5 | 14.0 |
| 2011.04.21 | 20.5 | 18.5 | 15.0 | 14.5 |
| 2011.05.18 | 21.0 | 19.0 | 15.5 | 15.0 |
| 2011.06.20 | 21.5 | 19.5 | 16.0 | 15.5 |
| 2011.12.05 | 21.0 | 19.0 | 15.5 | 15.0 |
| 2012.02.24 | 20.5 | 18.5 | 15.0 | 14.5 |
| 2012.05.18 | 20.0 | 18.0 | 14.5 | 14.0 |
| 2015.02.05 | 19.5 | 17.5 | 14.0 | 13.5 |
| 2015.04.20 | 18.5 | 16.5 | 11.5 | 11.5 |
| 2015.09.06 | 18.0 | 16.0 | 10.5 | 10.5 |
| 2015.10.24 | 17.5 | 15.5 | 9.5 | 9.5 |
| 2016.03.01 | 17.0 | 15.0 | 9.0 | 9.0 |

注：①包括中国工商银行、中国农业银行、中国银行、中国建设银行、交通银行和中国邮政储蓄银行。
②包括中国农业发展银行、股份制商业银行、城市商业银行、农村商业银行、有关外资金融机构。
③2014年4月、6月和2015年2月、4月、6月、9月、10月，中国人民银行七次实施定向降准。

Notes: 1. Including Industrial and Commercial Bank of China, Agricultural Bank of China, Bank of China, China Construction Bank, Bank of Communications, Postal Savings Bank of China.
2. Including Agricultural Development Bank of China, joint-stock commercial banks, city commercial banks, rural commercial banks and foreign-funded financial institutions.
3. In April and June 2014, and February, April, June, September and October 2015, the PBC conducted targeted reductions of the deposit reserve requirement ratio (RRR) on 7 occasions.

## 4. 社会融资规模

## (4) All-system financing aggregates

### 社会融资规模增量统计表
### Statistics of the increments in all-system financing aggregates

单位：亿元人民币
Unit: RMB100 million

| 日期 Date | 增量 Flow | 其中 Of which : | | | | | | |
|---|---|---|---|---|---|---|---|---|
| | | 人民币贷款 RMB loans | 外币贷款(折合人民币) Foreign currency-denominated loans (RMB equivalent) | 委托贷款 Entrusted loans | 信托贷款 Trust loans | 未贴现的银行承兑汇票 Undiscounted bankers' acceptances | 企业债券 Net financing of corporate bonds | 非金融企业境内股票融资 Equity financing on the domestic stock market by non-financial enterprises |
| 2014.01 | 26 004 | 13 190 | 1 588 | 3 971 | 1 059 | 4 902 | 375 | 454 |
| 2014.02 | 9 370 | 6 448 | 1 302 | 799 | 747 | -1 419 | 1 026 | 169 |
| 2014.03 | 20 934 | 10 497 | 1 363 | 2 413 | 1 071 | 2 252 | 2 464 | 352 |
| 2014.04 | 15 259 | 7 745 | 186 | 1 505 | 398 | 789 | 3 664 | 582 |
| 2014.05 | 14 013 | 8 708 | - 162 | 1 987 | 125 | - 94 | 2 797 | 162 |
| 2014.06 | 19 673 | 10 793 | 357 | 2 616 | 1 200 | 1 445 | 2 626 | 154 |
| 2014.07 | 2 737 | 3 852 | - 169 | 1 219 | - 158 | -4 157 | 1 435 | 332 |
| 2014.08 | 9 577 | 7 025 | - 201 | 1 751 | - 515 | -1 116 | 1 934 | 217 |
| 2014.09 | 11 355 | 8 572 | - 506 | 1 610 | - 326 | -1 410 | 2 338 | 612 |
| 2014.10 | 6 807 | 5 483 | - 716 | 1 377 | - 215 | -2 411 | 2 590 | 279 |
| 2014.11 | 11 459 | 8 527 | - 26 | 1 270 | - 314 | - 668 | 1 807 | 379 |
| 2014.12 | 16 945 | 6 973 | 540 | 4 551 | 2 102 | 601 | 761 | 658 |
| 2015.01 | 20 469 | 14 708 | 212 | 832 | 52 | 1 946 | 1 821 | 526 |
| 2015.02 | 13 564 | 11 437 | - 146 | 1 299 | 38 | - 592 | 670 | 542 |
| 2015.03 | 12 407 | 9 920 | - 4 | 1 111 | - 77 | - 910 | 1 318 | 639 |
| 2015.04 | 10 557 | 8 045 | - 265 | 344 | - 46 | - 74 | 1 591 | 597 |
| 2015.05 | 12 362 | 8 510 | 81 | 324 | - 195 | 961 | 1 675 | 584 |
| 2015.06 | 18 334 | 13 240 | 560 | 1 414 | 536 | -1 028 | 2 082 | 1 051 |
| 2015.07 | 7 419 | 5 890 | - 133 | 1 137 | 99 | -3 317 | 2 740 | 615 |
| 2015.08 | 10 856 | 7 756 | - 620 | 1 198 | 317 | -1 577 | 2 880 | 479 |
| 2015.09 | 13 290 | 10 417 | -2 344 | 2 422 | - 159 | -1 279 | 3 524 | 349 |
| 2015.10 | 5 303 | 5 574 | -1 317 | 1 390 | - 201 | -3 697 | 3 041 | 121 |
| 2015.11 | 10 224 | 8 873 | -1 142 | 910 | - 301 | -2 545 | 3 347 | 568 |
| 2015.12 | 18 151 | 8 323 | -1 308 | 3 530 | 370 | 1 545 | 3 560 | 1 531 |
| 2016.01 | 34 253 | 25 370 | -1 727 | 2 175 | 552 | 1 327 | 4 579 | 1 469 |
| 2016.02 | 8 245 | 8 105 | - 569 | 1 650 | 308 | -3 705 | 1 318 | 810 |
| 2016.03 | 24 040 | 13 176 | 6 | 1 660 | 732 | 173 | 7 190 | 562 |
| 2016.04 | 7 809 | 5 642 | - 706 | 1 694 | 269 | -2 776 | 2 366 | 951 |
| 2016.05 | 6 770 | 9 374 | - 524 | 1 566 | 121 | -5 067 | - 250 | 1 073 |
| 2016.06 | 16 479 | 13 141 | - 267 | 1 721 | 809 | -2 720 | 2 008 | 1 158 |

注：1. 社会融资规模增量是指一定时期内实体经济（国内非金融企业和住户）从金融体系获得的资金额。
2. 当期数据为初步统计数。
数据来源：中国人民银行、国家发展和改革委员会、中国证券监督管理委员会、中国保险监督管理委员会、中央国债登记结算有限责任公司和银行间市场交易商协会等部门。

Notes: 1. The increment in the all-system financing aggregates refers to the total volume of financing provided by the financial system to the real economy (the non-financial corporate sector and the household sector in the domestic market) during a certain period of time.
2. Data for the current period is preliminary.

Source: The People's Bank of China, National Development and Reform Commission, China Securities Regulatory Commission, China Insurance Regulatory Commission,China Government Securities Depository Trust and Clearing Co., Ltd., National Association of Financial Market Institutional Investors, and etc..

## 社会融资规模存量统计表（年）
Statistics of stocks of all-system financing aggregates (by year)

| 年<br>Year | 存量(亿元)<br>Stock<br>(RMB100 million) | 同比增速(%)<br>Growth rate<br>(%) | 其中 Of which : | | | | | | |
|---|---|---|---|---|---|---|---|---|---|
| | | | 人民币贷款(%)<br>RMB loans(%) | 外币贷款(折合人民币)(%)<br>Foreign currency-denominated loans (RMB equivalent) (%) | 委托贷款(%)<br>Entrusted loans(%) | 信托贷款(%)<br>Trust loans(%) | 未贴现的银行承兑汇票(%)<br>Undiscounted bankers' acceptances (%) | 企业债券(%)<br>Net financing of corporate bonds(%) | 非金融企业境内股票融资(%)<br>Equity financing on the domestic stock market by non-financial enterprises(%) |
| 2003 | 181 655 | 22.3 | 21.4 | 26.6 | 13.3 | | 126.0 | 132.9 | 8.0 |
| 2004 | 204 143 | 14.9 | 14.3 | 16.8 | 61.6 | | -8.0 | 4.0 | 8.5 |
| 2005 | 224 265 | 13.5 | 13.3 | 11.0 | 11.8 | | 0.7 | 129.1 | 4.2 |
| 2006 | 264 500 | 18.1 | 16.3 | 9.0 | 20.0 | | 44.9 | 68.7 | 12.5 |
| 2007 | 321 326 | 21.5 | 16.4 | 21.9 | 29.9 | 84.0 | 138.4 | 41.0 | 45.8 |
| 2008 | 379 765 | 20.5 | 18.7 | 5.1 | 29.1 | 84.3 | 9.2 | 78.7 | 17.7 |
| 2009 | 511 835 | 34.8 | 31.3 | 55.5 | 35.8 | 63.4 | 36.5 | 86.2 | 18.3 |
| 2010 | 649 869 | 27.0 | 19.9 | 15.9 | 44.2 | 34.4 | 135.5 | 42.3 | 30.9 |
| 2011 | 767 478 | 18.2 | 16.1 | 13.1 | 21.2 | 13.5 | 24.8 | 36.2 | 17.7 |
| 2012 | 914 186 | 19.1 | 15.0 | 27.2 | 17.1 | 75.0 | 20.7 | 44.4 | 8.6 |
| 2013 | 1 074 575 | 17.5 | 14.2 | 7.2 | 39.7 | 61.1 | 12.6 | 24.2 | 6.7 |
| 2014 | 1 228 591 | 14.3 | 13.6 | 4.1 | 29.2 | 10.7 | -1.8 | 25.8 | 12.7 |
| 2015 | 1 381 383 | 12.4 | 13.9 | -13.0 | 17.2 | 0.8 | -14.8 | 25.1 | 20.2 |

## 社会融资规模存量统计表（季）
Statistics of stocks of all-system financing aggregates (by quarter)

单位：万亿元人民币
Unit: RMB1 trillion

| 日期<br>Date | 存量<br>Stock | 其中 Of which : | | | | | | |
|---|---|---|---|---|---|---|---|---|
| | | 人民币贷款<br>RMB loans | 外币贷款（折合人民币）<br>Foreign currency-denominated loans (RMB equivalent) | 委托贷款<br>Entrusted loans | 信托贷款<br>Trust loans | 未贴现的银行承兑汇票<br>Undiscounted bankers' acceptances | 企业债券<br>Net financing of corporate bonds | 非金融企业境内股票融资<br>Equity financing on the domestic stock market by non-financial enterprises |
| 2015Q1 | 127.58 | 85.09 | 3.48 | 9.67 | 5.35 | 6.96 | 12.07 | 3.94 |
| 2015Q2 | 131.58 | 88.07 | 3.50 | 9.87 | 5.38 | 6.94 | 12.61 | 4.16 |
| 2015Q3 | 134.70 | 90.48 | 3.33 | 10.35 | 5.41 | 6.32 | 13.47 | 4.30 |
| 2015Q4 | 138.14 | 92.75 | 3.02 | 10.93 | 5.39 | 5.85 | 14.63 | 4.53 |
| 2016Q1 | 144.75 | 97.42 | 2.78 | 11.56 | 5.61 | 5.63 | 15.89 | 4.81 |
| 2016Q2 | 147.99 | 100.23 | 2.70 | 12.06 | 5.73 | 4.58 | 16.47 | 5.13 |

## 5. 利率

## (5) Interest rates

### 中央银行基准利率
Central bank benchmark interest rates

单位：年利率%
Unit: annual interest rate%

| 日期 Date | 法定存款准备金 Required reserves | 超额存款准备金 Excess reserves | 对金融机构贷款 Lending to financial institutions | | | | 再贴现 Rediscount |
|---|---|---|---|---|---|---|---|
| | | | 1年期 1-year | 6个月以内 6-month and less | 3个月以内 3-month and less | 1个月以内 1-month and less | |
| 1996.05.01 | 8.82 | 8.82 | 10.98 | 10.17 | 10.08 | 9.00 | * |
| 1996.08.23 | 8.28 | 7.92 | 10.62 | — | 9.72 | — | * |
| 1997.10.23 | 7.56 | 7.02 | 9.36 | 9.09 | 8.82 | 8.55 | * |
| 1998.03.25 | 5.22 | — | 7.92 | 7.02 | 6.84 | 6.39 | 6.03 |
| 1998.07.01 | 3.51 | — | 5.67 | 5.58 | 5.49 | 5.22 | 4.32 |
| 1998.12.07 | 3.24 | — | 5.13 | 5.04 | 4.86 | 4.59 | 3.96 |
| 1999.06.10 | 2.07 | — | 3.78 | 3.69 | 3.51 | 3.24 | 2.16 |
| 2001.09.11 | — | — | — | — | — | — | 2.97 |
| 2002.02.21 | 1.89 | — | 3.24 | 3.15 | 2.97 | 2.70 | 2.97 |
| 2003.12.20 | — | 1.62 | — | — | — | — | — |
| 2004.03.25 | — | — | 3.87 | 3.78 | 3.60 | 3.33 | 3.24 |
| 2005.03.17 | — | 0.99 | — | — | — | — | — |
| 2008.01.01 | — | — | 4.68 | 4.59 | 4.41 | 4.14 | 4.32 |
| 2008.11.27 | 1.62 | 0.72 | 3.60 | 3.51 | 3.33 | 3.06 | 2.97 |
| 2008.12.23 | — | — | 3.33 | 3.24 | 3.06 | 2.79 | 1.80 |
| 2010.12.26 | — | — | 3.85 | 3.75 | 3.55 | 3.25 | 2.25 |
| 2015.11.05 | — | — | 3.50 | 3.40 | 3.20 | 2.90 | 2.25 |

注：1. 1998年3月法定准备金和超额准备金两个账户合并为准备金账户。
2. *按同档次中央银行贷款利率下浮5%～10%。
3. 2015年11月，中国人民银行将原期限“20天以内”改为“1个月以内”。

Notes: 1. The required reserves account and excess reserves account were merged into the reserves account in March 1998.
2. *The interest rate is 5%~10% below that of the central bank lending rate of the same tranche.
3. In November 2015, the PBC switched previous tenor "20-day and less" to "1-month and less".

### 法定存款准备金利率和再贴现利率
Required reserves interest rates and rediscount interest rates

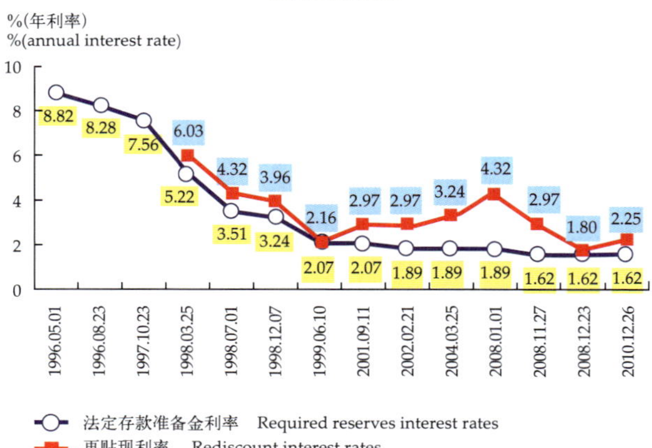


### 对金融机构贷款利率
Interest rates of central bank lending to financial institutions

%(年利率)
%(annual interest rate)

12 10.98 10.62 9.36 7.92 5.67 5.13 3.78 3.24 3.87 4.68 3.60 3.33 3.85 3.50

1996.05.01 1996.08.23 1997.10.23 1998.03.25 1998.07.01 1998.12.07 1999.06.10 2002.02.21 2004.03.25 2008.01.01 2008.11.27 2008.12.23 2010.12.26 2015.11.05

1年期 1-year
3个月以内 3 months and less
1个月以内 1 month and less

## 金融机构人民币存款基准利率
## RMB deposit benchmark interest rates in financial institutions

单位：年利率%
Unit: annual interest rate %

| 日期 Date | 活期 Demand deposits | 定期 Time deposits | | | | | |
|---|---|---|---|---|---|---|---|
| | | 3个月 3-month | 6个月 6-month | 1年 1-year | 2年 2-year | 3年 3-year | 5年 5-year |
| 1990.04.15 | 2.88 | 6.30 | 7.74 | 10.08 | 10.98 | 11.88 | 13.68 |
| 1990.08.21 | 2.16 | 4.32 | 6.48 | 8.64 | 9.36 | 10.08 | 11.52 |
| 1991.04.21 | 1.80 | 3.24 | 5.40 | 7.56 | 7.92 | 8.28 | 9.00 |
| 1993.05.15 | 2.16 | 4.86 | 7.20 | 9.18 | 9.90 | 10.80 | 12.06 |
| 1993.07.11 | 3.15 | 6.66 | 9.00 | 10.98 | 11.70 | 12.24 | 13.86 |
| 1996.05.01 | 2.97 | 4.86 | 7.20 | 9.18 | 9.90 | 10.80 | 12.06 |
| 1996.08.23 | 1.98 | 3.33 | 5.40 | 7.47 | 7.92 | 8.28 | 9.00 |
| 1997.10.23 | 1.71 | 2.88 | 4.14 | 5.67 | 5.94 | 6.21 | 6.66 |
| 1998.03.25 | 1.71 | 2.88 | 4.14 | 5.22 | 5.58 | 6.21 | 6.66 |
| 1998.07.01 | 1.44 | 2.79 | 3.96 | 4.77 | 4.86 | 4.95 | 5.22 |
| 1998.12.07 | 1.44 | 2.79 | 3.33 | 3.78 | 3.96 | 4.14 | 4.50 |
| 1999.06.10 | 0.99 | 1.98 | 2.16 | 2.25 | 2.43 | 2.70 | 2.88 |
| 2002.02.21 | 0.72 | 1.71 | 1.89 | 1.98 | 2.25 | 2.52 | 2.79 |
| 2004.10.29 | 0.72 | 1.71 | 2.07 | 2.25 | 2.70 | 3.24 | 3.60 |
| 2006.08.19 | 0.72 | 1.80 | 2.25 | 2.52 | 3.06 | 3.69 | 4.14 |
| 2007.03.18 | 0.72 | 1.98 | 2.43 | 2.79 | 3.33 | 3.96 | 4.41 |
| 2007.05.19 | 0.72 | 2.07 | 2.61 | 3.06 | 3.69 | 4.41 | 4.95 |
| 2007.07.21 | 0.81 | 2.34 | 2.88 | 3.33 | 3.96 | 4.68 | 5.22 |
| 2007.08.22 | 0.81 | 2.61 | 3.15 | 3.60 | 4.23 | 4.95 | 5.49 |
| 2007.09.15 | 0.81 | 2.88 | 3.42 | 3.87 | 4.50 | 5.22 | 5.76 |
| 2007.12.21 | 0.72 | 3.33 | 3.78 | 4.14 | 4.68 | 5.40 | 5.85 |
| 2008.10.09 | 0.72 | 3.15 | 3.51 | 3.87 | 4.41 | 5.13 | 5.58 |
| 2008.10.30 | 0.72 | 2.88 | 3.24 | 3.60 | 4.14 | 4.77 | 5.13 |
| 2008.11.27 | 0.36 | 1.98 | 2.25 | 2.52 | 3.06 | 3.60 | 3.87 |
| 2008.12.23 | 0.36 | 1.71 | 1.98 | 2.25 | 2.79 | 3.33 | 3.60 |
| 2010.10.20 | 0.36 | 1.91 | 2.20 | 2.50 | 3.25 | 3.85 | 4.20 |
| 2010.12.26 | 0.36 | 2.25 | 2.50 | 2.75 | 3.55 | 4.15 | 4.55 |
| 2011.02.09 | 0.40 | 2.60 | 2.80 | 3.00 | 3.90 | 4.50 | 5.00 |
| 2011.04.06 | 0.50 | 2.85 | 3.05 | 3.25 | 4.15 | 4.75 | 5.25 |
| 2011.07.07 | 0.50 | 3.10 | 3.30 | 3.50 | 4.40 | 5.00 | 5.50 |
| 2012.06.08 | 0.40 | 2.85 | 3.05 | 3.25 | 4.10 | 4.65 | 5.10 |
| 2012.07.06 | 0.35 | 2.60 | 2.80 | 3.00 | 3.75 | 4.25 | 4.75 |
| 2014.11.22 | 0.35 | 2.35 | 2.55 | 2.75 | 3.35 | 4.00 | — |
| 2015.03.01 | 0.35 | 2.10 | 2.30 | 2.50 | 3.10 | 3.75 | — |
| 2015.05.11 | 0.35 | 1.85 | 2.05 | 2.25 | 2.85 | 3.50 | — |
| 2015.06.28 | 0.35 | 1.60 | 1.80 | 2.00 | 2.60 | 3.25 | — |
| 2015.08.26 | 0.35 | 1.35 | 1.55 | 1.75 | 2.35 | 3.00 | — |
| 2015.10.24 | 0.35 | 1.10 | 1.30 | 1.50 | 2.10 | 2.75 | — |

注：自2014年11月起，中国人民银行不再公布人民币5年期定期存款基准利率。
Note: Since November, 2014, the PBC stopped publishing the benchmark interest rate for 5-year RMB deposits.

## 人民币存款基准利率
## RMB deposit benchmark interest rates

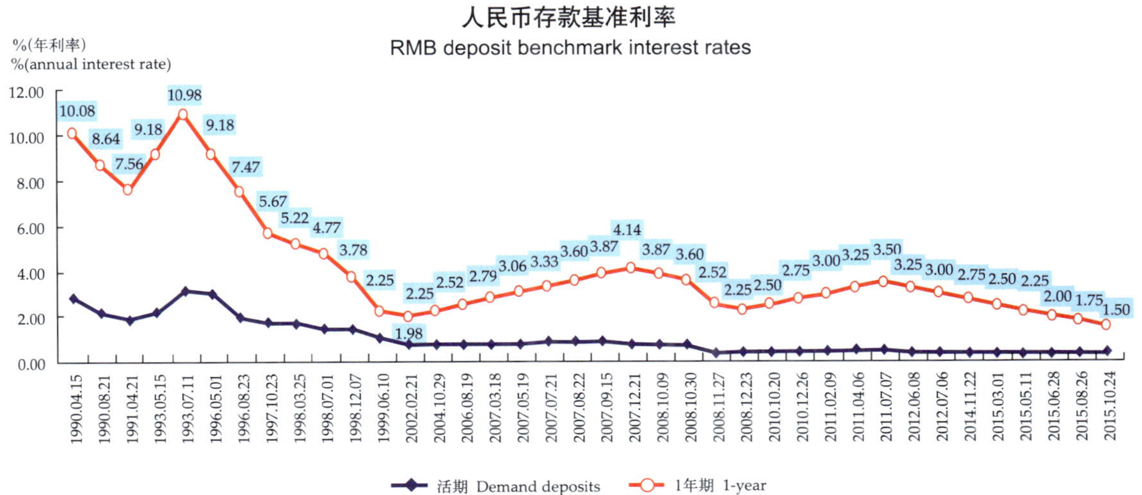

## 金融机构人民币贷款基准利率
RMB lending benchmark interest rates in financial institutions

单位：年利率%
Unit: annual interest rate %

| 日期 Date | 短期贷款 Short-term loans | | 中长期贷款 Medium- and long-term loans | | |
|---|---|---|---|---|---|
| | 6个月以内(含6个月)① 6-month and less (including 6-month)[1] | 6个月至1年(含1年)② 6-month to 1-year (including 1-year)[2] | 1～3年(含3年) 1 to 3-year (including 3-year) | 3～5年(含5年)③ 3 to 5-year (including 5-year)[3] | 5年以上 More than 5-year |
| 1991.04.21 | 8.10 | 8.64 | 9.00 | 9.54 | 9.72 |
| 1993.05.15 | 8.82 | 9.36 | 10.80 | 12.06 | 12.24 |
| 1993.07.11 | 9.00 | 10.98 | 12.24 | 13.86 | 14.04 |
| 1995.01.01 | 9.00 | 10.98 | 12.96 | 14.58 | 14.76 |
| 1995.07.01 | 10.08 | 12.06 | 13.50 | 15.12 | 15.30 |
| 1996.05.01 | 9.72 | 10.98 | 13.14 | 14.94 | 15.12 |
| 1996.08.23 | 9.18 | 10.08 | 10.98 | 11.70 | 12.42 |
| 1997.10.23 | 7.65 | 8.64 | 9.36 | 9.90 | 10.53 |
| 1998.03.25 | 7.02 | 7.92 | 9.00 | 9.72 | 10.35 |
| 1998.07.01 | 6.57 | 6.93 | 7.11 | 7.65 | 8.01 |
| 1998.12.07 | 6.12 | 6.39 | 6.66 | 7.20 | 7.56 |
| 1999.06.10 | 5.58 | 5.85 | 5.94 | 6.03 | 6.21 |
| 2002.02.21 | 5.04 | 5.31 | 5.49 | 5.58 | 5.76 |
| 2004.10.29 | 5.22 | 5.58 | 5.76 | 5.85 | 6.12 |
| 2006.04.28 | 5.40 | 5.85 | 6.03 | 6.12 | 6.39 |
| 2006.08.19 | 5.58 | 6.12 | 6.30 | 6.48 | 6.84 |
| 2007.03.18 | 5.67 | 6.39 | 6.57 | 6.75 | 7.11 |
| 2007.05.19 | 5.85 | 6.57 | 6.75 | 6.93 | 7.20 |
| 2007.07.21 | 6.03 | 6.84 | 7.02 | 7.20 | 7.38 |
| 2007.08.22 | 6.21 | 7.02 | 7.20 | 7.38 | 7.56 |
| 2007.09.15 | 6.48 | 7.29 | 7.47 | 7.65 | 7.83 |
| 2007.12.21 | 6.57 | 7.47 | 7.56 | 7.74 | 7.83 |
| 2008.09.16 | 6.21 | 7.20 | 7.29 | 7.56 | 7.74 |
| 2008.10.09 | 6.12 | 6.93 | 7.02 | 7.29 | 7.47 |
| 2008.10.30 | 6.03 | 6.66 | 6.75 | 7.02 | 7.20 |
| 2008.11.27 | 5.04 | 5.58 | 5.67 | 5.94 | 6.12 |
| 2008.12.23 | 4.86 | 5.31 | 5.40 | 5.76 | 5.94 |
| 2010.10.20 | 5.10 | 5.56 | 5.60 | 5.96 | 6.14 |
| 2010.12.26 | 5.35 | 5.81 | 5.85 | 6.22 | 6.40 |
| 2011.02.09 | 5.60 | 6.06 | 6.10 | 6.45 | 6.60 |
| 2011.04.06 | 5.85 | 6.31 | 6.40 | 6.65 | 6.80 |
| 2011.07.07 | 6.10 | 6.56 | 6.65 | 6.90 | 7.05 |
| 2012.06.08 | 5.85 | 6.31 | 6.40 | 6.65 | 6.80 |
| 2012.07.06 | 5.60 | 6.00 | 6.15 | 6.40 | 6.55 |
| 2014.11.22 | — | 5.60 | — | 6.00 | 6.15 |
| 2015.03.01 | — | 5.35 | — | 5.75 | 5.90 |
| 2015.05.11 | — | 5.10 | — | 5.50 | 5.65 |
| 2015.06.28 | — | 4.85 | — | 5.25 | 5.40 |
| 2015.08.26 | — | 4.60 | — | 5.00 | 5.15 |
| 2015.10.24 | — | 4.35 | — | 4.75 | 4.90 |

注：①自2014年11月起，中国人民银行将贷款基准利率期限档次简并为1年以内（含1年）、1～5年（含5年）和5年以上三个档次。
②2014年11月后为1年以内（含1年）。
③2014年11月后为1～5年（含5年）。

Notes: 1. Since November, 2014, the PBC simplified the term category of RMB benchmark lending rates, which thereafter included less than 1-year(including 1-year), 1 to 5-year (including 5-year), and more than 5-year.
2. Less than 1-year (including 1-year) after November, 2014.
3. 1 to 5-year (including 5-year) after November, 2014.

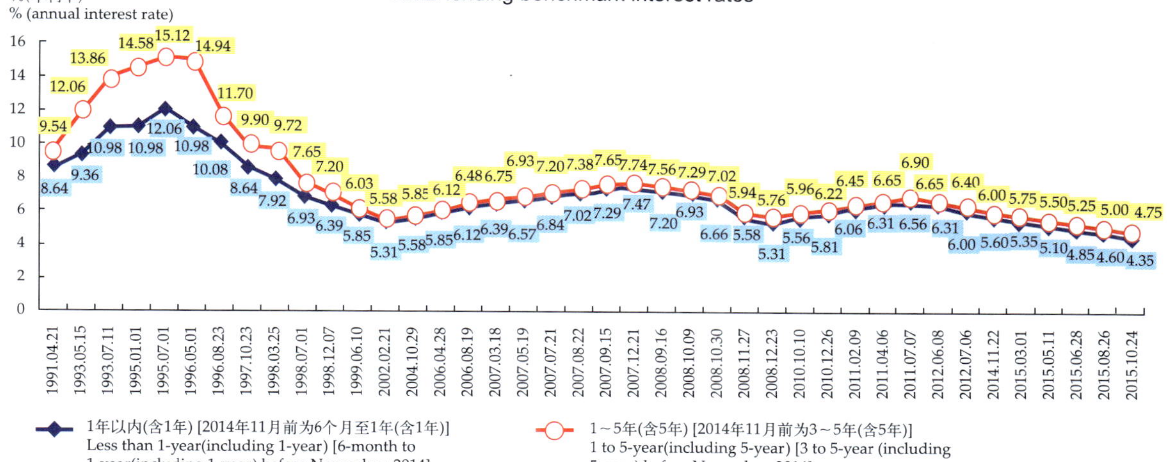


## 金融机构人民币贷款各利率区间占比表
## Share of loans with floating rates in various ranges

单位：%　Unit: %

| 日期 Date | 下浮 Floating downward | 基准 At benchmark | 上浮 Floating upward | | | | | |
|---|---|---|---|---|---|---|---|---|
| | | | 小计 Subtotal | (1.0, 1.1] | (1.1, 1.3] | (1.3, 1.5] | (1.5, 2.0] | 2.0以上Above 2.0 |
| 2014.01 | 8.20 | 22.81 | 68.99 | 17.90 | 27.39 | 11.00 | 9.78 | 2.92 |
| 2014.02 | 7.56 | 24.96 | 67.48 | 20.61 | 26.09 | 10.13 | 8.05 | 2.60 |
| 2014.03 | 8.35 | 21.40 | 70.25 | 18.81 | 27.69 | 11.17 | 9.56 | 3.02 |
| 2014.04 | 6.14 | 20.60 | 73.26 | 20.20 | 28.47 | 11.93 | 9.69 | 2.97 |
| 2014.05 | 7.35 | 19.81 | 72.84 | 20.45 | 28.12 | 11.97 | 9.52 | 2.78 |
| 2014.06 | 9.32 | 21.57 | 69.11 | 20.24 | 26.71 | 11.19 | 8.42 | 2.55 |
| 2014.07 | 8.23 | 19.68 | 72.09 | 19.35 | 27.78 | 12.46 | 9.69 | 2.81 |
| 2014.08 | 7.50 | 18.80 | 73.70 | 18.28 | 29.35 | 13.21 | 9.81 | 3.05 |
| 2014.09 | 8.31 | 20.43 | 71.26 | 19.01 | 28.18 | 12.29 | 9.00 | 2.78 |
| 2014.10 | 8.91 | 20.43 | 70.66 | 18.55 | 27.29 | 12.08 | 9.63 | 3.12 |
| 2014.11 | 9.44 | 19.94 | 70.63 | 18.73 | 26.84 | 12.32 | 9.55 | 3.19 |
| 2014.12 | 13.10 | 19.64 | 67.26 | 18.87 | 24.89 | 11.26 | 9.22 | 3.02 |
| 2015.01 | 10.20 | 19.93 | 69.87 | 19.90 | 25.31 | 11.87 | 9.37 | 3.42 |
| 2015.02 | 10.83 | 19.40 | 69.77 | 19.18 | 23.72 | 12.22 | 10.89 | 3.76 |
| 2015.03 | 11.30 | 19.77 | 68.93 | 18.65 | 23.14 | 12.55 | 10.58 | 4.01 |
| 2015.04 | 12.33 | 16.59 | 71.08 | 19.18 | 22.98 | 12.79 | 11.53 | 4.60 |
| 2015.05 | 12.58 | 16.20 | 71.22 | 17.08 | 24.00 | 12.95 | 12.34 | 4.85 |
| 2015.06 | 17.43 | 15.77 | 66.80 | 15.70 | 21.18 | 12.63 | 12.42 | 4.87 |
| 2015.07 | 13.91 | 15.76 | 70.33 | 15.55 | 22.32 | 13.00 | 13.44 | 6.02 |
| 2015.08 | 15.88 | 14.81 | 69.31 | 15.22 | 21.69 | 13.00 | 13.12 | 6.28 |
| 2015.09 | 15.59 | 17.61 | 66.80 | 16.50 | 20.03 | 11.40 | 12.57 | 6.30 |
| 2015.10 | 18.00 | 17.13 | 64.87 | 14.80 | 18.52 | 11.59 | 12.84 | 7.12 |
| 2015.11 | 17.82 | 17.86 | 64.32 | 14.24 | 18.57 | 10.79 | 13.10 | 7.62 |
| 2015.12 | 21.45 | 18.60 | 59.95 | 13.56 | 17.68 | 9.89 | 11.77 | 7.05 |
| 2016.01 | 19.56 | 17.16 | 63.28 | 15.71 | 18.44 | 10.39 | 11.39 | 7.35 |
| 2016.02 | 21.92 | 16.92 | 61.16 | 15.06 | 17.08 | 9.55 | 11.71 | 7.76 |
| 2016.03 | 20.82 | 17.60 | 61.58 | 14.54 | 17.06 | 10.19 | 11.92 | 7.87 |
| 2016.04 | 21.99 | 16.27 | 61.74 | 13.88 | 16.73 | 10.45 | 12.53 | 8.15 |
| 2016.05 | 22.94 | 15.91 | 61.15 | 13.16 | 17.10 | 10.67 | 12.40 | 7.82 |
| 2016.06 | 24.06 | 17.80 | 58.14 | 13.57 | 16.24 | 10.13 | 11.40 | 6.80 |

## 2016年第二季度金融机构人民币贷款各利率区间占比表
Share of loans with rates floating at various ranges in the second quarter of 2016

单位：% Unit: %

| | 下浮 Floating downward | 基准 At benchmark | 上浮 Floating upward | | | | | |
|---|---|---|---|---|---|---|---|---|
| | | | 小计 Subtotal | (1.0, 1.1] | (1.1, 1.3] | (1.3, 1.5] | (1.5, 2.0] | 2.0以上 Above 2.0 |
| 四大国有商业银行 Four state-owned commercial banks | 30.32 | 19.21 | 50.47 | 21.59 | 20.60 | 6.94 | 1.27 | 0.07 |
| 股份制商业银行 Joint-stock commercial banks | 20.08 | 18.28 | 61.64 | 16.08 | 24.20 | 12.93 | 5.97 | 2.46 |
| 外资商业银行 Foreign commercial banks | 58.10 | 14.32 | 27.58 | 12.09 | 11.53 | 2.71 | 0.86 | 0.39 |
| 城市商业银行 City commercial banks | 6.46 | 13.86 | 79.68 | 10.27 | 21.51 | 17.90 | 19.68 | 10.32 |
| 城乡信用社 Urban and rural credit cooperatives | 2.69 | 7.23 | 90.08 | 4.23 | 11.39 | 15.41 | 34.28 | 24.77 |
| 政策性银行 Policy banks | 44.63 | 39.32 | 16.05 | 13.39 | 2.45 | 0.21 | 0.00 | 0.00 |
| 合计 Total | 20.14 | 17.17 | 62.69 | 14.16 | 18.45 | 11.34 | 11.66 | 7.08 |

## 大额美元存款与美元贷款平均利率表
Average interest rates of large-value dollar deposits and loans

单位：% Unit: %

| 日期 Date | 大额存款 Large-value deposits | | | | | | 贷款 Loans | | | | |
|---|---|---|---|---|---|---|---|---|---|---|---|
| | 活期 Demand | 3个月以内 Within 3 months | 3(含)~6个月 3~6 months (including 3 months) | 6(含)~12个月 6~12 months (including 6 months) | 1年 1 year | 1年以上 Above 1 year | 3个月以内 Within 3 months | 3(含)~6个月 3~6 months (including 3 months) | 6(含)~12个月 6~12 months (including 6 months) | 1年 1 year | 1年以上 Above 1 year |
| 2014.01 | 0.21 | 2.41 | 3.43 | 3.48 | 3.54 | 2.68 | 2.82 | 2.90 | 3.14 | 2.88 | 3.56 |
| 2014.02 | 0.20 | 2.50 | 3.54 | 3.68 | 3.66 | 3.08 | 3.08 | 3.13 | 3.46 | 3.10 | 3.08 |
| 2014.03 | 0.25 | 2.60 | 3.68 | 3.63 | 3.85 | 2.72 | 3.08 | 3.20 | 3.35 | 3.30 | 3.16 |
| 2014.04 | 0.27 | 2.45 | 3.56 | 3.70 | 3.66 | 2.81 | 3.11 | 3.24 | 3.59 | 3.52 | 3.47 |
| 2014.05 | 0.26 | 2.21 | 3.24 | 3.43 | 3.58 | 2.83 | 2.97 | 3.09 | 3.45 | 3.52 | 3.63 |
| 2014.06 | 0.22 | 1.99 | 3.03 | 3.17 | 3.69 | 2.78 | 2.87 | 3.03 | 3.37 | 3.42 | 3.45 |
| 2014.07 | 0.21 | 1.59 | 2.72 | 2.96 | 3.47 | 2.48 | 2.73 | 2.97 | 3.32 | 3.24 | 3.72 |
| 2014.08 | 0.19 | 1.09 | 2.13 | 2.77 | 3.06 | 2.16 | 2.61 | 2.66 | 3.01 | 2.89 | 3.39 |
| 2014.09 | 0.14 | 0.83 | 1.76 | 2.30 | 2.40 | 1.18 | 2.53 | 2.51 | 2.67 | 2.74 | 3.55 |
| 2014.10 | 0.15 | 0.86 | 1.59 | 2.19 | 2.46 | 1.57 | 2.59 | 2.52 | 2.78 | 2.74 | 3.39 |
| 2014.11 | 0.12 | 0.70 | 1.41 | 2.08 | 2.53 | 1.85 | 2.15 | 2.22 | 2.57 | 2.75 | 3.68 |
| 2014.12 | 0.14 | 0.64 | 1.31 | 1.87 | 2.03 | 1.40 | 2.29 | 2.22 | 2.36 | 2.72 | 3.47 |
| 2015.01 | 0.14 | 0.87 | 1.33 | 1.75 | 2.25 | 1.50 | 2.06 | 1.97 | 2.24 | 2.50 | 3.44 |
| 2015.02 | 0.22 | 0.64 | 1.35 | 1.50 | 1.92 | 1.54 | 1.90 | 2.08 | 2.15 | 2.48 | 3.50 |
| 2015.03 | 0.15 | 0.71 | 1.18 | 1.45 | 1.97 | 1.25 | 1.73 | 2.28 | 1.77 | 2.42 | 3.42 |
| 2015.04 | 0.13 | 0.70 | 1.28 | 1.46 | 1.82 | 1.02 | 1.66 | 1.92 | 1.44 | 2.21 | 3.14 |
| 2015.05 | 0.14 | 0.80 | 1.28 | 1.36 | 2.01 | 1.05 | 1.81 | 1.93 | 1.92 | 2.13 | 2.93 |
| 2015.06 | 0.16 | 0.63 | 1.22 | 1.26 | 1.94 | 2.14 | 1.56 | 1.73 | 1.90 | 2.33 | 2.86 |
| 2015.07 | 0.17 | 0.72 | 1.18 | 1.36 | 1.73 | 1.87 | 1.82 | 2.34 | 2.09 | 2.13 | 3.35 |
| 2015.08 | 0.17 | 0.65 | 1.15 | 1.58 | 1.73 | 1.68 | 1.57 | 1.87 | 2.02 | 2.26 | 3.00 |
| 2015.09 | 0.12 | 0.57 | 1.02 | 1.45 | 1.53 | 1.60 | 1.43 | 1.93 | 2.20 | 2.21 | 2.88 |
| 2015.10 | 0.14 | 0.55 | 1.02 | 1.28 | 1.49 | 1.50 | 1.46 | 2.17 | 2.04 | 2.41 | 2.89 |
| 2015.11 | 0.15 | 0.60 | 1.04 | 1.30 | 1.60 | 1.73 | 1.43 | 2.02 | 1.93 | 2.25 | 3.18 |
| 2015.12 | 0.16 | 0.56 | 1.07 | 1.32 | 1.59 | 1.79 | 1.65 | 1.80 | 1.92 | 2.61 | 3.36 |
| 2016.01 | 0.24 | 0.65 | 1.20 | 1.37 | 1.64 | 1.55 | 1.50 | 2.15 | 1.94 | 2.07 | 3.30 |
| 2016.02 | 0.22 | 0.62 | 1.11 | 1.25 | 1.44 | 1.40 | 1.47 | 1.99 | 1.84 | 1.99 | 4.14 |
| 2016.03 | 0.20 | 0.68 | 1.13 | 1.27 | 1.50 | 1.60 | 1.48 | 1.85 | 3.08 | 2.28 | 3.32 |
| 2016.04 | 0.23 | 0.81 | 0.96 | 1.39 | 1.52 | 1.53 | 1.48 | 2.02 | 1.81 | 1.97 | 3.50 |
| 2016.05 | 0.24 | 0.76 | 1.12 | 1.31 | 1.59 | 1.38 | 1.52 | 1.94 | 1.85 | 1.86 | 3.11 |
| 2016.06 | 0.18 | 0.67 | 1.23 | 1.51 | 1.62 | 1.41 | 1.62 | 1.84 | 1.76 | 2.29 | 3.45 |

# 八、金融市场
# 8. Financial Market

## 1.货币市场
## (1) Money market

### 银行间市场交易量
### Transaction volume in the inter-bank market

单位：万亿元
Unit: RMB1 trillion

| 年 Year | 债券回购 Repurchasing | 同业拆借 Inter-bank borrowing | 现券买卖 Outright transactions |
|---|---|---|---|
| 2000 | 1.6 | 0.7 | 0.1 |
| 2001 | 4.0 | 0.8 | 0.1 |
| 2002 | 10.2 | 1.2 | 0.4 |
| 2003 | 11.7 | 2.4 | 3.1 |
| 2004 | 9.4 | 1.5 | 2.5 |
| 2005 | 15.9 | 1.3 | 6.0 |
| 2006 | 26.6 | 2.2 | 10.2 |
| 2007 | 44.8 | 10.6 | 15.6 |
| 2008 | 58.1 | 15.0 | 37.1 |
| 2009 | 70.3 | 19.4 | 47.3 |
| 2010 | 87.6 | 27.9 | 64.0 |
| 2011 | 99.5 | 33.4 | 63.6 |
| 2012 | 141.7 | 46.7 | 75.2 |
| 2013 | 158.2 | 35.5 | 41.6 |
| 2014 | 224.4 | 37.7 | 40.4 |
| 2015 | 457.8 | 64.2 | 86.7 |

### 银行间市场月加权平均利率
### Monthly weighted average interest rates in the inter-bank market

单位：% Unit: %

| 年/月 Year/Month | 同业拆借市场 Inter-bank borrowing market | 质押式债券回购 Bond-pledged repurchasing |
|---|---|---|
| 2014.07 | 3.41 | 3.41 |
| 2014.08 | 3.17 | 3.11 |
| 2014.09 | 2.97 | 2.93 |
| 2014.10 | 2.69 | 2.64 |
| 2014.11 | 2.82 | 2.79 |
| 2014.12 | 3.49 | 3.49 |
| 2015.01 | 3.18 | 3.10 |
| 2015.02 | 3.64 | 3.62 |
| 2015.03 | 3.69 | 3.61 |
| 2015.04 | 2.49 | 2.37 |
| 2015.05 | 1.42 | 1.30 |
| 2015.06 | 1.44 | 1.41 |
| 2015.07 | 1.51 | 1.43 |
| 2015.08 | 1.79 | 1.79 |
| 2015.09 | 2.05 | 2.01 |
| 2015.10 | 1.99 | 1.94 |
| 2015.11 | 1.90 | 1.85 |
| 2015.12 | 1.97 | 1.95 |
| 2016.01 | 2.11 | 2.10 |
| 2016.02 | 2.09 | 2.10 |
| 2016.03 | 2.09 | 2.10 |
| 2016.04 | 2.11 | 2.11 |
| 2016.05 | 2.10 | 2.07 |
| 2016.06 | 2.14 | 2.10 |

### 银行间市场交易量
### Transaction volume in the inter-bank market

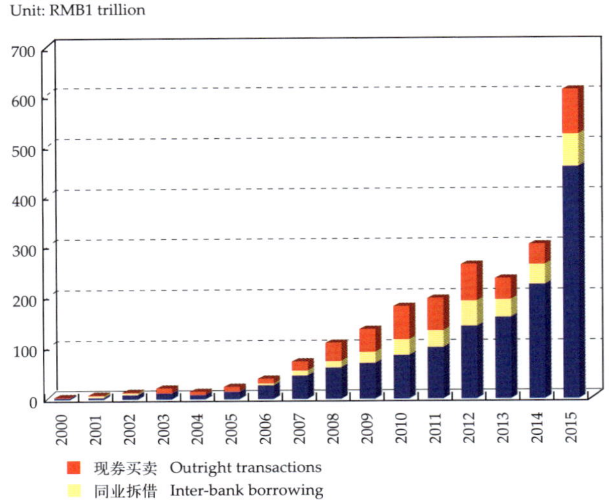


### 银行间市场月加权平均利率
### Monthly weighted average interest rates in the inter-bank market

## 各品种Shibor走势图
Movements of the Shibor

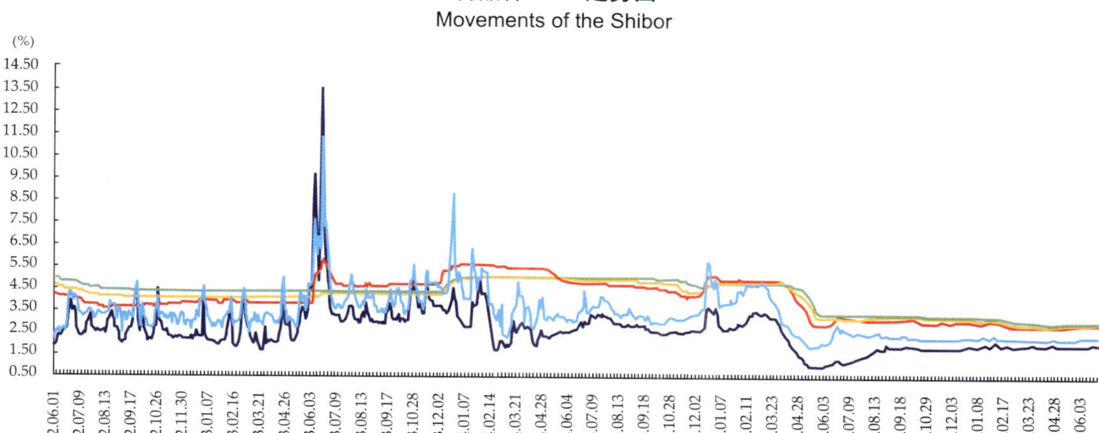


## 全国银行间同业拆借各期限当月交易量及月加权平均利率
Monthly transaction volume and monthly weighted average interest rates of inter-bank borrowing with different maturities

单位：亿元、%
Unit: RMB100 million, %

| 年/月 Year/Month | 1天 1 day | | 7天 7 days | | 14天 14 days | | 21天 21 days | | 1个月 1 month | | 2个月 2 months | | 3个月 3 months | | 4个月 4 months | | 6个月 6 months | | 9个月 9 months | | 1年 1 year | |
|---|---|---|---|---|---|---|---|---|---|---|---|---|---|---|---|---|---|---|---|---|---|---|
| | 交易量 Volume | 利率 Rate | 交易量 Volume | 利率 Rate | 交易量 Volume | 利率 Rate | 交易量 Volume | 利率 Rate | 交易量 Volume | 利率 Rate | 交易量 Volume | 利率 Rate | 交易量 Volume | 利率 Rate | 交易量 Volume | 利率 Rate | 交易量 Volume | 利率 Rate | 交易量 Volume | 利率 Rate | 交易量 Volume | 利率 Rate |
| 2014.07 | 26 053 | 3.23 | 5 104 | 3.98 | 1 078 | 4.51 | 59 | 4.30 | 414 | 4.38 | 142 | 4.05 | 107 | 4.89 | 0 | 0.00 | 3 | 4.83 | 0 | 0.00 | 26 | 5.13 |
| 2014.08 | 19 470 | 2.97 | 6 185 | 3.61 | 1 446 | 3.75 | 21 | 4.26 | 247 | 3.90 | 81 | 3.68 | 118 | 4.75 | 3 | 4.60 | 3 | 4.63 | 0 | 0.00 | 1 | 5.70 |
| 2014.09 | 27 646 | 2.81 | 6 762 | 3.41 | 1 660 | 3.39 | 111 | 4.24 | 246 | 4.15 | 112 | 3.77 | 138 | 4.90 | 11 | 4.79 | 9 | 4.87 | 0 | 0 | 3 | 4.84 |
| 2014.10 | 30 502 | 2.52 | 6 456 | 3.18 | 1 337 | 3.39 | 87 | 3.66 | 470 | 3.89 | 81 | 3.64 | 117 | 4.69 | 0 | 4.35 | 4 | 4.50 | 0 | 0.00 | 25 | 4.75 |
| 2014.11 | 24 463 | 2.59 | 7 456 | 3.33 | 801 | 3.68 | 43 | 4.69 | 451 | 4.01 | 64 | 4.11 | 159 | 4.79 | 11 | 4.60 | 21 | 4.56 | 1 | 4.95 | 29 | 4.24 |
| 2014.12 | 19 761 | 2.97 | 7 440 | 4.46 | 1 052 | 4.93 | 57 | 5.64 | 314 | 5.80 | 150 | 5.15 | 153 | 5.13 | 3 | 5.58 | 20 | 5.08 | 1 | 6 | 15 | 4.79 |
| 2015.01 | 19 544 | 2.81 | 5 736 | 4.11 | 556 | 4.86 | 17 | 5.02 | 135 | 4.95 | 149 | 4.96 | 160 | 5.12 | 12 | 4.53 | 15 | 4.95 | 3 | 4.87 | 35 | 4.72 |
| 2015.02 | 13 448 | 3.07 | 4 569 | 4.73 | 997 | 4.92 | 169 | 5.52 | 262 | 5.43 | 143 | 5.47 | 111 | 5.39 | 12 | 5.49 | 6 | 5.05 | 2 | 4.95 | 48 | 5.19 |
| 2015.03 | 27 839 | 3.37 | 6 294 | 4.74 | 1 594 | 4.66 | 116 | 5.17 | 377 | 5.22 | 60 | 5.18 | 148 | 5.26 | 7 | 5.26 | 10 | 5.11 | 0 | — | 3 | 5.26 |
| 2015.04 | 34 246 | 2.26 | 6 334 | 3.20 | 2 275 | 3.54 | 45 | 4.24 | 262 | 4.19 | 91 | 5.02 | 127 | 4.75 | 14 | 4.93 | 17 | 4.81 | 0 | — | 33 | 4.54 |
| 2015.05 | 49 143 | 1.24 | 7 053 | 2.35 | 1 245 | 2.50 | 79 | 2.61 | 247 | 2.80 | 40 | 2.90 | 146 | 3.61 | 9 | 3.46 | 17 | 3.45 | 1 | 4.10 | 13 | 4.57 |
| 2015.06 | 50 263 | 1.19 | 8 891 | 2.57 | 891 | 2.80 | 139 | 3.16 | 415 | 3.25 | 47 | 3.71 | 108 | 3.69 | 7 | 3.82 | 5 | 3.45 | 6 | 3.95 | 4 | 4.50 |
| 2015.07 | 58 716 | 1.31 | 5 915 | 2.76 | 930 | 3.03 | 121 | 3.14 | 311 | 3.26 | 80 | 3.82 | 638 | 4.18 | 7 | 3.56 | 28 | 3.65 | 2 | 3.78 | 1 | 3.61 |
| 2015.08 | 53 120 | 1.68 | 5 383 | 2.57 | 1 184 | 2.71 | 71 | 2.84 | 253 | 2.83 | 50 | 3.04 | 105 | 3.64 | 6 | 3.25 | 6 | 3.47 | 1 | 3.80 | 1 | 3.85 |
| 2015.09 | 42 107 | 1.93 | 5 572 | 2.52 | 1 836 | 2.79 | 76 | 3.08 | 364 | 3.14 | 111 | 3.20 | 145 | 3.50 | 2 | 3.50 | 7 | 3.85 | 0 | — | 5 | 3.46 |
| 2015.10 | 47 456 | 1.91 | 5 173 | 2.47 | 1 007 | 2.74 | 105 | 2.85 | 225 | 3.20 | 22 | 3.11 | 95 | 3.86 | 9 | 3.44 | 7 | 3.82 | 0 | — | 18 | 3.77 |
| 2015.11 | 75 975 | 1.82 | 7 948 | 2.43 | 1 515 | 2.64 | 234 | 2.84 | 488 | 2.73 | 160 | 2.81 | 138 | 3.44 | 14 | 3.28 | 14 | 3.35 | 1 | 3.26 | 302 | 3.36 |
| 2015.12 | 68 097 | 1.86 | 8 106 | 2.53 | 1 275 | 2.84 | 197 | 3.60 | 902 | 2.90 | 51 | 3.26 | 524 | 3.18 | 22 | 3.36 | 15 | 3.50 | 2 | 3.54 | 90 | 3.29 |
| 2016.01 | 49 988 | 2.03 | 5 600 | 2.55 | 434 | 2.91 | 60 | 3.38 | 552 | 3.02 | 113 | 3.28 | 214 | 3.36 | 35 | 3.40 | 96 | 3.21 | 17 | 3.43 | 75 | 3.30 |
| 2016.02 | 43 420 | 2.02 | 3 434 | 2.48 | 1 543 | 2.77 | 74 | 3.10 | 105 | 2.99 | 124 | 2.87 | 227 | 3.20 | 7 | 3.17 | 13 | 3.19 | 4 | 3.28 | 29 | 3.44 |
| 2016.03 | 65 639 | 2.03 | 6 943 | 2.45 | 1 384 | 2.64 | 77 | 3.05 | 361 | 2.86 | 48 | 2.92 | 197 | 2.99 | 12 | 3.26 | 11 | 3.37 | 2 | 3.44 | 41 | 3.23 |
| 2016.04 | 65 571 | 2.06 | 6 011 | 2.52 | 742 | 2.72 | 50 | 2.99 | 295 | 2.89 | 112 | 2.88 | 109 | 3.31 | 0 | 2.95 | 14 | 3.17 | 2 | 3.29 | 64 | 3.14 |
| 2016.05 | 88 884 | 2.06 | 8 229 | 2.46 | 359 | 2.71 | 67 | 2.81 | 343 | 2.69 | 119 | 2.98 | 400 | 3.19 | 2 | 3.33 | 38 | 3.05 | 2 | 3.16 | 15 | 3.47 |
| 2016.06 | 86 021 | 2.07 | 10 996 | 2.47 | 1 172 | 2.84 | 188 | 2.91 | 626 | 2.96 | 131 | 2.93 | 683 | 3.25 | 12 | 3.14 | 15 | 3.19 | 0 | — | 4 | 3.30 |

**全国银行间同业拆借各期限月加权平均利率**
**Monthly weighted average interest rates of inter-bank borrowing with different maturities**

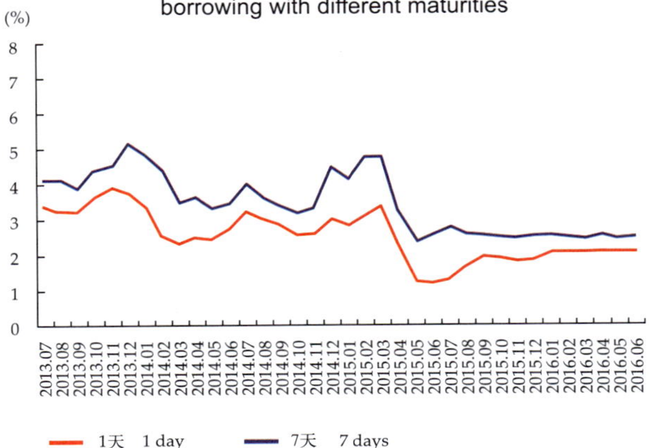


**全国银行间同业拆借各期限当月交易量**
**Monthly transaction volume of inter-bank borrowing with different maturities**

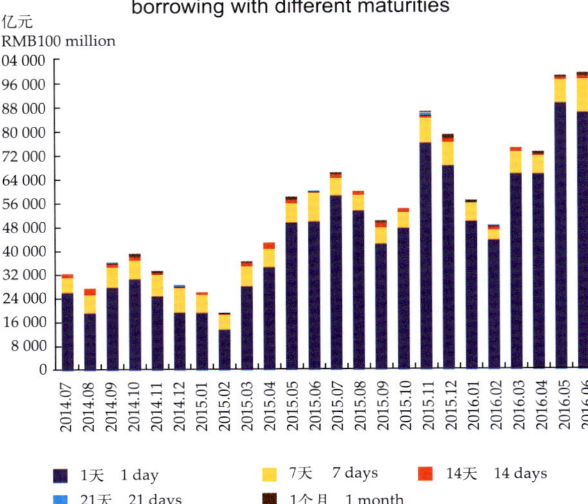


## 2.债券市场
## (2) Bond market

**债券回购交易成交金额**
**Turnover of repurchasing**

单位：亿元
Unit: RMB100 million

| 年/月 Year/Month | 银行间债券市场 Inter-bank bond market | 交易所 Stock exchanges |
|---|---|---|
| 2014.07 | 208 708 | 82 413 |
| 2014.08 | 199 723 | 78 113 |
| 2014.09 | 219 390 | 79 945 |
| 2014.10 | 216 200 | 73 794 |
| 2014.11 | 219 020 | 86 451 |
| 2014.12 | 237 846 | 106 849 |
| 2015.01 | 224 725 | 91 469 |
| 2015.02 | 171 564 | 72 242 |
| 2015.03 | 267 582 | 103 297 |
| 2015.04 | 304 353 | 95 618 |
| 2015.05 | 367 806 | 93 825 |
| 2015.06 | 414 858 | 105 286 |
| 2015.07 | 454 804 | 114 797 |
| 2015.08 | 391 011 | 109 841 |
| 2015.09 | 408 038 | 113 980 |
| 2015.10 | 417 044 | 105 522 |
| 2015.11 | 549 165 | 125 870 |
| 2015.12 | 606 238 | 150 361 |
| 2016.01 | 473 730 | 146 144 |
| 2016.02 | 341 473 | 117 039 |
| 2016.03 | 546 060 | 178 897 |
| 2016.04 | 436 020 | 167 069 |
| 2016.05 | 539 866 | 186 165 |
| 2016.06 | 550 771 | 193 161 |

## 债券现券交易成交金额
Turnover of outright transactions

单位：亿元
Unit: RMB100 million

| 年/月 Year/Month | 银行间债券市场 Inter-bank bond market | 交易所 Stock exchanges |
|---|---|---|
| 2014.07 | 36 582 | 2 484 |
| 2014.08 | 34 172 | 2 115 |
| 2014.09 | 39 894 | 2 259 |
| 2014.10 | 36 557 | 2 211 |
| 2014.11 | 38 486 | 3 089 |
| 2014.12 | 42 550 | 5 140 |
| 2015.01 | 43 022 | 3 480 |
| 2015.02 | 30 285 | 1 827 |
| 2015.03 | 52 825 | 2 408 |
| 2015.04 | 61 775 | 2 531 |
| 2015.05 | 71 302 | 2 600 |
| 2015.06 | 70 347 | 2 529 |
| 2015.07 | 90 184 | 3 831 |
| 2015.08 | 81 630 | 3 310 |
| 2015.09 | 76 583 | 3 043 |
| 2015.10 | 77 123 | 2 020 |
| 2015.11 | 102 661 | 2 979 |
| 2015.12 | 109 635 | 3 665 |
| 2016.01 | 93 098 | 2 974 |
| 2016.02 | 60 441 | 2 323 |
| 2016.03 | 113 409 | 4 093 |
| 2016.04 | 96 315 | 3 585 |
| 2016.05 | 99 388 | 4 461 |
| 2016.06 | 108 213 | 4 174 |

## 债券回购交易成交金额
Turnover of repurchasing

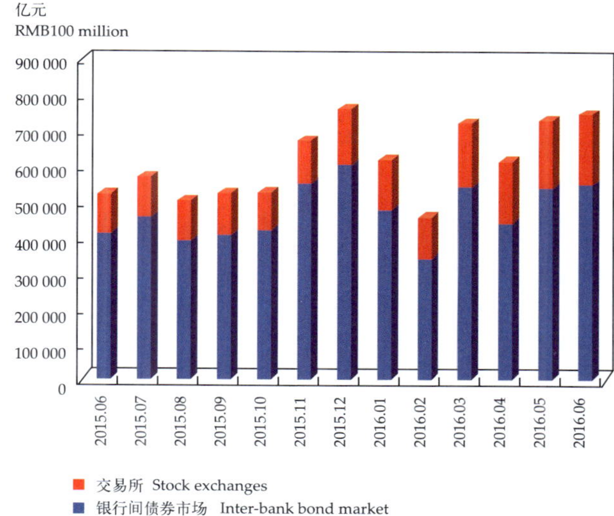


## 债券现券交易成交金额
Turnover of outright transactions

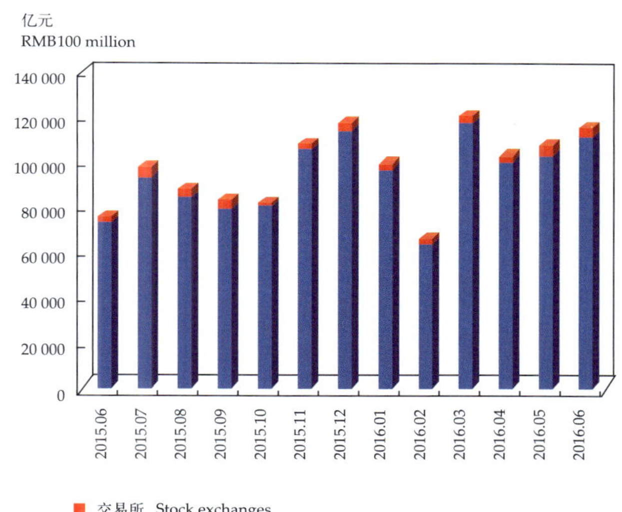

### 国债发行、兑付、期末余额
### Issue and redemption values and end-period balance of government bonds

单位：亿元
Unit: RMB100 million

| 年/月 Year/Month | 发行额 Issue value | 兑付额 Redemption value | 期末余额 End-period balance |
|---|---|---|---|
| 2014.07 | 2 787 | 693 | 100 966 |
| 2014.08 | 2 804 | 1 458 | 102 300 |
| 2014.09 | 2 274 | 423 | 104 151 |
| 2014.10 | 1 997 | 602 | 105 253 |
| 2014.11 | 1 681 | 539 | 106 380 |
| 2014.12 | 1 484 | 654 | 107 275 |
| 2015.01 | 600 | 691 | 104 163 |
| 2015.02 | 400 | 883 | 106 664 |
| 2015.03 | 1 099 | 526 | 105 629 |
| 2015.04 | 2 384 | 1 577 | 106 439 |
| 2015.05 | 3 626 | 1 010 | 109 446 |
| 2015.06 | 9 118 | 1 425 | 117 398 |
| 2015.07 | 7 827 | 1 513 | 124 536 |
| 2015.08 | 6 748 | 1 393 | 129 433 |
| 2015.09 | 7 868 | 1 291 | 137 283 |
| 2015.10 | 6 927 | 1 021 | 141 918 |
| 2015.11 | 10 110 | 709 | 150 912 |
| 2015.12 | 2 702 | 764 | 154 524 |
| 2016.01 | 1 700 | 1 413 | 155 184 |
| 2016.02 | 2 568 | 1 707 | 155 294 |
| 2016.03 | 9 687 | 1 352 | 163 159 |
| 2016.04 | 13 528 | 1 288 | 174 726 |
| 2016.05 | 8 383 | 980 | 182 038 |
| 2016.06 | 13 567 | 2 054 | 194 223 |

### 国债发行与兑付
### Issue and redemption values of government bonds

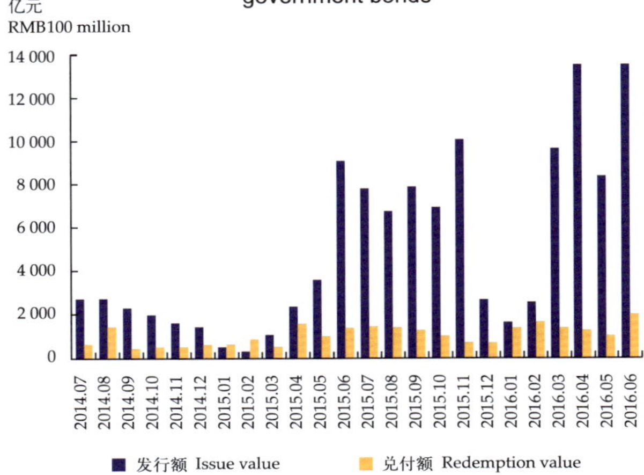


### 国债期末余额
### Outstanding amounts of government bonds at end-period

## 3.股票市场
## (3) Stock market

### 股票成交、发行筹资额
Turnover of stock trading and funds raised in the stock market

| 年/月 Year/month | | 成交金额（亿元）Turnover of stock trading (RMB100 million) | | A股筹资（亿元）A-shares capital raised (RMB100 million) | | | | | B股筹资（亿美元）B-shares capital raised (USD100 million) | H股筹资（亿美元）H-shares capital raised (USD100 million) | |
|---|---|---|---|---|---|---|---|---|---|---|---|
| | | 上海证券交易所A股 A-shares on the Shanghai Stock Exchange | 深圳证券交易所A股 A-shares on the Shenzhen Stock Exchange | 首次发行金额 Initial public offering | 公开增发 Additional offering | 定向增发（现金）Placement (Cash) | 配股 Allotment | 权证行权 Exercise warrant | | 首次发行金额 Initial public offering | 再筹资金额 Refinancing |
| 2014 | 1 | 13 638 | 22 086 | 188.0 | 0.0 | 407.0 | 8.0 | 0.0 | 0.0 | 0.9 | 9.6 |
| | 2 | 17 933 | 25 884 | 36.0 | 0.0 | 137.0 | 39.0 | 0.0 | 0.0 | 0.0 | 1.5 |
| | 3 | 18 671 | 23 472 | 0.0 | 0.0 | 339.0 | 13.0 | 0.0 | 0.0 | 0.0 | 2.3 |
| | 4 | 16 853 | 17 957 | 0.0 | 0.0 | 619.4 | 0.0 | 0.0 | 0.0 | 0.0 | 0.0 |
| | 5 | 12 039 | 15 436 | 0.0 | 3.7 | 239.7 | 30.7 | 0.0 | 0.0 | 12.2 | 5.5 |
| | 6 | 13 179 | 19 091 | 16.9 | 0.0 | 125.7 | 11.1 | 0.0 | 0.0 | 8.2 | 0.0 |
| | 7 | 23 967 | 29 283 | 46.2 | 0.0 | 266.8 | 18.7 | 0.0 | 0.0 | 2.5 | 4.0 |
| | 8 | 27 940 | 32 778 | 35.1 | 0.0 | 230.5 | 2.5 | 0.0 | 0.0 | 0.0 | 0.0 |
| | 9 | 35 594 | 40 811 | 69.1 | 0.0 | 542.7 | 0.0 | 0.0 | 0.0 | 0.0 | 1.6 |
| | 10 | 31 336 | 33 685 | 54.3 | 0.0 | 248.6 | 7.4 | 0.0 | 0.0 | 2.5 | 65.3 |
| | 11 | 48 934 | 39 858 | 29.4 | 0.0 | 341.9 | 7.8 | 0.0 | 0.0 | 0.3 | 4.1 |
| | 12 | 115 066 | 65 887 | 194.0 | 0.0 | 533.6 | 0.0 | 0.0 | 0.0 | 102.1 | 118.9 |
| 2015 | 1 | 78 409 | 49 140 | 122.0 | 0.0 | 402.7 | 1.4 | 0.0 | 0.0 | 0.6 | 0.0 |
| | 2 | 41 414 | 34 494 | 132.0 | 0.0 | 450.4 | 5.9 | 0.0 | 0.0 | 0.0 | 0.0 |
| | 3 | 112 932 | 95 421 | 227.6 | 0.0 | 562.2 | 0.0 | 0.0 | 0.0 | 9.9 | 0.0 |
| | 4 | 173 836 | 126 365 | 156.2 | 0.0 | 425.4 | 15.8 | 0.0 | 0.0 | 44.4 | 1.1 |
| | 5 | 163 558 | 147 900 | 188.2 | 0.0 | 496.1 | 0.0 | 0.0 | 0.0 | 2.2 | 30.9 |
| | 6 | 199 993 | 166 048 | 629.6 | 0.0 | 847.2 | 0.0 | 0.0 | 0.0 | 73.7 | 35.0 |
| | 7 | 160 946 | 120 087 | 11.7 | 0.0 | 664.9 | 19.3 | 0.0 | 0.0 | 34.8 | 35.0 |
| | 8 | 107 778 | 97 163 | 0.0 | 0.0 | 478.9 | 0.0 | 0.0 | 0.0 | 0.0 | 3.3 |
| | 9 | 56 210 | 59 758 | 0.0 | 0.0 | 428.7 | 0.0 | 0.0 | 0.0 | 14.6 | 3.3 |
| | 10 | 64 146 | 86 291 | 0.0 | 0.0 | 121.0 | 0.0 | 0.0 | 0.0 | 0.0 | 68.0 |
| | 11 | 92 119 | 130 886 | 70.3 | 0.0 | 497.9 | 0.0 | 0.0 | 0.0 | 9.5 | 7.4 |
| | 12 | 71 891 | 110 053 | 229.4 | 0.0 | 1 334.0 | 0.0 | 0.0 | 0.0 | 46.6 | 43.3 |
| 2016 | 1 | 43 264 | 64 708 | 1.9 | 0.0 | 1 660.2 | 123.0 | 0.0 | 72.1 | 1.5 | 144.4 |
| | 2 | 30 725 | 47 316 | 40.1 | 0.0 | 744.4 | 69.0 | 0.0 | 0.0 | 0.0 | 57.7 |
| | 3 | 53 661 | 80 149 | 71.0 | 0.0 | 490.5 | 0.0 | 0.0 | 0.0 | 155.2 | 0.0 |
| | 4 | 42 186 | 72 041 | 37.0 | 0.0 | 908.9 | 40.2 | 0.0 | 0.3 | 172.6 | 125.3 |
| | 5 | 31 664 | 58 936 | 69.0 | 0.0 | 1 009.8 | 17.7 | 0.0 | 0.0 | 0.0 | 0.0 |
| | 6 | 37 873 | 76 767 | 64.6 | 0.0 | 1 061.9 | 31.6 | 0.0 | 0.0 | 0.0 | 0.0 |

## 月末加权平均市盈率
Weighted average price-earnings ratio at month-end

| 年/月 Year/Month | 上海证券交易所A股 A-shares on the Shanghai Stock Exchange | 上海证券交易所B股 B-shares on the Shanghai Stock Exchange | 深圳证券交易所A股 A-shares on the Shenzhen Stock Exchange | 深圳证券交易所B股 B-shares on the Shenzhen Stock Exchange |
|---|---|---|---|---|
| 2014.07 | 10.6 | 12.8 | 27.7 | 9.5 |
| 2014.08 | 10.7 | 13.6 | 28.9 | 9.6 |
| 2014.09 | 11.5 | 14.4 | 32.0 | 10.0 |
| 2014.10 | 11.8 | 14.1 | 32.5 | 10.0 |
| 2014.11 | 13.1 | 15.0 | 34.4 | 10.1 |
| 2014.12 | 16.0 | 15.8 | 34.6 | 10.5 |
| 2015.01 | 15.9 | 15.7 | 37.4 | 10.9 |
| 2015.02 | 16.6 | 16.0 | 39.9 | 11.3 |
| 2015.03 | 19.0 | 16.8 | 45.9 | 13.6 |
| 2015.04 | 22.6 | 21.9 | 50.2 | 16.2 |
| 2015.05 | 21.9 | 29.2 | 62.2 | 17.2 |
| 2015.06 | 20.9 | 25.6 | 54.9 | 16.2 |
| 2015.07 | 18.0 | 20.8 | 47.3 | 13.7 |
| 2015.08 | 15.8 | 17.9 | 40.3 | 11.8 |
| 2015.09 | 15.1 | 18.6 | 38.9 | 11.7 |
| 2015.10 | 16.7 | 21.6 | 45.7 | 12.7 |
| 2015.11 | 17.0 | 23.4 | 49.9 | 13.2 |
| 2015.12 | 17.6 | 26.2 | 53.3 | 14.0 |
| 2016.01 | 13.7 | 21.2 | 39.4 | 12.3 |
| 2016.02 | 13.5 | 20.9 | 38.0 | 11.8 |
| 2016.03 | 15.1 | 22.9 | 41.7 | 12.6 |
| 2016.04 | 14.8 | 22.7 | 38.2 | 11.4 |
| 2016.05 | 14.3 | 28.4 | 38.5 | 10.6 |
| 2016.06 | 14.4 | 28.3 | 40.7 | 10.8 |

## 股票成交金额
Turnover of stock trading

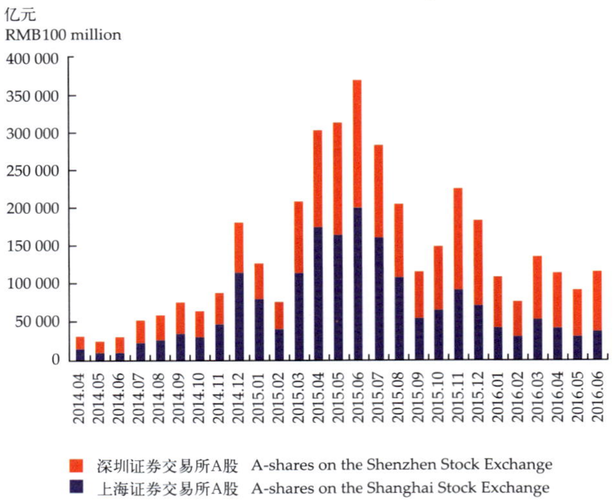


## 月末加权平均市盈率
Weighted average price-earnings ratio at month-end

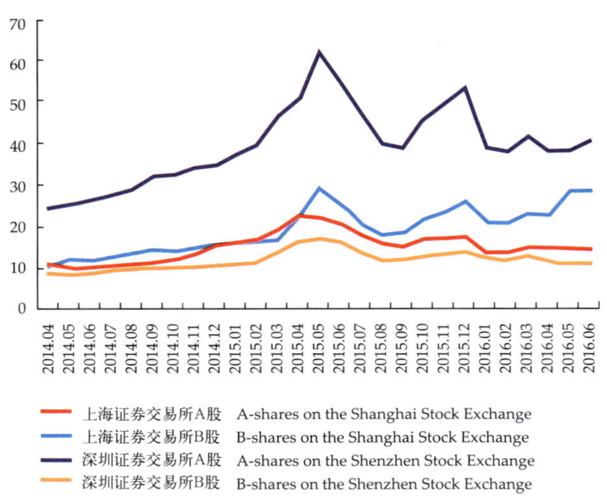


## 月末收盘指数
Closing index at month-end

## 4.票据市场
## (4) Commercial paper market

### 票据市场交易额与期末余额
### Transactions and outstanding balance of commercial paper market

单位：亿元
Unit: RMB100 million

| 年/月 Year/Month | 商业汇票 Drafts | 贴现 Discount bills | 再贴现 Rediscount bills |
|---|---|---|---|
| 发生额 Transactions during the period | | | |
| 2014.07 | 17 905 | 54 236 | 312 |
| 2014.08 | 15 351 | 49 393 | 323 |
| 2014.09 | 19 622 | 65 083 | 372 |
| 2014.10 | 18 079 | 46 418 | 293 |
| 2014.11 | 19 289 | 75 034 | 359 |
| 2014.12 | 20 927 | 60 691 | 493 |
| 2015.01 | 20 045 | 64 402 | 151 |
| 2015.02 | 13 940 | 49 590 | 391 |
| 2015.03 | 20 047 | 78 286 | 404 |
| 2015.04 | 17 273 | 84 305 | 371 |
| 2015.05 | 20 481 | 98 790 | 322 |
| 2015.06 | 21 297 | 104 108 | 368 |
| 2015.07 | 19 509 | 107 895 | 336 |
| 2015.08 | 15 669 | 77 807 | 361 |
| 2015.09 | 17 916 | 87 281 | 354 |
| 2015.10 | 19 332 | 63 771 | 354 |
| 2015.11 | 17 352 | 98 619 | 339 |
| 2015.12 | 20 794 | 106 475 | 394 |
| 2016.01 | 21 913 | 116 046 | 291 |
| 2016.02 | 10 543 | 67 245 | 200 |
| 2016.03 | 17 016 | 89 560 | 436 |
| 2016.04 | 13 448 | 82 156 | 306 |
| 2016.05 | 14 711 | 75 440 | 301 |
| 2016.06 | 16 620 | 88 266 | 351 |
| 期末余额 Outstanding balance at the end of the period | | | |
| 2014.07 | 98 214 | 23 754 | 1 154 |
| 2014.08 | 97 437 | 26 100 | 1 229 |
| 2014.09 | 97 232 | 27 000 | 1 257 |
| 2014.10 | 98 099 | 28 149 | 1 259 |
| 2014.11 | 99 979 | 30 572 | 1 266 |
| 2014.12 | 98 782 | 29 169 | 1 372 |
| 2015.01 | 101 753 | 30 088 | 1 299 |
| 2015.02 | 102 240 | 30 488 | 1 263 |
| 2015.03 | 101 740 | 30 769 | 1 322 |
| 2015.04 | 103 190 | 32 130 | 1 298 |
| 2015.05 | 105 723 | 34 363 | 1 290 |
| 2015.06 | 107 948 | 37 817 | 1 300 |
| 2015.07 | 106 708 | 40 384 | 1 272 |
| 2015.08 | 109 060 | 42 841 | 1 305 |
| 2015.09 | 106 254 | 43 128 | 1 281 |
| 2015.10 | 106 250 | 44 964 | 1 305 |
| 2015.11 | 103 161 | 46 390 | 1 292 |
| 2015.12 | 104 124 | 45 756 | 1 305 |
| 2016.01 | 107 622 | 49 482 | 1 130 |
| 2016.02 | 109 591 | 48 899 | 1 139 |
| 2016.03 | 105 386 | 49 417 | 1 230 |
| 2016.04 | 104 669 | 51 804 | 1 176 |
| 2016.05 | 101 104 | 53 368 | 1 163 |
| 2016.06 | 98 022 | 53 218 | 1 202 |

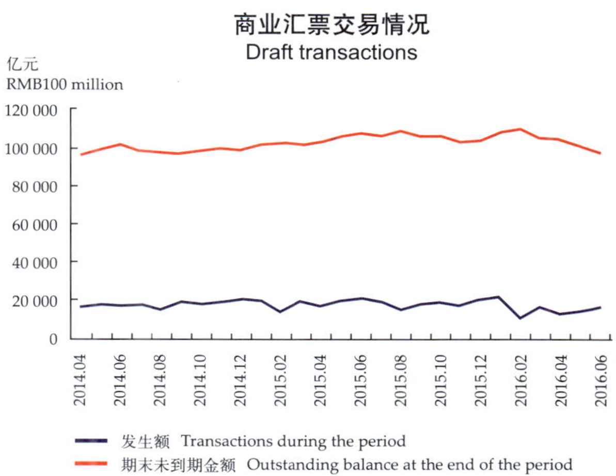


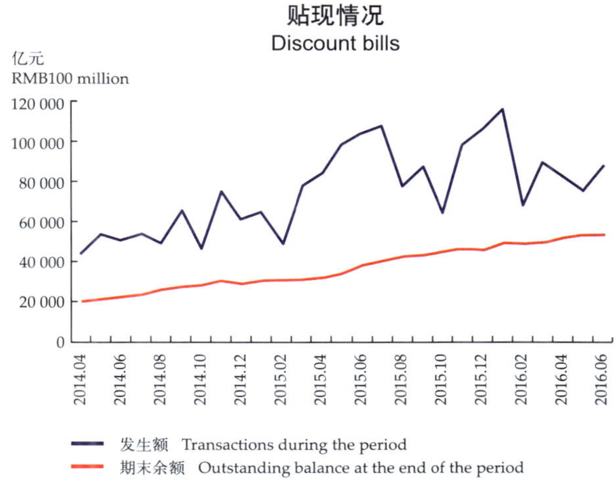


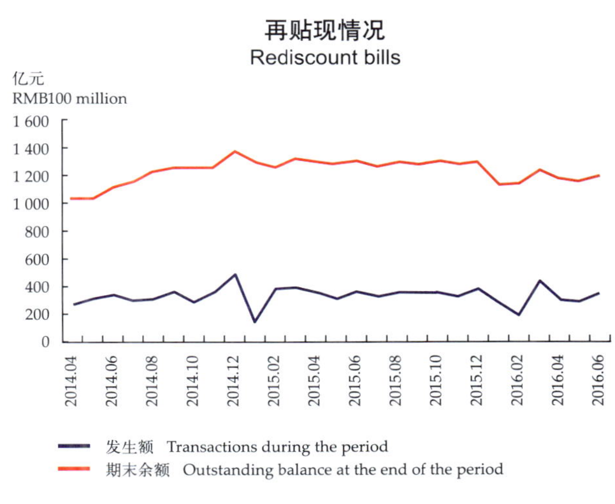

## 5.外汇市场
## (5) Foreign exchange market

### 世界主要货币兑人民币月平均汇率
Monthly average exchange rate of the RMB against major foreign currencies

| 年/月 Year/Month | 人民币/美元 RMB/USD | 人民币/欧元 RMB/EUR | 人民币/100日元 RMB/JPY100 | 人民币/港元 RMB/HKD | 卢布/人民币 RUB/RMB |
|---|---|---|---|---|---|
| 2014.07 | 6.1569 | 8.3425 | 6.0652 | 0.7944 | 5.6037 |
| 2014.08 | 6.1606 | 8.2062 | 5.9850 | 0.7949 | 5.8566 |
| 2014.09 | 6.1528 | 7.9466 | 5.7381 | 0.7937 | 6.1733 |
| 2014.10 | 6.1441 | 7.7992 | 5.7079 | 0.7921 | 6.7042 |
| 2014.11 | 6.1432 | 7.6599 | 5.2882 | 0.7922 | 7.5037 |
| 2014.12 | 6.1238 | 7.5621 | 5.1436 | 0.7897 | 9.1139 |
| 2015.01 | 6.1272 | 7.1357 | 5.1975 | 0.7903 | 10.3771 |
| 2015.02 | 6.1339 | 6.9877 | 5.2033 | 0.7910 | 10.4967 |
| 2015.03 | 6.1507 | 6.6871 | 5.1284 | 0.7928 | 9.7030 |
| 2015.04 | 6.1302 | 6.6261 | 5.1429 | 0.79088 | 8.5588 |
| 2015.05 | 6.1143 | 6.8394 | 5.0832 | 0.78869 | 8.1674 |
| 2015.06 | 6.1161 | 6.8711 | 4.9580 | 0.78890 | 8.7943 |
| 2015.07 | 6.1167 | 6.7459 | 4.9793 | 0.78908 | 9.2518 |
| 2015.08 | 6.3056 | 7.0193 | 5.1213 | 0.81333 | 10.3457 |
| 2015.09 | 6.3691 | 7.1624 | 5.3008 | 0.82180 | 10.4653 |
| 2015.10 | 6.3486 | 7.1330 | 5.2887 | 0.8192 | 9.8492 |
| 2015.11 | 6.3666 | 6.8439 | 5.1995 | 0.8214 | 10.1800 |
| 2015.12 | 6.4476 | 7.0162 | 5.2981 | 0.8319 | 10.8303 |
| 2016.01 | 6.5527 | 7.1245 | 5.5531 | 0.84231 | 11.7333 |
| 2016.02 | 6.5311 | 7.2232 | 5.6770 | 0.83944 | 11.7194 |
| 2016.03 | 6.5064 | 7.2343 | 5.7627 | 0.83828 | 10.7939 |
| 2016.04 | 6.4762 | 7.3397 | 5.9021 | 0.83496 | 10.2823 |
| 2016.05 | 6.5315 | 7.3825 | 5.9980 | 0.84128 | 10.0816 |
| 2016.06 | 6.5874 | 7.3983 | 6.2436 | 0.84862 | 9.8986 |

### 世界主要货币兑人民币期末汇率
Exchange rate of the RMB against major foreign currencies at the end of the period

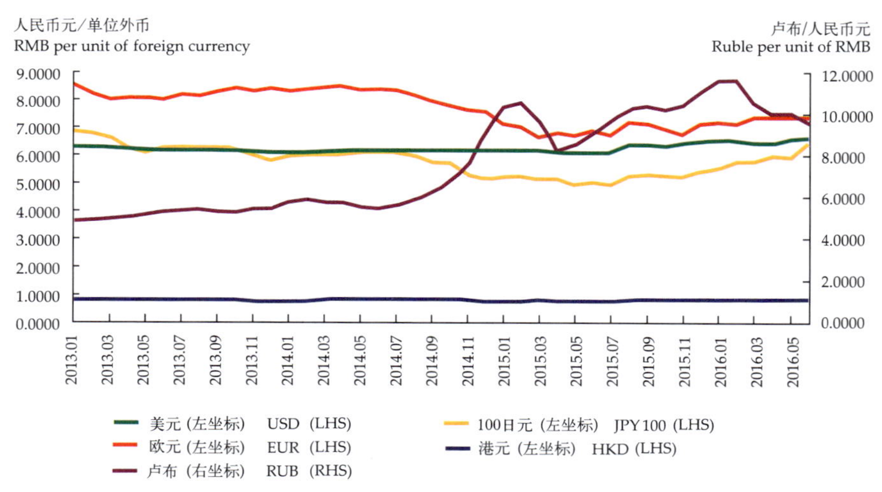

人民币/美元中间价
Central parity of the RMB against the USD
2005年7月21日至2016年6月30日
From July 21, 2005 to June 30, 2016
8.2000
8.0000
7.8000
7.6000
7.4000
7.2000
7.0000
6.8000
6.6000
6.4000
6.2000
6.0000
人民币元/1美元
RMB/USD1

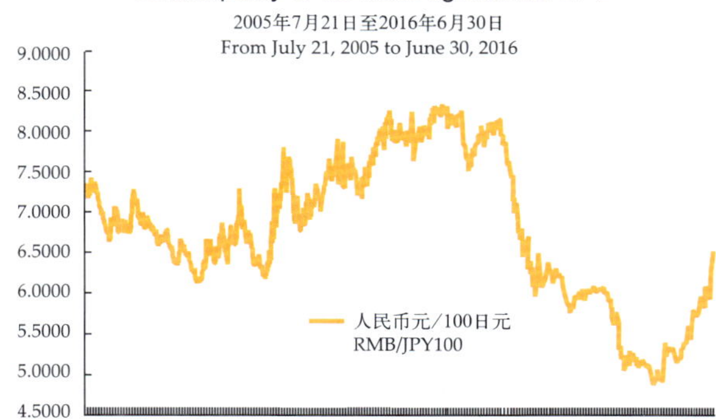
人民币/日元中间价
Central parity of the RMB against the JPY
2005年7月21日至2016年6月30日
From July 21, 2005 to June 30, 2016
9.0000
8.5000
8.0000
7.5000
7.0000
6.5000
6.0000
5.5000
5.0000
4.5000
人民币元/100日元
RMB/JPY100

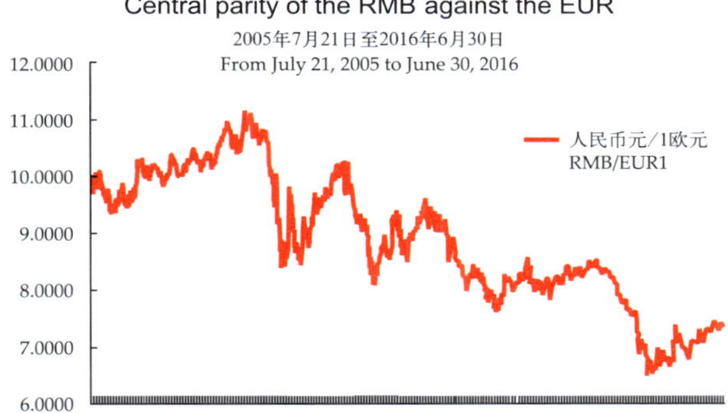
人民币/欧元中间价
Central parity of the RMB against the EUR
2005年7月21日至2016年6月30日
From July 21, 2005 to June 30, 2016
12.0000
11.0000
10.0000
9.0000
8.0000
7.0000
6.0000
人民币元/1欧元
RMB/EUR1

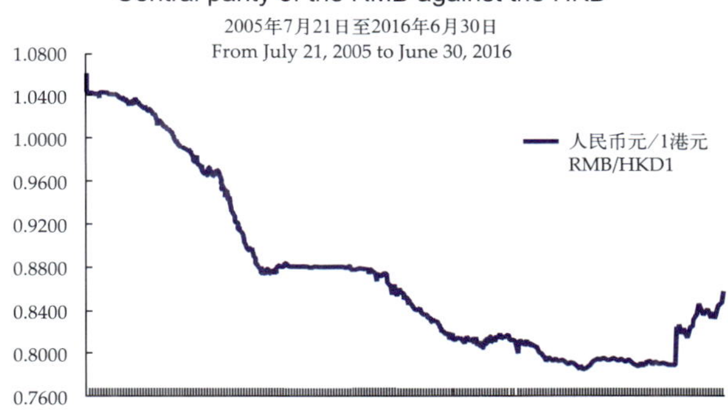
人民币/港元中间价
Central parity of the RMB against the HKD
2005年7月21日至2016年6月30日
From July 21, 2005 to June 30, 2016
1.0800
1.0400
1.0000
0.9600
0.9200
0.8800
0.8400
0.8000
0.7600
人民币元/1港元
RMB/HKD1

卢布/人民币中间价
Central parity of the RUB against the RMB
2010年11月22日至2016年6月30日
From November 22, 2010 to June 30, 2016
13.0000
12.0000
11.0000
10.0000
9.0000
8.0000
7.0000
6.0000
5.0000
4.0000
3.0000
卢布/人民币元
RUB/RMB1

## 2016年1月4日以来人民币汇率中间价
Central parity of RMB against major foreign currencies
Since January 4, 2016

| 日期 Date | 人民币/美元 RMB/USD | 人民币/欧元 RMB/EUR | 人民币/100日元 RMB/JPY100 | 人民币/港元 RMB/HKD | 卢布/人民币 RUB/RMB |
|---|---|---|---|---|---|
| 2016.01.04 | 6.5032 | 7.0483 | 5.3993 | 0.8391 | 11.2838 |
| 2016.01.05 | 6.5169 | 7.0569 | 5.4700 | 0.8408 | 11.1653 |
| 2016.01.06 | 6.5314 | 7.0130 | 5.4828 | 0.8426 | 11.2400 |
| 2016.01.07 | 6.5646 | 7.0579 | 5.5246 | 0.8468 | 11.3782 |
| 2016.01.08 | 6.5636 | 7.1735 | 5.5872 | 0.8464 | 11.3472 |
| 2016.01.11 | 6.5626 | 7.1936 | 5.6163 | 0.8454 | 11.4282 |
| 2016.01.12 | 6.5628 | 7.1454 | 5.5930 | 0.8457 | 11.5617 |
| 2016.01.13 | 6.5630 | 7.1211 | 5.5773 | 0.8458 | 11.6932 |
| 2016.01.14 | 6.5616 | 7.1468 | 5.5857 | 0.8455 | 11.6559 |
| 2016.01.15 | 6.5637 | 7.1397 | 5.5661 | 0.8440 | 11.5774 |
| 2016.01.18 | 6.5590 | 7.1702 | 5.6099 | 0.8410 | 11.8453 |
| 2016.01.19 | 6.5596 | 7.1487 | 5.5884 | 0.8407 | 12.0896 |
| 2016.01.20 | 6.5578 | 7.1627 | 5.5834 | 0.8387 | 12.0084 |
| 2016.01.21 | 6.5585 | 7.1386 | 5.6037 | 0.8392 | 12.4013 |
| 2016.01.22 | 6.5572 | 7.1216 | 5.5778 | 0.8396 | 12.5319 |
| 2016.01.25 | 6.5557 | 7.0946 | 5.5431 | 0.8408 | 11.8752 |
| 2016.01.26 | 6.5548 | 7.1183 | 5.5493 | 0.8408 | 12.1835 |
| 2016.01.27 | 6.5533 | 7.1224 | 5.5481 | 0.8413 | 11.9598 |
| 2016.01.28 | 6.5528 | 7.1461 | 5.5357 | 0.8411 | 11.8340 |
| 2016.01.29 | 6.5516 | 7.1700 | 5.5205 | 0.8409 | 11.6053 |
| 2016.02.01 | 6.5539 | 7.1075 | 5.4112 | 0.8421 | 11.4313 |
| 2016.02.02 | 6.5510 | 7.1442 | 5.4215 | 0.8422 | 11.7524 |
| 2016.02.03 | 6.5521 | 7.1626 | 5.4718 | 0.8401 | 12.1412 |
| 2016.02.04 | 6.5419 | 7.2755 | 5.5536 | 0.8398 | 11.7242 |
| 2016.02.05 | 6.5314 | 7.3333 | 5.5977 | 0.8389 | 11.7246 |
| 2016.02.15 | 6.5118 | 7.3397 | 5.7437 | 0.8361 | 11.9292 |
| 2016.02.16 | 6.5130 | 7.2702 | 5.6839 | 0.8368 | 11.8291 |
| 2016.02.17 | 6.5237 | 7.2525 | 5.7014 | 0.8372 | 11.9289 |
| 2016.02.18 | 6.5152 | 7.2578 | 5.7203 | 0.8368 | 11.4822 |
| 2016.02.19 | 6.5186 | 7.2472 | 5.7669 | 0.8380 | 11.7346 |
| 2016.02.22 | 6.5165 | 7.2463 | 5.7830 | 0.8386 | 11.8062 |
| 2016.02.23 | 6.5273 | 7.1880 | 5.7794 | 0.8402 | 11.5541 |
| 2016.02.24 | 6.5302 | 7.1912 | 5.8312 | 0.8406 | 11.6708 |
| 2016.02.25 | 6.5318 | 7.1924 | 5.8282 | 0.8409 | 11.6335 |
| 2016.02.26 | 6.5338 | 7.2089 | 5.7750 | 0.8410 | 11.5280 |
| 2016.02.29 | 6.5452 | 7.1533 | 5.7630 | 0.8419 | 11.6407 |
| 2016.03.01 | 6.5385 | 7.1211 | 5.8208 | 0.8411 | 11.4399 |
| 2016.03.02 | 6.5490 | 7.1181 | 5.7482 | 0.8424 | 11.1749 |
| 2016.03.03 | 6.5412 | 7.1121 | 5.7591 | 0.8416 | 11.2236 |
| 2016.03.04 | 6.5284 | 7.1494 | 5.7444 | 0.8403 | 11.1844 |
| 2016.03.07 | 6.5113 | 7.1625 | 5.7221 | 0.8386 | 11.0819 |
| 2016.03.08 | 6.5041 | 7.1689 | 5.7400 | 0.8375 | 10.9705 |
| 2016.03.09 | 6.5106 | 7.1612 | 5.7843 | 0.8383 | 11.1927 |
| 2016.03.10 | 6.5127 | 7.1531 | 5.7521 | 0.8387 | 10.9106 |
| 2016.03.11 | 6.4905 | 7.2675 | 5.7450 | 0.8360 | 10.9756 |
| 2016.03.14 | 6.4913 | 7.2457 | 5.7070 | 0.8365 | 10.7744 |
| 2016.03.15 | 6.5079 | 7.2172 | 5.7170 | 0.8387 | 10.7630 |
| 2016.03.16 | 6.5172 | 7.2331 | 5.7581 | 0.8399 | 10.8784 |
| 2016.03.17 | 6.4961 | 7.2888 | 5.7608 | 0.8374 | 10.6077 |
| 2016.03.18 | 6.4628 | 7.3253 | 5.8165 | 0.8333 | 10.5188 |
| 2016.03.21 | 6.4824 | 7.3072 | 5.8182 | 0.8359 | 10.5278 |
| 2016.03.22 | 6.4971 | 7.2955 | 5.7963 | 0.8379 | 10.4558 |
| 2016.03.23 | 6.4936 | 7.2834 | 5.7853 | 0.8375 | 10.4155 |
| 2016.03.24 | 6.5150 | 7.2742 | 5.7923 | 0.8397 | 10.5509 |
| 2016.03.25 | 6.5223 | 7.2785 | 5.7727 | 0.8405 | 10.5661 |
| 2016.03.28 | 6.5232 | 7.2750 | 5.7476 | 0.8408 | 10.4914 |
| 2016.03.29 | 6.5060 | 7.2877 | 5.7386 | 0.8387 | 10.5367 |
| 2016.03.30 | 6.4841 | 7.3327 | 5.7624 | 0.8360 | 10.4886 |
| 2016.03.31 | 6.4612 | 7.3312 | 5.7530 | 0.8333 | 10.5316 |
| 2016.04.01 | 6.4585 | 7.3493 | 5.7413 | 0.83280 | 10.3747 |
| 2016.04.05 | 6.4663 | 7.3665 | 5.8203 | 0.83386 | 10.5994 |
| 2016.04.06 | 6.4754 | 7.3670 | 5.8655 | 0.83488 | 10.5940 |
| 2016.04.07 | 6.4707 | 7.3803 | 5.8954 | 0.83436 | 10.4501 |
| 2016.04.08 | 6.4733 | 7.3619 | 5.9703 | 0.83424 | 10.5148 |
| 2016.04.11 | 6.4649 | 7.3696 | 5.9748 | 0.83332 | 10.4066 |
| 2016.04.12 | 6.4616 | 7.3705 | 5.9795 | 0.83320 | 10.3460 |
| 2016.04.13 | 6.4591 | 7.3537 | 5.9456 | 0.83291 | 10.1578 |
| 2016.04.14 | 6.4891 | 7.3056 | 5.9274 | 0.83651 | 10.2223 |
| 2016.04.15 | 6.4908 | 7.3056 | 5.9294 | 0.83680 | 10.1869 |
| 2016.04.18 | 6.4787 | 7.3197 | 5.9907 | 0.83541 | 10.4182 |
| 2016.04.19 | 6.4700 | 7.3191 | 5.9341 | 0.83428 | 10.2208 |
| 2016.04.20 | 6.4579 | 7.3383 | 5.9154 | 0.83269 | 10.2228 |
| 2016.04.21 | 6.4803 | 7.3175 | 5.9013 | 0.83550 | 10.0618 |
| 2016.04.22 | 6.4898 | 7.3259 | 5.9322 | 0.83654 | 10.3025 |
| 2016.04.25 | 6.5120 | 7.3070 | 5.8426 | 0.83953 | 10.2286 |
| 2016.04.26 | 6.4882 | 7.3161 | 5.8420 | 0.83649 | 10.2523 |
| 2016.04.27 | 6.4837 | 7.3272 | 5.8291 | 0.83600 | 10.0644 |
| 2016.04.28 | 6.4954 | 7.3500 | 5.8231 | 0.83739 | 10.0285 |
| 2016.04.29 | 6.4589 | 7.3439 | 5.9820 | 0.83257 | 9.9933 |
| 2016.05.03 | 6.4565 | 7.4476 | 6.0789 | 0.83210 | 10.0142 |
| 2016.05.04 | 6.4943 | 7.4613 | 6.0917 | 0.83672 | 10.2232 |
| 2016.05.05 | 6.5128 | 7.4765 | 6.0848 | 0.83905 | 10.2364 |
| 2016.05.06 | 6.5202 | 7.4289 | 6.0764 | 0.84011 | 10.1170 |
| 2016.05.09 | 6.5105 | 7.4146 | 6.0613 | 0.83899 | 10.1067 |
| 2016.05.10 | 6.5233 | 7.4220 | 6.0181 | 0.84026 | 10.1757 |
| 2016.05.11 | 6.5209 | 7.4159 | 5.9714 | 0.84021 | 10.1513 |
| 2016.05.12 | 6.4959 | 7.4289 | 5.9953 | 0.83708 | 10.0006 |
| 2016.05.13 | 6.5246 | 7.4144 | 5.9877 | 0.84072 | 9.9384 |
| 2016.05.16 | 6.5343 | 7.3876 | 6.0135 | 0.84157 | 10.0225 |
| 2016.05.17 | 6.5200 | 7.3823 | 5.9825 | 0.83991 | 9.9539 |

## 2016年1月4日以来人民币汇率中间价

Central parity of RMB against major foreign currencies
Since January 4, 2016

续表

| 日期 Date | 人民币/美元 RMB/USD | 人民币/欧元 RMB/EUR | 人民币/100日元 RMB/JPY100 | 人民币/港元 RMB/HKD | 卢布/人民币 RUB/RMB |
|---|---|---|---|---|---|
| 2016.05.18 | 6.5216 | 7.3778 | 5.9832 | 0.84013 | 9.9293 |
| 2016.05.19 | 6.5531 | 7.3508 | 5.9539 | 0.84372 | 10.0774 |
| 2016.05.20 | 6.5510 | 7.3377 | 5.9558 | 0.84347 | 10.1947 |
| 2016.05.23 | 6.5455 | 7.3471 | 5.9488 | 0.84270 | 10.1942 |
| 2016.05.24 | 6.5468 | 7.3424 | 5.9900 | 0.84291 | 10.1754 |
| 2016.05.25 | 6.5693 | 7.3118 | 5.9662 | 0.84577 | 10.0905 |
| 2016.05.26 | 6.5552 | 7.3180 | 5.9597 | 0.84432 | 9.9795 |
| 2016.05.27 | 6.5490 | 7.3334 | 5.9706 | 0.84331 | 10.0469 |
| 2016.05.30 | 6.5784 | 7.3015 | 5.9365 | 0.84700 | 10.1117 |
| 2016.05.31 | 6.5790 | 7.3318 | 5.9320 | 0.84685 | 9.9749 |
| 2016.06.01 | 6.5889 | 7.3308 | 5.9543 | 0.84789 | 10.1050 |
| 2016.06.02 | 6.5688 | 7.3550 | 6.0060 | 0.84545 | 10.1924 |
| 2016.06.03 | 6.5793 | 7.3347 | 6.0431 | 0.84678 | 10.1536 |
| 2016.06.06 | 6.5497 | 7.4377 | 6.1406 | 0.84316 | 10.0379 |
| 2016.06.07 | 6.5618 | 7.4499 | 6.1101 | 0.84476 | 9.9776 |
| 2016.06.08 | 6.5593 | 7.4503 | 6.1207 | 0.84458 | 9.8471 |
| 2016.06.13 | 6.5805 | 7.4048 | 6.1817 | 0.84767 | 9.9088 |
| 2016.06.14 | 6.5791 | 7.4307 | 6.1851 | 0.84751 | 9.9476 |
| 2016.06.15 | 6.6001 | 7.3975 | 6.2298 | 0.85036 | 10.0161 |
| 2016.06.16 | 6.5739 | 7.4131 | 6.2177 | 0.84715 | 9.9612 |
| 2016.06.17 | 6.5795 | 7.4038 | 6.2913 | 0.84799 | 9.9797 |
| 2016.06.20 | 6.5708 | 7.4563 | 6.2811 | 0.84679 | 9.8370 |
| 2016.06.21 | 6.5656 | 7.4393 | 6.3223 | 0.84606 | 9.7639 |
| 2016.06.22 | 6.5935 | 7.4087 | 6.2949 | 0.84981 | 9.6827 |
| 2016.06.23 | 6.5658 | 7.4447 | 6.2700 | 0.84636 | 9.8141 |
| 2016.06.24 | 6.5776 | 7.4434 | 6.2725 | 0.84791 | 9.7141 |
| 2016.06.27 | 6.6375 | 7.3184 | 6.5042 | 0.85522 | 9.8737 |
| 2016.06.28 | 6.6528 | 7.3238 | 6.5300 | 0.85736 | 9.8394 |
| 2016.06.29 | 6.6324 | 7.3482 | 6.4678 | 0.85482 | 9.7127 |
| 2016.06.30 | 6.6312 | 7.3750 | 6.4491 | 0.85467 | 9.6075 |

# 九、中央银行公开市场业务
# 9. Central Bank Open Market Operations

中央银行公开市场业务交易
Central bank open market operations

| 日期<br>Date | | 操作工具<br>Mode of transaction | 招标方式<br>Mode of bidding | 期限品种（天）<br>Maturity (Day) | 招标数量（亿元）<br>Bidding amount<br>(RMB100 million) | 交易量（亿元）<br>Transaction volume<br>(RMB100 million) | 中标利率（%）<br>Interest rate of successful bidding(%) |
|---|---|---|---|---|---|---|---|
| 2016.01.05 | 周二<br>Tuesday | 逆回购<br>Repurchase | 利率招标<br>Interest rate bidding | 7天<br>7-day | 1 300 | 1 300 | 2.25 |
| 2016.01.07 | 周四<br>Thursday | 逆回购<br>Repurchase | 利率招标<br>Interest rate bidding | 7天<br>7-day | 700 | 700 | 2.25 |
| 2016.01.12 | 周二<br>Tuesday | 逆回购<br>Repurchase | 利率招标<br>Interest rate bidding | 7天<br>7-day | 800 | 800 | 2.25 |
| 2016.01.14 | 周四<br>Thursday | 逆回购<br>Repurchase | 利率招标<br>Interest rate bidding | 7天<br>7-day | 1 600 | 1 600 | 2.25 |
| 2016.01.19 | 周二<br>Tuesday | 逆回购<br>Repurchase | 利率招标<br>Interest rate bidding | 7天<br>7-day | 800 | 800 | 2.25 |
| 2016.01.19 | 周二<br>Tuesday | 逆回购<br>Repurchase | 利率招标<br>Interest rate bidding | 28天<br>28-day | 750 | 750 | 2.60 |
| 2016.01.21 | 周四<br>Thursday | 逆回购<br>Repurchase | 利率招标<br>Interest rate bidding | 7天<br>7-day | 1 100 | 1 100 | 2.25 |
| 2016.01.21 | 周四<br>Thursday | 逆回购<br>Repurchase | 利率招标<br>Interest rate bidding | 28天<br>28-day | 2 900 | 2 900 | 2.60 |
| 2016.01.26 | 周二<br>Tuesday | 逆回购<br>Repurchase | 利率招标<br>Interest rate bidding | 7天<br>7-day | 800 | 800 | 2.25 |
| 2016.01.26 | 周二<br>Tuesday | 逆回购<br>Repurchase | 利率招标<br>Interest rate bidding | 28天<br>28-day | 3 600 | 3 600 | 2.60 |
| 2016.01.28 | 周四<br>Thursday | 逆回购<br>Repurchase | 利率招标<br>Interest rate bidding | 7天<br>7-day | 800 | 800 | 2.25 |
| 2016.01.28 | 周四<br>Thursday | 逆回购<br>Repurchase | 利率招标<br>Interest rate bidding | 28天<br>28-day | 2 600 | 2 600 | 2.60 |
| 2016.01.29 | 周五<br>Friday | 逆回购<br>Repurchase | 利率招标<br>Interest rate bidding | 7天<br>7-day | 200 | 200 | 2.25 |
| 2016.01.29 | 周五<br>Friday | 逆回购<br>Repurchase | 利率招标<br>Interest rate bidding | 28天<br>28-day | 800 | 800 | 2.60 |
| 2016.02.01 | 周一<br>Monday | 逆回购<br>Repurchase | 利率招标<br>Interest rate bidding | 28天<br>28-day | 100 | 100 | 2.60 |
| 2016.02.02 | 周二<br>Tuesday | 逆回购<br>Repurchase | 利率招标<br>Interest rate bidding | 14天<br>14-day | 500 | 500 | 2.40 |

## 中央银行公开市场业务交易
Central bank open market operations

续表

| 日期 Date | | 操作工具 Mode of transaction | 招标方式 Mode of bidding | 期限品种（天） Maturity (Day) | 招标数量（亿元） Bidding amount (RMB100 million) | 交易量（亿元） Transaction volume (RMB100 million) | 中标利率（%） Interest rate of successful bidding(%) |
|---|---|---|---|---|---|---|---|
| 2016.02.02 | 周二 Tuesday | 逆回购 Repurchase | 利率招标 Interest rate bidding | 28天 28-day | 500 | 500 | 2.60 |
| 2016.02.03 | 周三 Wednesday | 逆回购 Repurchase | 利率招标 Interest rate bidding | 14天 14-day | 400 | 400 | 2.40 |
| 2016.02.03 | 周三 Wednesday | 逆回购 Repurchase | 利率招标 Interest rate bidding | 28天 28-day | 600 | 600 | 2.60 |
| 2016.02.04 | 周四 Thursday | 逆回购 Repurchase | 利率招标 Interest rate bidding | 14天 14-day | 800 | 800 | 2.40 |
| 2016.02.04 | 周四 Thursday | 逆回购 Repurchase | 利率招标 Interest rate bidding | 28天 28-day | 700 | 700 | 2.60 |
| 2016.02.05 | 周五 Friday | 逆回购 Repurchase | 利率招标 Interest rate bidding | 14天 14-day | 600 | 600 | 2.40 |
| 2016.02.05 | 周五 Friday | 逆回购 Repurchase | 利率招标 Interest rate bidding | 28天 28-day | 900 | 900 | 2.60 |
| 2016.02.06 | 周六 Saturday | 逆回购 Repurchase | 利率招标 Interest rate bidding | 14天 14-day | 1 100 | 1 100 | 2.40 |
| 2016.02.14 | 周日 Sunday | 逆回购 Repurchase | 利率招标 Interest rate bidding | 7天 7-day | 100 | 100 | 2.25 |
| 2016.02.15 | 周一 Monday | 逆回购 Repurchase | 利率招标 Interest rate bidding | 7天 7-day | 100 | 100 | 2.25 |
| 2016.02.16 | 周二 Tuesday | 逆回购 Repurchase | 利率招标 Interest rate bidding | 7天 7-day | 300 | 300 | 2.25 |
| 2016.02.17 | 周三 Wednesday | 逆回购 Repurchase | 利率招标 Interest rate bidding | 7天 7-day | 100 | 100 | 2.25 |
| 2016.02.18 | 周四 Thursday | 逆回购 Repurchase | 利率招标 Interest rate bidding | 7天 7-day | 800 | 800 | 2.25 |
| 2016.02.19 | 周五 Friday | 逆回购 Repurchase | 利率招标 Interest rate bidding | 7天 7-day | 100 | 100 | 2.25 |
| 2016.02.22 | 周一 Monday | 逆回购 Repurchase | 利率招标 Interest rate bidding | 7天 7-day | 700 | 700 | 2.25 |
| 2016.02.23 | 周二 Tuesday | 逆回购 Repurchase | 利率招标 Interest rate bidding | 7天 7-day | 1 300 | 1 300 | 2.25 |
| 2016.02.24 | 周三 Wednesday | 逆回购 Repurchase | 利率招标 Interest rate bidding | 7天 7-day | 400 | 400 | 2.25 |
| 2016.02.25 | 周四 Thursday | 逆回购 Repurchase | 利率招标 Interest rate bidding | 7天 7-day | 3 400 | 3 400 | 2.25 |

## 中央银行公开市场业务交易
Central bank open market operations

续表

| 日期 Date | | 操作工具 Mode of transaction | 招标方式 Mode of bidding | 期限品种（天） Maturity (Day) | 招标数量（亿元） Bidding amount (RMB100 million) | 交易量（亿元） Transaction volume (RMB100 million) | 中标利率（%） Interest rate of successful bidding(%) |
|---|---|---|---|---|---|---|---|
| 2016.02.26 | 周五 Friday | 逆回购 Repurchase | 利率招标 Interest rate bidding | 7天 7-day | 3 000 | 3 000 | 2.25 |
| 2016.02.29 | 周一 Monday | 逆回购 Repurchase | 利率招标 Interest rate bidding | 7天 7-day | 2 300 | 2 300 | 2.25 |
| 2016.03.03 | 周四 Thursday | 逆回购 Repurchase | 利率招标 Interest rate bidding | 7天 7-day | 400 | 400 | 2.25 |
| 2016.03.04 | 周五 Friday | 逆回购 Repurchase | 利率招标 Interest rate bidding | 7天 7-day | 500 | 500 | 2.25 |
| 2016.03.07 | 周一 Monday | 逆回购 Repurchase | 利率招标 Interest rate bidding | 7天 7-day | 300 | 300 | 2.25 |
| 2016.03.08 | 周二 Tuesday | 逆回购 Repurchase | 利率招标 Interest rate bidding | 7天 7-day | 300 | 300 | 2.25 |
| 2016.03.09 | 周三 Wednesday | 逆回购 Repurchase | 利率招标 Interest rate bidding | 7天 7-day | 150 | 150 | 2.25 |
| 2016.03.10 | 周四 Thursday | 逆回购 Repurchase | 利率招标 Interest rate bidding | 7天 7-day | 200 | 200 | 2.25 |
| 2016.03.11 | 周五 Friday | 逆回购 Repurchase | 利率招标 Interest rate bidding | 7天 7-day | 200 | 200 | 2.25 |
| 2016.03.14 | 周一 Monday | 逆回购 Repurchase | 利率招标 Interest rate bidding | 7天 7-day | 100 | 100 | 2.25 |
| 2016.03.15 | 周二 Tuesday | 逆回购 Repurchase | 利率招标 Interest rate bidding | 7天 7-day | 200 | 200 | 2.25 |
| 2016.03.16 | 周三 Wednesday | 逆回购 Repurchase | 利率招标 Interest rate bidding | 7天 7-day | 200 | 200 | 2.25 |
| 2016.03.17 | 周四 Thursday | 逆回购 Repurchase | 利率招标 Interest rate bidding | 7天 7-day | 400 | 400 | 2.25 |
| 2016.03.18 | 周五 Friday | 逆回购 Repurchase | 利率招标 Interest rate bidding | 7天 7-day | 1 100 | 1 100 | 2.25 |
| 2016.03.21 | 周一 Monday | 逆回购 Repurchase | 利率招标 Interest rate bidding | 7天 7-day | 1 300 | 1 300 | 2.25 |
| 2016.03.22 | 周二 Tuesday | 逆回购 Repurchase | 利率招标 Interest rate bidding | 7天 7-day | 800 | 800 | 2.25 |
| 2016.03.23 | 周三 Wednesday | 逆回购 Repurchase | 利率招标 Interest rate bidding | 7天 7-day | 800 | 800 | 2.25 |
| 2016.03.24 | 周四 Thursday | 逆回购 Repurchase | 利率招标 Interest rate bidding | 7天 7-day | 600 | 600 | 2.25 |

## 中央银行公开市场业务交易
Central bank open market operations

续表

| 日期 Date | | 操作工具 Mode of transaction | 招标方式 Mode of bidding | 期限品种（天） Maturity (Day) | 招标数量（亿元） Bidding amount (RMB100 million) | 交易量（亿元） Transaction volume (RMB100 million) | 中标利率（%） Interest rate of successful bidding(%) |
|---|---|---|---|---|---|---|---|
| 2016.03.25 | 周五 Friday | 逆回购 Repurchase | 利率招标 Interest rate bidding | 7天 7-day | 300 | 300 | 2.25 |
| 2016.03.28 | 周一 Monday | 逆回购 Repurchase | 利率招标 Interest rate bidding | 7天 7-day | 350 | 350 | 2.25 |
| 2016.03.29 | 周二 Tuesday | 逆回购 Repurchase | 利率招标 Interest rate bidding | 7天 7-day | 600 | 600 | 2.25 |
| 2016.03.30 | 周三 Wednesday | 逆回购 Repurchase | 利率招标 Interest rate bidding | 7天 7-day | 600 | 600 | 2.25 |
| 2016.03.31 | 周四 Thursday | 逆回购 Repurchase | 利率招标 Interest rate bidding | 7天 7-day | 1 000 | 1 000 | 2.25 |
| 2016.04.01 | 周五 Friday | 逆回购 Repurchase | 利率招标 Interest rate bidding | 7天 7-day | 1 400 | 1 400 | 2.25 |
| 2016.04.05 | 周二 Tuesday | 逆回购 Repurchase | 利率招标 Interest rate bidding | 7天 7-day | 600 | 600 | 2.25 |
| 2016.04.06 | 周三 Wednesday | 逆回购 Repurchase | 利率招标 Interest rate bidding | 7天 7-day | 300 | 300 | 2.25 |
| 2016.04.07 | 周四 Thursday | 逆回购 Repurchase | 利率招标 Interest rate bidding | 7天 7-day | 100 | 100 | 2.25 |
| 2016.04.08 | 周五 Friday | 逆回购 Repurchase | 利率招标 Interest rate bidding | 7天 7-day | 200 | 200 | 2.25 |
| 2016.04.11 | 周一 Monday | 逆回购 Repurchase | 利率招标 Interest rate bidding | 7天 7-day | 150 | 150 | 2.25 |
| 2016.04.12 | 周二 Tuesday | 逆回购 Repurchase | 利率招标 Interest rate bidding | 7天 7-day | 600 | 600 | 2.25 |
| 2016.04.13 | 周三 Wednesday | 逆回购 Repurchase | 利率招标 Interest rate bidding | 7天 7-day | 400 | 400 | 2.25 |
| 2016.04.14 | 周四 Thursday | 逆回购 Repurchase | 利率招标 Interest rate bidding | 7天 7-day | 400 | 400 | 2.25 |
| 2016.04.15 | 周五 Friday | 逆回购 Repurchase | 利率招标 Interest rate bidding | 7天 7-day | 350 | 350 | 2.25 |
| 2016.04.18 | 周一 Monday | 逆回购 Repurchase | 利率招标 Interest rate bidding | 7天 7-day | 300 | 300 | 2.25 |
| 2016.04.19 | 周二 Tuesday | 逆回购 Repurchase | 利率招标 Interest rate bidding | 7天 7-day | 900 | 900 | 2.25 |
| 2016.04.20 | 周三 Wednesday | 逆回购 Repurchase | 利率招标 Interest rate bidding | 7天 7-day | 2 500 | 2 500 | 2.25 |

## 中央银行公开市场业务交易
Central bank open market operations

续表

| 日期 Date | | 操作工具 Mode of transaction | 招标方式 Mode of bidding | 期限品种（天）Maturity (Day) | 招标数量（亿元）Bidding amount (RMB100 million) | 交易量（亿元）Transaction volume (RMB100 million) | 中标利率（%）Interest rate of successful bidding(%) |
|---|---|---|---|---|---|---|---|
| 2016.04.21 | 周四 Thursday | 逆回购 Repurchase | 利率招标 Interest rate bidding | 7天 7-day | 2 600 | 2 600 | 2.25 |
| 2016.04.22 | 周五 Friday | 逆回购 Repurchase | 利率招标 Interest rate bidding | 7天 7-day | 2 400 | 2 400 | 2.25 |
| 2016.04.25 | 周一 Monday | 逆回购 Repurchase | 利率招标 Interest rate bidding | 7天 7-day | 1 800 | 1 800 | 2.25 |
| 2016.04.26 | 周二 Tuesday | 逆回购 Repurchase | 利率招标 Interest rate bidding | 7天 7-day | 1 400 | 1 400 | 2.25 |
| 2016.04.27 | 周三 Wednesday | 逆回购 Repurchase | 利率招标 Interest rate bidding | 7天 7-day | 1 200 | 1 200 | 2.25 |
| 2016.04.28 | 周四 Thursday | 逆回购 Repurchase | 利率招标 Interest rate bidding | 7天 7-day | 1 100 | 1 100 | 2.25 |
| 2016.04.29 | 周五 Friday | 逆回购 Repurchase | 利率招标 Interest rate bidding | 7天 7-day | 300 | 300 | 2.25 |
| 2016.05.03 | 周二 Tuesday | 逆回购 Repurchase | 利率招标 Interest rate bidding | 7天 7-day | 1 000 | 1 000 | 2.25 |
| 2016.05.04 | 周三 Wednesday | 逆回购 Repurchase | 利率招标 Interest rate bidding | 7天 7-day | 1 000 | 1 000 | 2.25 |
| 2016.05.05 | 周四 Thursday | 逆回购 Repurchase | 利率招标 Interest rate bidding | 7天 7-day | 1 300 | 1 300 | 2.25 |
| 2016.05.06 | 周五 Friday | 逆回购 Repurchase | 利率招标 Interest rate bidding | 7天 7-day | 300 | 300 | 2.25 |
| 2016.05.09 | 周一 Monday | 逆回购 Repurchase | 利率招标 Interest rate bidding | 7天 7-day | 200 | 200 | 2.25 |
| 2016.05.10 | 周二 Tuesday | 逆回购 Repurchase | 利率招标 Interest rate bidding | 7天 7-day | 700 | 700 | 2.25 |
| 2016.05.11 | 周三 Wednesday | 逆回购 Repurchase | 利率招标 Interest rate bidding | 7天 7-day | 800 | 800 | 2.25 |
| 2016.05.12 | 周四 Thursday | 逆回购 Repurchase | 利率招标 Interest rate bidding | 7天 7-day | 500 | 500 | 2.25 |
| 2016.05.13 | 周五 Friday | 逆回购 Repurchase | 利率招标 Interest rate bidding | 7天 7-day | 300 | 300 | 2.25 |
| 2016.05.16 | 周一 Monday | 逆回购 Repurchase | 利率招标 Interest rate bidding | 7天 7-day | 450 | 450 | 2.25 |
| 2016.05.17 | 周二 Tuesday | 逆回购 Repurchase | 利率招标 Interest rate bidding | 7天 7-day | 500 | 500 | 2.25 |

## 中央银行公开市场业务交易
Central bank open market operations

续表

| 日期 Date | | 操作工具 Mode of transaction | 招标方式 Mode of bidding | 期限品种（天） Maturity (Day) | 招标数量（亿元） Bidding amount (RMB100 million) | 交易量（亿元） Transaction volume (RMB100 million) | 中标利率（%） Interest rate of successful bidding(%) |
|---|---|---|---|---|---|---|---|
| 2016.05.18 | 周三 Wednesday | 逆回购 Repurchase | 利率招标 Interest rate bidding | 7天 7-day | 700 | 700 | 2.25 |
| 2016.05.19 | 周四 Thursday | 逆回购 Repurchase | 利率招标 Interest rate bidding | 7天 7-day | 850 | 850 | 2.25 |
| 2016.05.20 | 周五 Friday | 逆回购 Repurchase | 利率招标 Interest rate bidding | 7天 7-day | 500 | 500 | 2.25 |
| 2016.05.23 | 周一 Monday | 逆回购 Repurchase | 利率招标 Interest rate bidding | 7天 7-day | 650 | 650 | 2.25 |
| 2016.05.24 | 周二 Tuesday | 逆回购 Repurchase | 利率招标 Interest rate bidding | 7天 7-day | 650 | 650 | 2.25 |
| 2016.05.25 | 周三 Wednesday | 逆回购 Repurchase | 利率招标 Interest rate bidding | 7天 7-day | 700 | 700 | 2.25 |
| 2016.05.26 | 周四 Thursday | 逆回购 Repurchase | 利率招标 Interest rate bidding | 7天 7-day | 750 | 750 | 2.25 |
| 2016.05.27 | 周五 Friday | 逆回购 Repurchase | 利率招标 Interest rate bidding | 7天 7-day | 950 | 950 | 2.25 |
| 2016.05.30 | 周一 Monday | 逆回购 Repurchase | 利率招标 Interest rate bidding | 7天 7-day | 650 | 650 | 2.25 |
| 2016.05.31 | 周二 Tuesday | 逆回购 Repurchase | 利率招标 Interest rate bidding | 7天 7-day | 1 200 | 1 200 | 2.25 |
| 2016.06.01 | 周三 Wednesday | 逆回购 Repurchase | 利率招标 Interest rate bidding | 7天 7-day | 950 | 950 | 2.25 |
| 2016.06.02 | 周四 Thursday | 逆回购 Repurchase | 利率招标 Interest rate bidding | 7天 7-day | 700 | 700 | 2.25 |
| 2016.06.03 | 周五 Friday | 逆回购 Repurchase | 利率招标 Interest rate bidding | 7天 7-day | 400 | 400 | 2.25 |
| 2016.06.06 | 周一 Monday | 逆回购 Repurchase | 利率招标 Interest rate bidding | 7天 7-day | 400 | 400 | 2.25 |
| 2016.06.07 | 周二 Tuesday | 逆回购 Repurchase | 利率招标 Interest rate bidding | 7天 7-day | 500 | 500 | 2.25 |
| 2016.06.08 | 周三 Wednesday | 逆回购 Repurchase | 利率招标 Interest rate bidding | 7天 7-day | 550 | 550 | 2.25 |
| 2016.06.12 | 周日 Sunday | 逆回购 Repurchase | 利率招标 Interest rate bidding | 7天 7-day | 700 | 700 | 2.25 |
| 2016.06.13 | 周一 Monday | 逆回购 Repurchase | 利率招标 Interest rate bidding | 7天 7-day | 400 | 400 | 2.25 |

## 中央银行公开市场业务交易
Central bank open market operations

续表

| 日期 Date | | 操作工具 Mode of transaction | 招标方式 Mode of bidding | 期限品种（天） Maturity (Day) | 招标数量（亿元） Bidding amount (RMB100 million) | 交易量（亿元） Transaction volume (RMB100 million) | 中标利率（%） Interest rate of successful bidding(%) |
|---|---|---|---|---|---|---|---|
| 2016.06.14 | 周二 Tuesday | 逆回购 Repurchase | 利率招标 Interest rate bidding | 7天 7-day | 750 | 750 | 2.25 |
| 2016.06.15 | 周三 Wednesday | 逆回购 Repurchase | 利率招标 Interest rate bidding | 7天 7-day | 650 | 650 | 2.25 |
| 2016.06.16 | 周四 Thursday | 逆回购 Repurchase | 利率招标 Interest rate bidding | 7天 7-day | 300 | 300 | 2.25 |
| 2016.06.17 | 周五 Friday | 逆回购 Repurchase | 利率招标 Interest rate bidding | 7天 7-day | 400 | 400 | 2.25 |
| 2016.06.20 | 周一 Monday | 逆回购 Repurchase | 利率招标 Interest rate bidding | 7天 7-day | 1 700 | 1 700 | 2.25 |
| 2016.06.21 | 周二 Tuesday | 逆回购 Repurchase | 利率招标 Interest rate bidding | 7天 7-day | 1 100 | 1 100 | 2.25 |
| 2016.06.22 | 周三 Wednesday | 逆回购 Repurchase | 利率招标 Interest rate bidding | 7天 7-day | 1 500 | 1 500 | 2.25 |
| 2016.06.23 | 周四 Thursday | 逆回购 Repurchase | 利率招标 Interest rate bidding | 7天 7-day | 600 | 600 | 2.25 |
| 2016.06.24 | 周五 Friday | 逆回购 Repurchase | 利率招标 Interest rate bidding | 7天 7-day | 1 700 | 1 700 | 2.25 |
| 2016.06.27 | 周一 Monday | 逆回购 Repurchase | 利率招标 Interest rate bidding | 7天 7-day | 2 700 | 2 700 | 2.25 |
| 2016.06.28 | 周二 Tuesday | 逆回购 Repurchase | 利率招标 Interest rate bidding | 7天 7-day | 1 800 | 1 800 | 2.25 |
| 2016.06.29 | 周三 Wednesday | 逆回购 Repurchase | 利率招标 Interest rate bidding | 7天 7-day | 2 100 | 2 100 | 2.25 |
| 2016.06.30 | 周四 Thursday | 逆回购 Repurchase | 利率招标 Interest rate bidding | 7天 7-day | 1 300 | 1 300 | 2.25 |

# 附录四 世界主要经济体经济和金融指标

# Appendix 4 Economic and Financial Indicators of Major Economies

## 一、经济增长率

## 1. Economic Growth Rate

世界经济增长率

World economic growth rate

单位：% Unit: %

| | | 2013 | 2014 | 2015 | 2016年6月预计 Projection in June, 2016 | | 2016年10月预计 Projection in October, 2016 | |
|---|---|---|---|---|---|---|---|---|
| | | | | | 2016 | 2017 | 2016 | 2017 |
| 国际货币基金组织 IMF | 按购买力平价方法计算的实际GDP增长率 Real GDP growth rate based on PPP | 3.4 | 3.4 | 3.2 | 3.1 | 3.4 | 3.1 | 3.4 |
| | 按市场汇率法计算的实际GDP增长率 Real GDP growth rate based on market exchange rate | 2.5 | 2.7 | 2.6 | 2.5 | 2.8 | 2.4 | 2.8 |
| 世界银行 World Bank | 按2005年不变价及市场汇率法计算的实际GDP增长率 Real GDP growth rate based on 2005 constant price and market exchange rate | 2.4 | 2.6 | 2.4 | 2.4 | 2.8 | — | — |

数据来源：国际货币基金组织《世界经济展望》（2016年10月），世界银行《全球经济展望》（2016年6月）。

Source : *World Economic Outlook*, IMF, October, 2016; *Global Economic Prospects Forecast*, The World Bank, June, 2016.

世界经济增长率

World economic growth rate

单位：% Unit: %

| 年 Year | 国际货币基金组织按购买力平价方法计算的实际GDP增长率 Real GDP growth rate based on PPP (IMF) | 国际货币基金组织按市场汇率法计算的实际GDP增长率 Real GDP growth rate based on market exchange rate (IMF) |
|---|---|---|
| 1985 | 3.6 | 3.6 |
| 1986 | 3.5 | 3.3 |
| 1987 | 3.7 | 3.5 |
| 1988 | 4.5 | 4.5 |
| 1989 | 3.7 | 3.7 |
| 1990 | 2.9 | 2.8 |
| 1991 | 1.5 | 1.0 |
| 1992 | 2.0 | 1.2 |
| 1993 | 2.0 | 1.2 |
| 1994 | 3.4 | 3.0 |
| 1995 | 3.3 | 2.9 |
| 1996 | 3.7 | 3.2 |
| 1997 | 4.0 | 3.5 |
| 1998 | 2.5 | 2.1 |
| 1999 | 3.5 | 3.1 |
| 2000 | 4.7 | 4.1 |
| 2001 | 2.2 | 1.5 |
| 2002 | 2.8 | 1.9 |
| 2003 | 3.6 | 2.6 |
| 2004 | 4.9 | 4.0 |
| 2005 | 4.4 | 3.4 |
| 2006 | 5.1 | 3.9 |
| 2007 | 5.2 | 3.7 |
| 2008 | 3.0 | 1.8 |
| 2009 | -0.7 | -2.3 |
| 2010 | 5.1 | 4.1 |
| 2011 | 3.9 | 2.9 |
| 2012 | 3.4 | 2.4 |
| 2013 | 3.4 | 2.5 |
| 2014 | 3.4 | 2.7 |
| 2015 | 3.2 | 2.6 |
| 2016* | 3.1 | 2.4 |
| 2017* | 3.4 | 2.8 |

注：* 为预测数。

Note: * Projection.

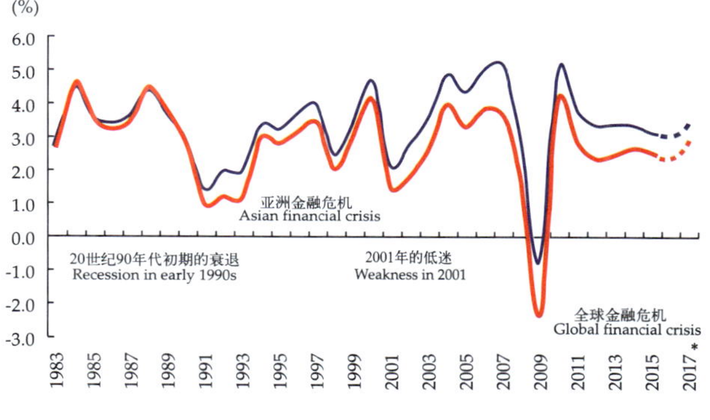


国际货币基金组织按购买力平价方法计算的实际GDP增长率 Real GDP growth rate based on PPP (IMF)

国际货币基金组织按市场汇率法计算的实际GDP增长率 Real GDP growth rate based on market exchange rate (IMF)

注：* 为预测数。

Note: * Projection.

### GDP年度增长率
Annual growth rate of GDP

单位：% Unit: %

| 年 Year | 美国 U.S. | 日本 Japan | 欧元区 Euro Area | 英国 U.K. |
|---|---|---|---|---|
| 2002 | 1.6 | 0.3 | 0.9 | 2.1 |
| 2003 | 2.5 | 1.4 | 0.8 | 2.8 |
| 2004 | 3.6 | 2.7 | 2.1 | 3.3 |
| 2005 | 2.9 | 1.9 | 1.6 | 1.8 |
| 2006 | 2.8 | 2.4 | 2.8 | 2.8 |
| 2007 | 2.1 | 2.3 | 2.7 | 2.6 |
| 2008 | 0.0 | -1.2 | 0.5 | -0.1 |
| 2009 | -3.5 | -6.3 | -4.3 | -4.9 |
| 2010 | 2.4 | 4.5 | 2.0 | 1.8 |
| 2011 | 1.8 | -0.6 | 1.5 | 1.1 |
| 2012 | 2.3 | 1.5 | -0.7 | 0.3 |
| 2013 | 2.2 | 1.6 | -0.4 | 1.7 |
| 2014 | 2.4 | 0.0 | 0.9 | 2.9 |
| 2015 | 2.6 | 0.5 | 2.0 | 2.2 |
| 2016* | 1.6 | 0.5 | 1.7 | 1.8 |
| 2017* | 2.2 | 0.6 | 1.5 | 1.1 |

注：＊为预测数。
Note:＊Projection.

### GDP季度同比增长率
Year-on-year growth rate of GDP

单位：% Unit: %

| 年/季 Year/Quarter | 美国 U.S. | 日本 Japan | 欧元区 Euro Area | 英国 U.K. |
|---|---|---|---|---|
| 2012Q3 | 0.5 | 0.2 | -0.6 | 1.8 |
| 2012Q4 | 0.1 | 0.0 | -0.9 | 1.3 |
| 2013Q1 | 2.8 | 0.3 | -1.0 | 1.5 |
| 2013Q2 | 0.8 | 1.1 | -0.6 | 2.1 |
| 2013Q3 | 3.1 | 2.0 | -0.3 | 1.7 |
| 2013Q4 | 4.0 | 2.1 | 0.5 | 2.4 |
| 2014Q1 | -1.2 | 2.7 | 0.9 | 2.6 |
| 2014Q2 | 4.0 | -0.3 | 0.8 | 3.1 |
| 2014Q3 | 5.0 | -1.5 | 0.8 | 3.1 |
| 2014Q4 | 2.3 | -1.0 | 0.9 | 3.5 |
| 2015Q1 | 2.0 | -1.0 | 1.2 | 2.8 |
| 2015Q2 | 2.6 | 0.7 | 1.6 | 2.4 |
| 2015Q3 | 2.0 | 1.8 | 1.6 | 1.9 |
| 2015Q4 | 0.9 | 0.7 | 1.7 | 1.7 |
| 2016Q1 | 0.8 | 0.2 | 1.7 | 1.9 |
| 2016Q2 | 1.4 | 0.8 | 1.6 | 2.1 |

### GDP年度增长率
Annual growth rate of GDP

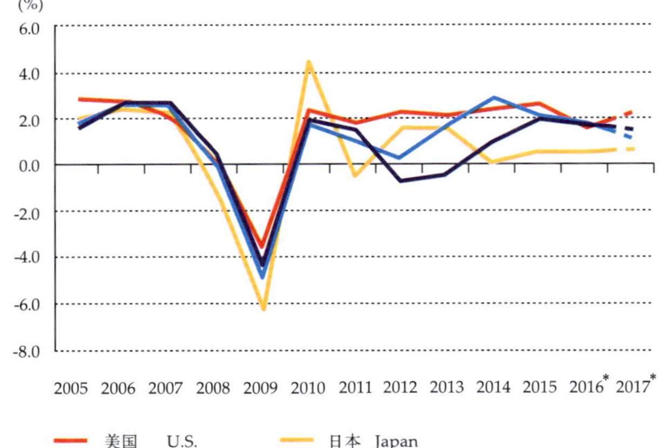


注：＊为预测数。
Note: ＊Projection.
数据来源：国际货币基金组织《世界经济展望更新》(2016年10月)。
Source: *World Economic Outlook Update*, IMF, October, 2016.

### GDP季度同比增长率
Year-on-year growth rate of GDP

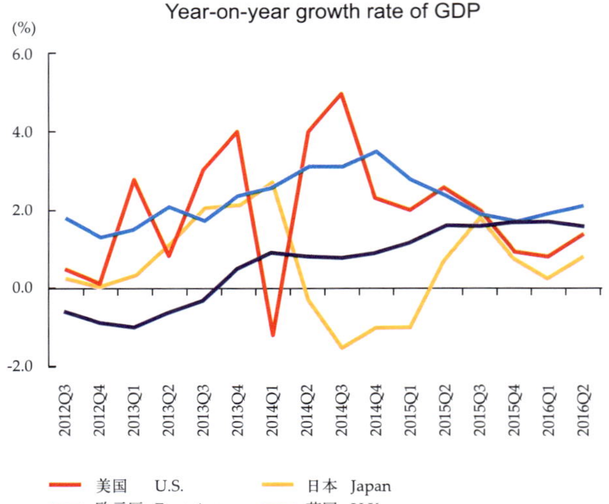


注：美国GDP增长率为环比折年率季节调整后的数据，折年率方法为$[(GDP_1/GDP_0)^4-1]\times100$。
Note: The U.S. GDP growth rate is an annualized rate after a seasonal adjustment. It can be written as $[(GDP_1/GDP_0)^4-1]\times100$.
数据来源：各经济体官方统计网站。
Source: Official statistical websites of the economies.

## 二、消费价格指数
## 2. CPI

消费价格当月同比指数
Monthly CPI (YOY)

单位：%　Unit: %

| 年/月 Year/Month | 美国 U.S. | 日本 Japan | 欧元区 Euro Area | 英国 U.K. |
|---|---|---|---|---|
| 2015.04 | -0.1 | 0.6 | 0.0 | -0.1 |
| 2015.05 | 0.0 | 0.5 | 0.3 | 0.1 |
| 2015.06 | 0.2 | 0.4 | 0.2 | 0.0 |
| 2015.07 | 0.2 | 0.2 | 0.2 | 0.1 |
| 2015.08 | 0.2 | 0.2 | 0.1 | 0.0 |
| 2015.09 | 0.0 | 0.0 | -0.1 | -0.1 |
| 2015.10 | 0.1 | 0.3 | 0.1 | -0.1 |
| 2015.11 | 0.4 | 0.3 | 0.1 | 0.1 |
| 2015.12 | 0.7 | 0.2 | 0.2 | 0.2 |
| 2016.01 | 1.3 | -0.1 | 0.3 | 0.3 |
| 2016.02 | 1.0 | 0.2 | -0.2 | 0.3 |
| 2016.03 | 0.9 | 0.0 | 0.0 | 0.5 |
| 2016.04 | 1.1 | -0.3 | -0.2 | 0.3 |
| 2016.05 | 1.1 | -0.5 | -0.1 | 0.3 |
| 2016.06 | 1.1 | -0.4 | -0.1 | 0.5 |

数据来源：各经济体官方统计网站。
Source: Official statistical websites of the economies.

## 三、失业率
## 3. Unemployment Rate

失业率（季节调整后）
Unemployment rate
(after seasonal adjustment)

单位：%　Unit: %

| 年/月 Year/Month | 美国 U.S. | 日本 Japan | 欧元区 Euro Area | 英国 U.K. |
|---|---|---|---|---|
| 2015.04 | 5.4 | 3.4 | 11.1 | 5.6 |
| 2015.05 | 5.5 | 3.3 | 11.0 | 5.6 |
| 2015.06 | 5.3 | 3.4 | 11.0 | 5.5 |
| 2015.07 | 5.3 | 3.3 | 10.8 | 5.4 |
| 2015.08 | 5.1 | 3.4 | 10.7 | 5.3 |
| 2015.09 | 5.1 | 3.4 | 10.6 | 5.2 |
| 2015.10 | 5.0 | 3.2 | 10.6 | 5.1 |
| 2015.11 | 5.0 | 3.3 | 10.5 | 5.1 |
| 2015.12 | 5.0 | 3.3 | 10.4 | 5.1 |
| 2016.01 | 4.9 | 3.2 | 10.4 | 5.1 |
| 2016.02 | 4.9 | 3.3 | 10.3 | 5.0 |
| 2016.03 | 5.0 | 3.2 | 10.2 | 4.9 |
| 2016.04 | 5.0 | 3.2 | 10.1 | 4.9 |
| 2016.05 | 4.7 | 3.2 | 10.1 | 4.9 |
| 2016.06 | 4.9 | 3.1 | 10.1 | 4.9 |

数据来源：各经济体官方统计网站。
Source: Official statistical websites of the economies.

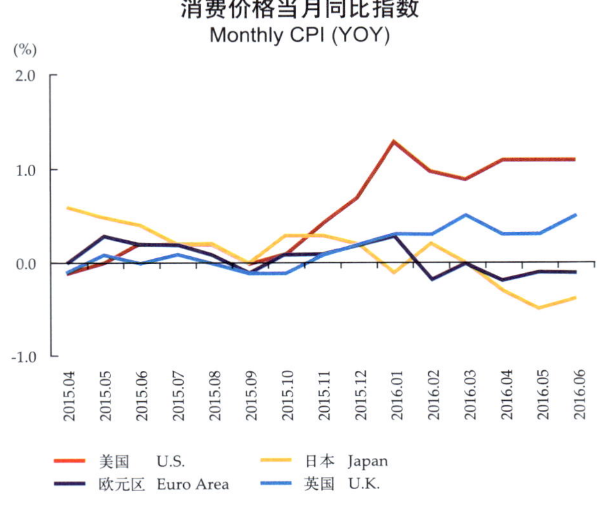


数据来源：各经济体官方统计网站。
Source: Official statistical websites of the economies.

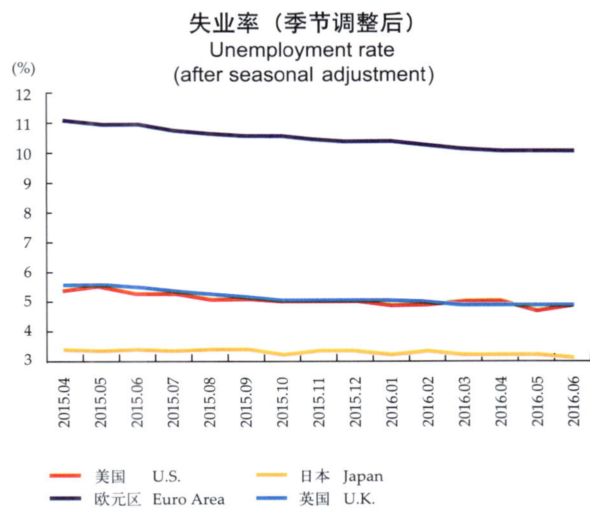


数据来源：各经济体官方统计网站。
Source: Official statistical websites of the economies.

# 四、国际收支①
# 4. BOP [1]

### 经常项目差额
### Current account balance

单位：10亿美元
Unit: USD1 billion

| 年/季 Year/Quarter | 美国 U.S. | 日本 Japan | 欧元区 Euro Area | 英国 U.K. |
|---|---|---|---|---|
| 2011Q1 | -96.91 | 51.74 | -23.33 | -7.70 |
| 2011Q2 | -125.17 | 21.24 | -13.06 | -1.50 |
| 2011Q3 | -127.02 | 42.00 | 8.79 | -18.05 |
| 2011Q4 | -110.25 | 11.25 | 43.57 | -5.51 |
| 2012Q1 | -101.80 | 25.79 | -2.97 | -18.18 |
| 2012Q2 | -126.48 | 13.13 | 35.76 | -27.63 |
| 2012Q3 | -129.48 | 20.04 | 56.91 | -26.70 |
| 2012Q4 | -102.98 | 0.13 | 81.68 | -21.76 |
| 2013Q1 | -81.02 | 17.15 | 38.03 | -24.32 |
| 2013Q2 | -113.09 | 17.51 | 79.02 | -10.84 |
| 2013Q3 | -111.72 | 16.33 | 68.84 | -45.91 |
| 2013Q4 | -80.71 | -14.26 | 119.52 | -37.92 |
| 2014Q1 | -73.16 | -8.44 | 43.51 | -33.15 |
| 2014Q2 | -99.33 | 8.67 | 56.31 | -27.78 |
| 2014Q3 | -115.33 | 18.79 | 102.64 | -49.61 |
| 2014Q4 | -101.70 | 13.14 | 120.51 | -42.70 |
| 2015Q1 | -92.95 | 36.73 | 63.76 | -34.50 |
| 2015Q2 | -118.45 | 30.66 | 75.80 | 27.46 |
| 2015Q3 | -144.75 | 39.84 | 107.23 | -38.44 |
| 2015Q4 | -127.93 | 28.38 | 118.03 | -46.52 |

### 资本项目差额
### Capital account balance

单位：10亿美元
Unit: USD1 billion

| 年/季 Year/Quarter | 美国 U.S. | 日本 Japan | 欧元区 Euro Area | 英国 U.K. |
|---|---|---|---|---|
| 2011Q1 | -0.03 | -2.04 | 2.77 | 0.91 |
| 2011Q2 | -0.85 | -0.06 | 1.31 | 1.49 |
| 2011Q3 | -0.30 | -0.10 | 2.70 | 1.62 |
| 2011Q4 | 0.00 | 2.69 | 7.26 | 1.16 |
| 2012Q1 | -0.05 | 0.76 | -8.87 | 1.66 |
| 2012Q2 | -0.24 | 0.28 | 1.46 | 1.64 |
| 2012Q3 | -0.47 | -1.51 | 4.17 | 1.71 |
| 2012Q4 | 7.67 | -0.54 | 10.51 | 1.65 |
| 2013Q1 | -0.04 | -2.49 | 2.62 | 1.58 |
| 2013Q2 | -0.23 | -3.52 | 7.09 | 2.47 |
| 2013Q3 | -0.15 | -1.12 | 5.79 | 0.04 |
| 2013Q4 | 0.00 | -0.54 | 12.40 | -0.93 |
| 2014Q1 | -0.04 | -0.59 | 7.79 | -0.30 |
| 2014Q2 | 0.00 | -0.38 | 5.36 | -0.36 |
| 2014Q3 | 0.00 | -0.65 | 5.01 | -0.45 |
| 2014Q4 | 0.00 | -0.28 | 7.03 | -0.99 |
| 2015Q1 | -0.02 | -1.11 | 1.39 | 0.17 |
| 2015Q2 | -0.02 | -0.22 | -30.65 | -0.75 |
| 2015Q3 | 0.00 | -0.53 | 6.25 | -0.58 |
| 2015Q4 | 0.00 | -0.39 | 7.15 | -0.53 |

### 经常项目差额
### Current account balance

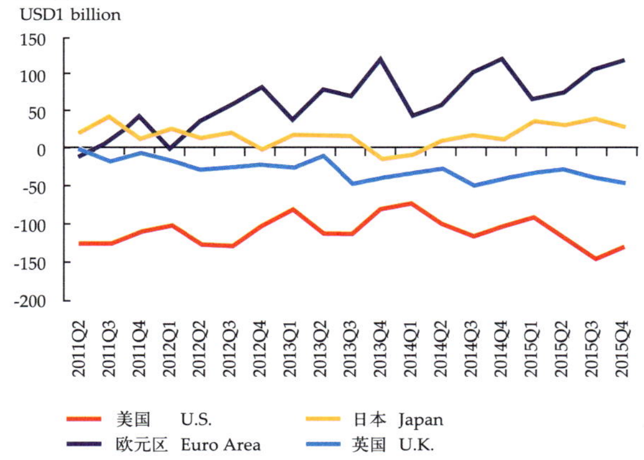


数据来源：国际货币基金组织《国际金融统计》(2016年7月)。
Source: *International Finance Statistics*, IMF, July, 2016.

### 资本项目差额
### Capital account balance

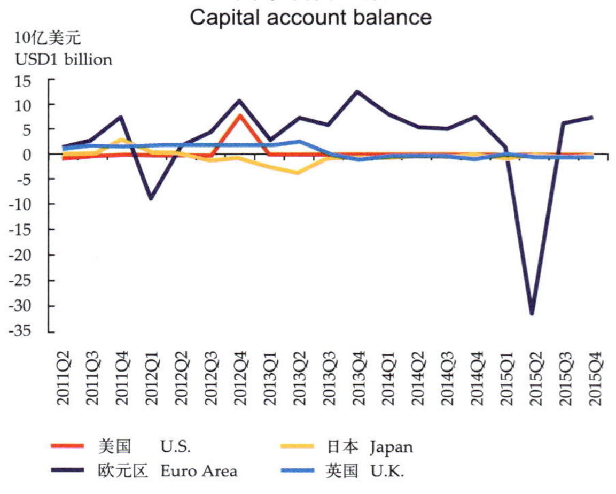


数据来源：国际货币基金组织《国际金融统计》(2016年7月)。
Source: *International Finance Statistics*, IMF, July, 2016.

①国际货币基金组织《国际金融统计》自2012年8月起，将国际收支统计规则由BPM5调整至BPM6。数据从2005年起调整。根据BMP6，金融账户由“贷方和借方”改为“金融资产净获得和负债净产生”，金融账户的总差额为净贷款/净借款。净贷款表示，考虑了金融资产的取得和处置以及负债的发生和偿还后，一个经济体向世界其他地方提供资金。

1. The IMF's *International Financial Statistics* (IFS) is publishing balance of payments data on BPM6 presentational basis instead of BPM5 since August, 2012.The data series starts in 2005. In BPM6, the headings of the financial account have been changed from "credit and debits" to "net acquisition of financial assets" and "net incurrence of liabilities". The overall balance on the financial account is called net lending/net borrowing. Net lending means the economy supplies funds to the rest of the world, taking into account acquisition and disposal of financial assets and incurrence and repayment of liabilities.

**金融项目差额**
Financial account balance

单位：10亿美元
Unit: USD1 billion

| 年/季 Year/Quarter | 美国 U.S. | 日本 Japan | 欧元区 Euro Area | 英国 U.K. |
|---|---|---|---|---|
| 2011Q1 | -202.78 | 60.62 | 9.10 | 0.29 |
| 2011Q2 | -133.21 | 9.16 | 8.94 | -13.95 |
| 2011Q3 | -158.09 | 6.80 | 27.75 | -0.78 |
| 2011Q4 | -37.55 | -88.22 | 57.45 | -5.71 |
| 2012Q1 | -242.91 | 39.69 | -14.33 | -5.94 |
| 2012Q2 | -31.11 | 36.86 | 29.19 | -44.94 |
| 2012Q3 | 7.29 | 28.32 | 62.35 | -26.40 |
| 2012Q4 | -161.23 | -4.44 | 136.43 | -36.98 |
| 2013Q1 | -60.18 | -4.35 | 38.10 | -16.21 |
| 2013Q2 | -78.35 | -26.88 | 94.10 | -0.76 |
| 2013Q3 | -122.19 | 9.08 | 72.84 | -47.85 |
| 2013Q4 | -211.98 | -30.51 | 140.11 | -43.68 |
| 2014Q1 | -108.47 | -19.98 | 98.12 | -33.14 |
| 2014Q2 | -45.61 | 22.08 | 108.28 | -43.75 |
| 2014Q3 | -15.90 | 29.61 | 135.71 | -57.32 |
| 2014Q4 | -66.08 | 15.80 | 117.86 | -55.20 |
| 2015Q1 | -50.37 | 53.02 | -48.94 | -58.09 |
| 2015Q2 | -55.48 | 34.47 | 101.88 | -32.71 |
| 2015Q3 | -46.92 | 42.96 | 50.51 | -47.75 |
| 2015Q4 | -50.15 | 39.28 | 191.47 | -36.91 |

**金融项目差额**
Financial account balance

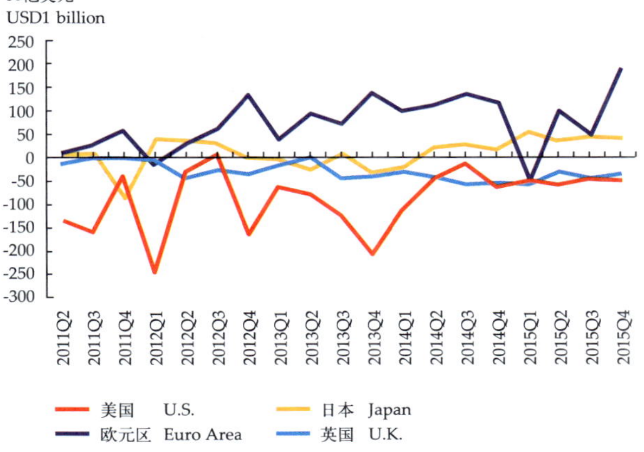


数据来源：国际货币基金组织《国际金融统计》(2016年7月)。
Source: *International Finance Statistics*, IMF, July, 2016.

# 五、利率
# 5. Interest Rates

## 1.中央银行目标利率
## (1) Central bank base rates

**中央银行目标利率**
Central bank base rates

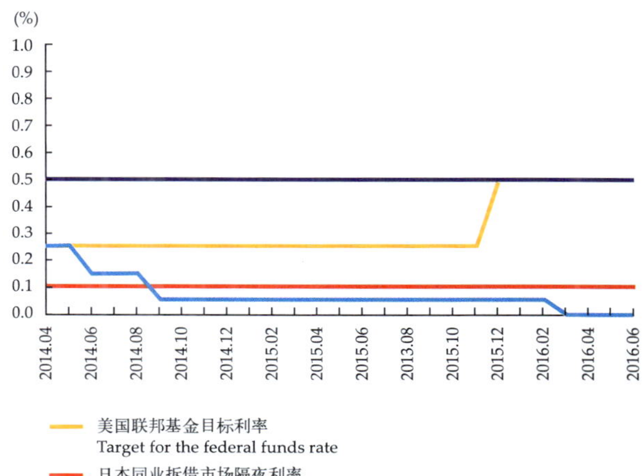


数据来源：各经济体中央银行网站。
Source: Central bank websites of the economies.

## 2.短期利率

## (2) Short-term interest rates

**3个月期银行间市场拆借利率（年率，月平均）**
3-month inter-bank rate (annualized, monthly average)

单位：% Unit: %

| 年/月 Year/Month | 美元 USD | 日元 JPY | 欧元 EUR | 英镑 GBP |
|---|---|---|---|---|
| 2015.04 | 0.28 | 0.10 | 0.00 | 0.53 |
| 2015.05 | 0.28 | 0.10 | -0.01 | 0.54 |
| 2015.06 | 0.28 | 0.10 | -0.01 | 0.55 |
| 2015.07 | 0.29 | 0.10 | -0.02 | 0.57 |
| 2015.08 | 0.32 | 0.09 | -0.03 | 0.57 |
| 2015.09 | 0.33 | 0.08 | -0.04 | 0.57 |
| 2015.10 | 0.32 | 0.08 | -0.05 | 0.57 |
| 2015.11 | 0.37 | 0.08 | -0.09 | 0.57 |
| 2015.12 | 0.53 | 0.08 | -0.13 | 0.57 |
| 2016.01 | 0.62 | 0.08 | -0.15 | 0.57 |
| 2016.02 | 0.62 | 0.01 | -0.18 | 0.56 |
| 2016.03 | 0.63 | -0.01 | -0.23 | 0.56 |
| 2016.04 | 0.63 | -0.02 | -0.25 | 0.56 |
| 2016.05 | 0.64 | -0.03 | -0.26 | 0.56 |
| 2016.06 | 0.65 | -0.03 | -0.27 | 0.56 |

**3个月期银行间市场拆借利率（年率，月平均）**
3-month inter-bank rate
(annualized, monthly average)

(%)

美元 USD　日元 JPY
欧元 EUR　英镑 GBP

数据来源：《欧洲中央银行经济公报》及CEIC。
Source: *Economic Bulletin of ECB*, CEIC.

## 3.长期利率

## (3) Long-term interest rates

**10年期国债收益率（年率，月平均）**
10-year government bond yield
(annualized, monthly average)

单位：% Unit: %

| 年/月 Year/Month | 美元 USD | 日元 JPY | 欧元 EUR | 英镑 GBP |
|---|---|---|---|---|
| 2015.04 | 1.93 | 0.33 | 0.85 | 1.73 |
| 2015.05 | 2.20 | 0.42 | 1.34 | 2.04 |
| 2015.06 | 2.36 | 0.46 | 1.67 | 2.18 |
| 2015.07 | 2.32 | 0.44 | 1.53 | 2.14 |
| 2015.08 | 2.17 | 0.39 | 1.39 | 1.98 |
| 2015.09 | 2.17 | 0.36 | 1.48 | 1.88 |
| 2015.10 | 2.07 | 0.32 | 1.20 | 1.85 |
| 2015.11 | 2.26 | 0.32 | 1.16 | 1.98 |
| 2015.12 | 2.24 | 0.29 | 1.19 | 1.92 |
| 2016.01 | 2.09 | 0.22 | 1.11 | 1.78 |
| 2016.02 | 1.78 | 0.02 | 1.04 | 1.50 |
| 2016.03 | 1.89 | -0.06 | 0.93 | 1.54 |
| 2016.04 | 1.81 | -0.09 | 0.96 | 1.57 |
| 2016.05 | 1.81 | -0.10 | 0.97 | 1.54 |
| 2016.06 | 1.64 | -0.16 | 0.88 | 1.31 |

**10年期国债收益率（年率，月平均）**
10-year government bond yield
(annualized, monthly average)

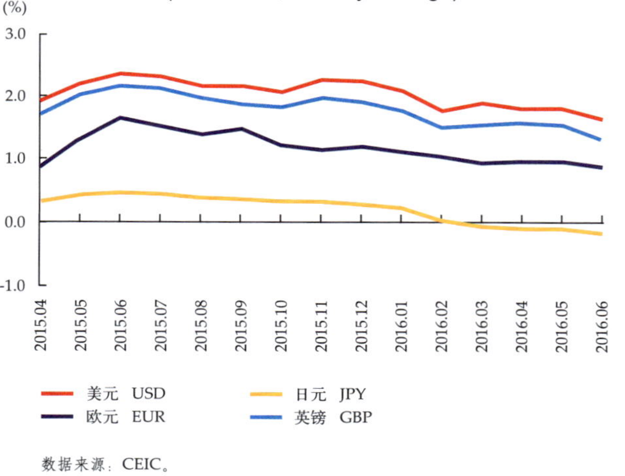


数据来源：CEIC。
Source: CEIC.

# 六、汇率
# 6. Exchange Rates

### 汇率（月平均）
### Exchange rates (monthly average)

| 年/月 Year/Month | 美元/欧元 USD/EUR | 美元/英镑 USD/GBP | 日元/美元 JPY/USD |
|---|---|---|---|
| 2015.03 | 1.0838 | 1.4979 | 120.39 |
| 2015.04 | 1.0779 | 1.4946 | 119.55 |
| 2015.05 | 1.1150 | 1.5475 | 120.69 |
| 2015.06 | 1.1213 | 1.5555 | 123.75 |
| 2015.07 | 1.0996 | 1.5557 | 123.24 |
| 2015.08 | 1.1139 | 1.5605 | 123.23 |
| 2015.09 | 1.1221 | 1.5357 | 120.29 |
| 2015.10 | 1.1235 | 1.5335 | 120.06 |
| 2015.11 | 1.0736 | 1.5213 | 122.53 |
| 2015.12 | 1.0877 | 1.4990 | 121.92 |
| 2016.01 | 1.0860 | 1.4403 | 118.31 |
| 2016.02 | 1.1093 | 1.4295 | 115.09 |
| 2016.03 | 1.1100 | 1.4227 | 113.07 |
| 2016.04 | 1.1339 | 1.4312 | 109.97 |
| 2016.05 | 1.1311 | 1.4524 | 109.06 |

### 实际有效汇率（月平均，2010年=100）
### Real effective exchange rates (monthly average, year 2010=100)

| 年/月 Year/Month | 美元 USD | 欧元 EUR | 日元 JPY | 英镑 GBP |
|---|---|---|---|---|
| 2015.02 | 110.7 | 90.6 | 70.5 | 119.3 |
| 2015.03 | 113.0 | 88.0 | 70.3 | 120.5 |
| 2015.04 | 112.4 | 86.8 | 70.4 | 120.5 |
| 2015.05 | 111.2 | 88.6 | 69.2 | 121.8 |
| 2015.06 | 112.2 | 89.7 | 67.6 | 122.6 |
| 2015.07 | 114.2 | 88.7 | 68.4 | 124.6 |
| 2015.08 | 115.8 | 91.1 | 69.4 | 125.0 |
| 2015.09 | 116.3 | 92.4 | 71.7 | 122.4 |
| 2015.10 | 115.4 | 91.9 | 71.4 | 121.7 |
| 2015.11 | 117.6 | 88.9 | 70.5 | 124.8 |
| 2015.12 | 118.4 | 90.4 | 71.2 | 122.3 |
| 2016.01 | 120.5 | 91.5 | 74.2 | 118.1 |
| 2016.02 | 118.9 | 92.5 | 75.9 | 115.4 |
| 2016.03 | 116.4 | 91.5 | 76.3 | 114.4 |
| 2016.04 | 114.5 | 91.9 | 77.4 | 112.9 |

### 汇率(月平均)
### Exchange rates (monthly average)

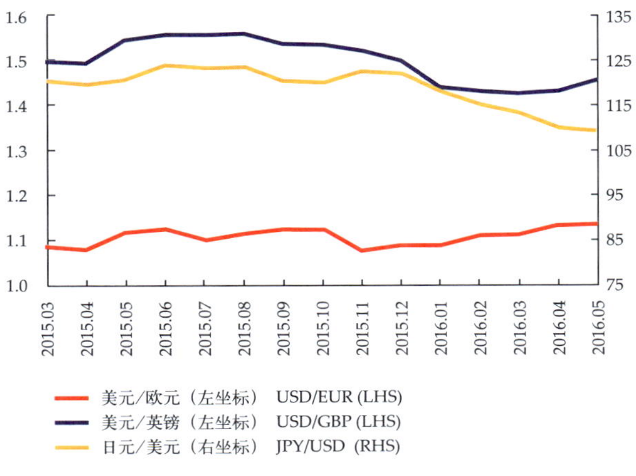


数据来源：国际货币基金组织《国际金融统计》(2016年7月)。
Source: *International Finance Statistics*, IMF, July, 2016.

### 实际有效汇率（月平均，2010年=100）
### Real effective exchange rates (monthly average, year 2010=100)

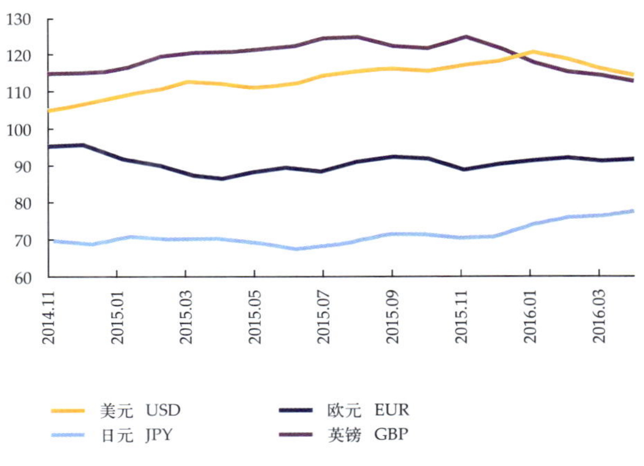


数据来源：国际货币基金组织《国际金融统计》(2016年7月)。
Source: *International Finance Statistics*, IMF, July, 2016.

# 七、股票市场指数
# 7. Stock Market Indices

**主要股票市场指数（期末）**
Major stock market indices (end-period)

| 年/月 Year/Month | 美国道琼斯30种股票平均价格指数 Dow Jones 30 | 纳斯达克综合指数 NASDAQ | 日本日经225种股票平均价格指数 Nikkei 225 | 道琼斯欧元区STOXX50股票指数 Dow Jones EURO STOXX 50 |
|---|---|---|---|---|
| 2015.04 | 17 841 | 4 941 | 19 520 | 3 616 |
| 2015.05 | 18 011 | 5 070 | 20 563 | 3 571 |
| 2015.06 | 17 620 | 4 987 | 20 236 | 3 424 |
| 2015.07 | 17 690 | 5 128 | 20 585 | 3 601 |
| 2015.08 | 16 528 | 4 777 | 18 890 | 3 270 |
| 2015.09 | 16 285 | 4 620 | 17 388 | 3 101 |
| 2015.10 | 17 664 | 5 054 | 19 083 | 3 418 |
| 2015.11 | 17 720 | 5 109 | 19 747 | 3 506 |
| 2015.12 | 17 425 | 5 007 | 19 034 | 3 268 |
| 2016.01 | 16 466 | 4 614 | 17 518 | 3 045 |
| 2016.02 | 16 517 | 4 558 | 16 027 | 2 946 |
| 2016.03 | 17 685 | 4 870 | 16 759 | 3 005 |
| 2016.04 | 17 774 | 4 775 | 16 666 | 3 028 |
| 2016.05 | 17 787 | 4 948 | 17 235 | 3 063 |
| 2016.06 | 17 930 | 4 843 | 15 576 | 2 865 |

**主要股票市场指数（期末）**
Major stock market indices (end-period)

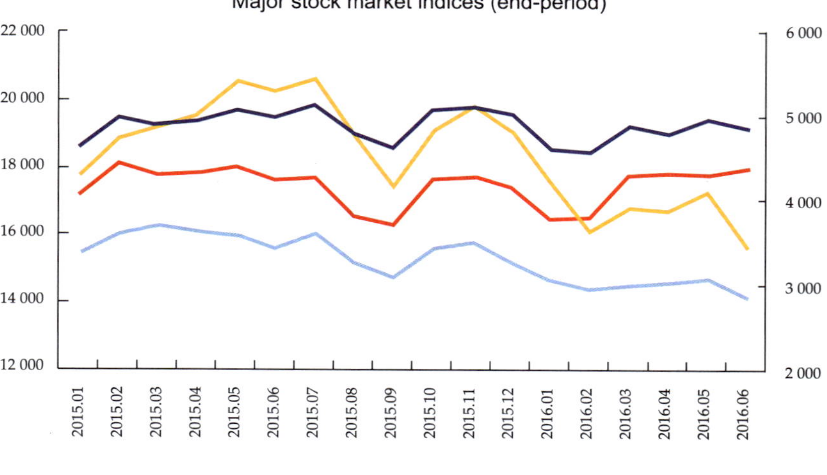